内隐学习
在学习效率上的
个体差异性研究

周铁民　著

NEIYIN XUEXI
ZAI XUEXI XIAOLÜ SHANG DE
GETI CHAYIXING YANJIU

知识产权出版社
全国百佳图书出版单位

图书在版编目（CIP）数据

内隐学习在学习效率上的个体差异性研究／周铁民著. —北京：
知识产权出版社，2019.9
ISBN 978 - 7 - 5130 - 6178 - 0

Ⅰ. ①内… Ⅱ. ①周… Ⅲ. ①学习方法—研究 Ⅳ. ①G791

中国版本图书馆 CIP 数据核字（2019）第 056880 号

责任编辑：唱学静　　　　　　　　　责任校对：王　岩
封面设计：韩建文　　　　　　　　　责任印制：孙婷婷

内隐学习在学习效率上的个体差异性研究

周铁民　著

出版发行：知识产权出版社有限责任公司	网　　址：http：//www.ipph.cn
社　　址：北京市海淀区气象路 50 号院	邮　　编：100081
责编电话：010 - 82000860 转 8112	责编邮箱：ruixue604@163.com
发行电话：010 - 82000860 转 8101/8102	发行传真：010 - 82000893/82005070/82000270
印　　刷：北京建宏印刷有限公司	经　　销：各大网上书店、新华书店及相关专业书店
开　　本：720mm×1000mm　1/16	印　　张：21.25
版　　次：2019 年 9 月第 1 版	印　　次：2019 年 9 月第 1 次印刷
字　　数：320 千字	定　　价：89.00 元

ISBN 978 - 7 - 5130 - 6178 - 0

前　言

本书关注的主要问题有以下三个方面。

一是内隐学习。

（1）内隐学习是无意识获取知识和经验的过程。作为与外显学习相区别的另一种获取知识和经验的有效途径，内隐学习的核心特征体现为个体获取知识和经验的无意识性。Reber（1967）使用人工语法探索复杂规则无意识学习的研究被业界公认开创了内隐学习实验研究的先河。然而，对作为内隐认知初级形态的潜意识知觉的研究则更早（Pierce & Jastrow，1884）。在刺激材料或其某种属性以弱刺激或非注意对象加以呈现的情况下，后续的认知、行为、思想、情绪、态度、决策等心理内容与行为发生了可解释性变化的研究逻辑已成为内隐学习研究的指导思想。

（2）内隐学习的核心成分是认知过程。从更广泛的意义上讲，复杂的内隐学习研究理应包括内隐态度、内隐动机等学习动力方面的内容，也应关注其他心理因素，如人格、情绪、行为习惯等。但我们认为，无意识的认知过程不仅是内隐学习的核心，也是以往研究更为偏重且成果较多的领域。所以，本课题也主要关注于此。即使涉及部分其他相关研究，也是为了帮助读者理解无意识认知过程的角度加以介绍和研究。

（3）内隐学习具有多层次性。即使把关注点集中在认知过程上，内隐学习依然是一种十分复杂的心理行为现象。在梳理以往相关研究的基础上，借鉴传统心理学和外显学习的研究策略，可以在知觉、记忆、思维等层面进一步细分内隐学习的研究。虽然各个层面无意识认知过程的称谓还没有得到统一的认可，但各个层次的研究成果已然有必要整理并加以深入研究。因此，我们从潜意识知觉、内隐记忆、无意识思维、内隐学习几个角度阐释内隐学习的研究，这也就构成了本书的基本框架。

二是高效学习。

（1）与外显学习相比，内隐学习是高效的。效率最基本的含义是要看投入产出比。以较少的投入获取较大的收益就是高效的。就学习而言，以较少的心力、时间获得较多的、高质量的知识和经验就意味着学习的高效率。显然，从投入的角度分析，外显学习是一种具有目的性并需要意志努力的活动，一定的心力投入是必需的。而内隐学习则是一种无意识状态下获取知识和经验的过程。因此，几乎没有心力的投入。基于这样的判断，可以说，投入极少的内隐学习较需要意志努力的外显学习具有先天的高效性。

（2）高效学习体现在难度、速度的差异上。基于外显学习效率研究多集中在难度、速度等方面的传统和习惯，探索内隐学习是否存在效率上的差异是本研究关注的问题之一。虽然早期内隐学习的部分研究者提出了内隐学习具有较少的个体差异性等观点，但越来越多研究者对此提出质疑。不同年龄的个体在不同难度材料上的内隐学习量、学习速度上的差异使得我们有理由相信，不同个体在内隐学习效率上存在差异。

（3）不同的内在、外在因素可导致内隐学习效果出现差异。内隐学习效率上的差异也体现在不同的影响因素作用不同。与外显学习相比，内隐学习受到影响的程度也不尽一致。一些研究者认为，无意识状态下的内隐学习很少受个体内在、外在因素的影响。但另一些研究成果却表明影响两类学习的因素不同，个体的人口学变量、心理特点等方面的差异性研究不仅成为证明内隐学习存在的研究策略，更成为个体差异性存在的重要证据。

三是个体差异。

（1）没有完全相同的个体这一逻辑前提，在内隐学习上也不应例外。从逻辑角度分析，个体的差异性是普遍的、绝对的。之所以没有鉴别出来，更多的原因是手段的有限性。得到大量深入研究的外显学习的个体差异已被广泛接受，处于起步阶段的内隐学习研究还有待进一步寻找有效的鉴别技术和指标。但差异性普遍存在的理念和逻辑应该得到认可。

（2）发展上的差异，即内隐学习在年龄上有不同的特点。从个体发展角度理解差异性是非常现实和有效的。内隐学习间个体差异性问题的研究多以此为突破口，并取得了大量可信的成果。不同年龄个体在材料难度、学习进程等方面都表现出了内隐学习上的不同。

（3）个体在生理、心理方面的不同，是导致内隐学习差异性的主要原因，也是此领域中主要的研究内容。针对个体在方方面面存在的现实差异，比较个体间在无意识内隐学习上的不同是深入研究无意识心理过程的主要课题。虽然有限的技术还有待完善，但其价值是不可估量的。在内隐学习的差异性问题上，人口学变量、心理因素的关注对教育等方面的实际应用具有直接的指导意义。

Contents

目　录

第一章　内隐学习概述 / 1

第一节　内隐学习的开创性研究评介 / 1

第二节　内隐学习的基本问题 / 7

第三节　内隐学习、高效学习、个体差异的关注 / 17

第二章　潜意识知觉 / 21

第一节　潜意识知觉的一般问题 / 21

第二节　潜意识知觉研究中的掩蔽技术 / 29

第三节　潜意识知觉的经典研究 / 42

第四节　潜意识知觉的个体差异性研究 / 75

第三章　内隐记忆 / 85

第一节　内隐记忆的基本问题 / 86

第二节　内隐记忆个体差异研究综述 / 110

第三节　内隐记忆在人格个体差异上的相关研究 / 117

第四节　内隐记忆在年龄发展中的差异性研究 / 131

第四章　无意识思维 / 159

　　第一节　无意识思维的一般问题 / 160

　　第二节　无意识思维经典研究 / 177

　　第三节　无意识决策的应用性研究 / 192

第五章　内隐学习研究 / 211

　　第一节　内隐学习的基础性研究 / 211

　　第二节　内隐学习的个体差异性研究 / 228

第六章　内隐学习在教育教学中的应用 / 265

　　第一节　内隐学习理念下隐性课程设计的思考 / 265

　　第二节　隐性课程设计的实证研究 / 273

　　参考文献 / 292

第一章

内隐学习概述

学习（learning）是基于经验而导致行为或行为潜能发生相对一致变化的过程。作为一种复杂的心理现象，学习一直都是心理学研究的重要领域之一。自 Reber（1967）通过人工语法任务（artificial grammars task）研究学习，提出内隐学习（implicit learning）概念以来，学习便有了依意识水平不同而做的内隐学习和外显学习的区分。显然，了解 Reber 具有标志性意义的研究理应成为理解无意识状态下学习过程的出发点。不仅如此，正是他的研究，使得其后的内隐学习研究一直遵循着基本不变的逻辑。

第一节　内隐学习的开创性研究评介

Reber 基于语言习得问题的思考，开创性地使用了一种其称之为人工语法的实验材料，以便在严格控制的实验条件下研究个体语法的获得过程和机制。正是这种借鉴 Ebbinghaus 无意义音节的设计材料，使得实验室研究复杂知识内隐学习成为可能。下面对 Reber 的研究做简单介绍。

研究背景

20 世纪中期，心理语言学的研究提出一种可内隐形成一般语法的理论模型，用以解释儿童语法的习得（Chomsky，1957，1959）。这种内隐习得的理念与传统的 S - R 理论有着明显的区别。它极大地改变了行为主义研究取向对复杂的自然获得语言能力解释力十分有限的局面。Gibson（1955）认为，通过不断丰富所谓杂乱的"知觉学习"（perceptual learning），个体可以很好地形成一个整体结构，这并不是信息的简单叠加，它意味着简单重复的刺激呈现，可以让个体获得有别于单一刺激的信息。儿童习得语法不是简单的模仿，而是通过大量的语言样例，内隐地掌握规则的结果。正是在这样的理念指导下，Reber（1967）开创性地使用人工语法材料，在实验室对成人被试进行了语法规则形成的研究。这一研究被业界认为是复杂知识内隐学习研究的开山之作。

实验一

研究方法

被试与材料

将被试分成两组。一组给以"语法"条目刺激，另一组给予随机条目刺激。语法条目是 Chomsky（1958）使用的一种限定状态语言（finite-state language）。这种语言由 P、X、T、V、S 五个字符像句子结构般构成特定词汇。具体形成规则见图 1–1。语法字符串由 6~8 个字符按图 1–1 路径规则生成并做了信息量的平衡；随机条目是由这 5 个字符随机构成，考虑信息量和难度，条目限定在 4~6 个字符。

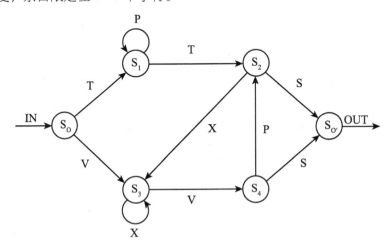

图 1–1　人工语法构成规则

研究程序

选择 34 个语法条目中的 28 个作为实验材料。这些字符串以每行 4 个（构成一个句子）共 7 行（7 句）呈现在 3 英寸 ×7 英寸的卡片上，每个句子通过视窗随机呈现 5 分钟。要求被试学习这些字符串并在给定纸张上书写这些句子。在此过程中，被试的错误反应不予反馈。连续两次答对一个句子后，继续以相同的方式学习下面的句子，直至完成所有七个句子。这样条件下的学习作为无语法结构指导下的被试组学习（实验组）。控制组则是同样程序学习随机条目的被试组。两组被试均为 5 名选学心理学导论课程的大学生。

结果

两组被试在 7 个句子的学习进程中，平均错误数呈逐渐下降趋势。具体见图 1 - 2。

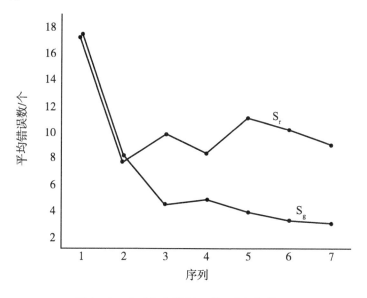

图 1 - 2 实验组和控制组学习进程折线图

进一步方差分析结果表明，两组间差异显著 $[F (1, 8) = 14.87, p < 0.001]$。值得关注的是，在第一个和第二个语句学习中，两组并无显著差异，从第三个到第七个语句的学习中，两组差异明显。实验组错误数明显少于控制组。据此有理由推测，两组被试在第一个和第二个语句的学习中主要受材料物理属性的影响，采取的是 S - R 学习策略，学习结果并没有体现出

材料之间的差异性。第三个到第七个语句的学习中，两组被试显示出来不同的变化趋势。控制组错误数与第二句没有什么明显的差异，而实验组表现出继续下降。错误总数占比的差异性检验显著 $[\chi^2 (1) = 11.52, p < 0.001]$。从第三句到第七句各句的错误数都有明显的差异。具体情况见表 1-1。

表 1-1 3~7 句中的平均错误数

单位：个

作业序号	组别	已学项目数					合计
		0	1	2	3	4	
整体	实验组	10	38	23	4	1	76
整体	控制组	63	67	15	1	0	146
首次	实验组	2	10	10	2	1	25
首次	控制组	7	16	2	0	0	25

注：表中上行的数字 0、1、2、3、4 分别代表试验中第三、第四、第五、第六、第七句。

讨论

以上结果清晰说明，实验组被试由于材料语法结构的存在而表现出更有效的学习结果。Miller（1958）在自由回忆的相关研究中预测，被试之所以能够回忆出更多的具有语法结构的条目，可能是由于它们更容易被整合成更大组块。实验中具有一定规则的语法条目很好地促成了学习效果的提高。然而，这种外显的编码解释似乎并不适合本研究的情况。在完成实验后，要求所有实验组被试回答了以下四个问题：（a）句子以什么字符开始或结束？（b）句子起始于 P、S、T、V、X？（c）句子结束于 P、S、T、V、X？（d）句子是否有某种循环模式或规则？所有被试都不能回答问题（a）。经过提示后，所有被试都能回答对（b）和（c）。只有一个被试由于多次练习回答对部分第四个问题。这意味着如此复杂刺激的有效性学习是在难以用语言表述的状态下实现的。被试能够生成新的、符合语法的句子，但却不能用语言表述其语法。形象地说，就是"我不知道，但感觉是对的"。这样的结果说明，被试发生了 Gibson 式的知觉性学习，但内省式的言语报告并不能完全相信，有必要做进一步验证。

实验二 ....

研究方法

本实验分两部分：（a）类似于实验一的学习阶段；（b）测验阶段。此阶段对被试前一阶段记忆任务的测验成绩做进一步分析，以期了解学习过程。

学习阶段：借用实验一中的规则生成路径，生成 20 条 3 ~ 8 个字符串构成的语句。每个字符串以 T 或 V 开头，每个字符串至少包括 3 个字符。每句 5 个字符串，共 4 句。指导语与实验一相同。告知被试是记忆方面的任务，不告知语法规则，直到完成学习任务才告知有测验阶段。

测验阶段：在完成学习阶段后，告知每一名被试这 20 个字符串具有一定的语法规则，但并不告知具体规则。然后给被试 88 个新的字符串，让被试判别每个字符串是否符合前面学习字符串的语法规则，不给对错的反馈意见。事实是，这 88 个字符串中只有 44 个是不同的，都是新字符串。其中 22 个是具有语法规则的，22 个是非语法规则的。每个字符串呈现两次。之后的结果表明，没有被试发现这种重复呈现现象。结果分析就是基于这 88 个字符串的判别情况进行的。对误判符合语法规则的字符串为非语法规则字符串以及将非语法规则字符串当作语法规则字符串，作为错误判别数加以统计。共有 10 名被试参与实验，5 名高中生和 5 名大学生。

结果

首先对高中生和大学生的答题正确情况加以分析。虽然大学生回答的平均正确数（73.5 个）较高中生（65.2 个）高，且差异显著 [$t(8) = 5.57$, $p < 0.01$]，但考虑两者均超过随机水平，加之本研究关注的不是群体间差异，而是语法和非语法的问题，故统计中仍把它们作为整体加以统计。

被试整体的正确反应数具体见表 1 – 2。

表 1-2 语法与非语法字符串选择的正确数

单位：个

条目	反应数	
	G	NG
符合语法	345	95
不符合语法	91	349
合计	436	444

数据显示，每个被试在 88 个作业中的平均正确数是 69.4 个。表明被试不仅能够在符合语法规则的字符串上有语法规则的迁移，也能够对不符合语法规则的字符串做区分。进一步的分析可以从以下几个方面进行：（1）非语法字符串差错的分析；（2）语法字符串差错的分析；（3）单一被试条目间分析；（4）不考虑条目类型的反应分析（略）。

讨论

基于实验结果的分析表明：（1）记忆任务给被试提供了非特定性系列的相关信息；（2）这些信息形成了被试在无外显策略和编码系统下的基本背景资源；（3）这些内隐获得的信息能够有效地应用到另外的再认任务中。Garner（1966）认为，在有理由相信这种不使用外显的或言语策略可对刺激环境做出敏感反映存在的同时，我们并不能推测在刺激序列中这样的情况必然发生。然而，我们的实验表明，被试对刺激序列表现出较强的敏感性。这种过程可称之为一种内隐学习。我们相信，这种原始的、归纳式的过程可以解释诸如语言学习和图式知觉这类问题。

研究评价

对于 Reber（1967）的这个开创性研究，虽然业界给予了相当高的地位。但从研究背景上不难看出，Reber 的出发点、所用材料及所要解决的问题都是传承了心理语言学相关研究的前期成果。可以说，Reber 的研究在一定程度上是对 Gibson 知觉性学习和 Chomsky 语言学理论深入的实证性探究。其主要贡献体现在内隐学习术语的明确。正是这样一个承前启后的研究，使得内隐学习进一步走进了心理学研究者的视野，更有了时至今日的众多研究成果。

主要贡献体现在：（1）实验材料方面的创新和应用。人工语法材料的操作虽然借鉴了前人的思想和材料，但从控制角度进行了进一步的规范。如符合规则的字符串和非规则字符串生成中信息量的平衡。（2）给出了内隐学习这个明确的术语。在继承 Gibson 等人的思想的前提下，使用内隐学习这一术语说明这种规则习得却又不能用语言表达的学习现象。（3）实验程序的设计为后续研究提供了基本的研究逻辑。人工语法范式成为最早、最为经典的研究内隐学习的范式。无论是指导语的控制，还是两个实验的逻辑关系和思维逻辑都值得借鉴。（4）研究发现了年级群体的差异性。虽然这不是本研究的关注点所在，但已有的结果对我们研究内隐学习的年龄差异性提供了佐证。

主要不足体现在：（1）字符串规则的不完整。作为体现语法规则的实验材料，每个字符串并没有完整地体现生成规则。每个字符串都是整体规则的一部分。这使得内隐习得的规则就不同字符串而言是不同的。不仅增加了整体规则掌握的难度，降低了字符串习得效果间的可比性，更使结论的解释力受损。（2）语法规则过难。受其研究的出发点制约，为揭示语言习得机制而创设的人工语法规则显然偏难。这导致以后的内隐学习研究在相当时间和范围内局限在复杂情景下的学习问题上。然而，现实的内隐学习很可能发生在任何认知水平上。

第二节 内隐学习的基本问题

一、内隐学习的由来

如上所述，美国心理学家 Reber 于 1967 年在其所进行的研究中，首次提出内隐学习这一术语，用以解释符合语法规则的学习优于非语法字符串学习的实验结果。进而提出，在特定条件下，被试习得复杂规则知识的学习过程可以是无意识内隐习得的思想。内隐学习概念的提出，从实验研究的角度证明了无意识获取知识事实的存在。显然，这与传统的学习有着明显的区别。也正因为这项研究，传统的有目的的意识性学习被冠之以外显学习（explicit learning）的称谓。

内隐学习研究之初，这种看似神秘的学习是否存在成为业界普遍关注和不断验证的课题。显然，Reber（1967）的一个研究不足以说服整个业界相信这种有别于外显学习的存在。在后续的相关研究中，人们通过研究范式的创新，进一步验证了此类学习存在的事实。如序列学习范式（Nissen 和 Bullemer，1987）、复杂系统控制范式（Broadbent，1977）、统计学习范式（Cleeremans 和 Mcclelland，1991）等。多种研究范式针对不同类型的学习内容，对无意识状态下个体获取复杂知识的验证结果进一步验证了内隐学习的存在。

内隐学习的研究自 Reber 之后，以复杂材料为研究内容的做法就成为了惯例。各种人工材料的生成无不围绕着复杂内容而展开。如序列学习范式中的序列反应时任务是以四个位置中的某个位置出现反应材料，要求被试按相应键做出反应。看似随机呈现的反应材料其实是按特定的序列规则依次呈现的。这些位置的序列规则就成为类似于人工语法规则的内隐学习检测指标。复杂任务范式、统计学习范式等研究使用的材料选择大同小异。虽然这些复杂材料的选择很好地解决了"内隐"研究要求被试处于无意识状态的问题，但从材料的代表性角度思考，还是有些狭窄。

正是基于以上的考量，我们可以把内隐学习放进更宽泛的无意识认知领域。当个体处在无意识状态，且能检测到对呈现的刺激有所反应时，我们就可以认定个体获得了经验，内隐学习也就发生了。基于这样的思考，我们有理由将内隐学习研究的历史前推至 19 世纪末的潜意识知觉（subliminal perception）研究。1884 年，Pierce 和 Jastrow 在对皮肤差别感觉的研究中发现，虽然受试者报告没有觉察到两个置于皮肤上刺激物压力的不同，但在完成选择哪个压力更大些的任务时，其选择的正确率会高于随机猜测的概率。Pierce 和 Jastrow 的实验设计是，在受试者手上给予两个很接近的压力源，强制性地要求受试者对哪一个压力更大做出选择。随后，受试者在 0 ~ 3 的信心等级量表中做把握程度的评价。0 信心表示"对回答没有任何偏好，一切选择都似乎是无意义的"。结果表明，即使在受试者处于猜测水平（无意识状态）的情况下，猜测与实际的压力比之间也存在着正相关。在 0 自信水平情况下，受试者正确猜对较大压力的次数占比（在不同的条件下）为 62%、70% 和 67%。这些结果都超过了 50% 这种猜测的理论值（随机概率）。可以说，受试者虽然没有报告觉察到刺激的差异，但的确受到了差异性刺激的影响，潜意识感知到了差异的存在。

Sidis（1898）所做的一个实验也可作为应用这种方法的一个例证。实验中，Sidis 展示给被试多个含有一个打印的数字或字符的卡片。被试被安排在距卡片一定远的距离，这个距离超出可以看见字符的范围。他们看到的是一些模糊的、不清楚的东西，甚至被试经常表明他们看不到任何东西，即使是黑的、不清的、模糊的点也看不到。但是，在 Sidis 要他们给卡片上的数字或字符命名的时候，他们的正确反应经常会超过简单猜测。这些研究证明了在知觉层面个体无意识获得相关经验的事实。自此之后，阈下启动作为一种无意识状态获取经验的技术在众多研究中得到运用。

因此，从更广泛的角度看，关于内隐学习认识的由来甚至可以追溯到科学心理学诞生（1879）的那个年代。至少我们可以认为，对简单材料潜意识知觉的研究为后续复杂材料的内隐学习研究奠定了思想和技术基础。

二、内隐学习的本质

各种水平和材料下内隐学习的存在，使得内隐学习逐渐为广大研究者关注与认同。为了与传统意义上，有目的、意识状态下的外显学习加以区分，有必要对其本质特性加以说明和限定。这将有利于进一步深入开展相关研究，更全面地揭示学习的内在心理机制。

郭秀艳（2004）在其相关研究的基础上，对内隐学习的本质特征进行了概括和总结。具体如下：（1）内隐学习的自动性。即内隐知识是自动获得的，无须意识参与。（2）内隐学习的抽象性。即内隐学习获取的知识具有更广泛的抽象性特征，更容易迁移到新的情境和条件中去。（3）内隐学习的理解性。即内隐学习获取的知识较外显学习获得的知识更不易受意识反应接近。（4）内隐学习的抗干扰性。即内隐学习不易受次要任务、年龄、智商，甚至病理的影响。杨治良等（1993）在进行相关研究后指出，内隐学习具有高选择力、高潜力、高密度贮存三大特征。高选择力是指内隐学习在非显著规则上更为有效；高潜力是指内隐学习中高选择力资源尚待开发，具有很大的发展潜力；高密度贮存是指内隐学习获得的缄默知识可能使用了更少的信息却完成了更多规则知识的存贮。

内隐学习本质特征的思考与分析可以从以下几个方面加以考量：（1）从意识层面看，无意识状态下的学习与意识状态下的学习是两种不同性质的学习。无论是学习材料的呈现，学习完成的过程，还是学习结果的表现，内隐学习的无意识性是其核心特征。尽管两种状态的分离技术还不能达到或不可能达到完美，两种学习相互交织的问题还是现实的存在，但是越来越多的研究证明，无意识状态下也可以获取知识是不争的事实。（2）内隐学习是一种高效学习。内隐学习的自动化特征说明在内隐学习的过程中，认知资源投入很少，但获取的知识概括性却很高，其迁移能力又很强，这些无不体现出其高效性。较少的投入获取较大的成果是高效率的核心含义，更何况这样的投入还是在"无意识"，不需要"努力""克服困难"的情况下实现的，显然，其相较于需要大量认知资源投入的外显学习更为高效。（3）内隐学习个体差异性存在，但较外显学习较小且更加难以区分。内隐学习研究之初，人们的关注点主要集中在是否存在这样的学习这一问题上。随着研究的展开，低个体变异性（Reber，1993）的观点浮出水面。但无论从逻辑上，还是后续的相关研究都表明，这种学习在年龄、难度、类型等方面是存在差异的。（4）内隐学习的相对独立性。虽然现实中的学习更多情况下是内隐与外显的协同学习，但正如意识状态与无意识状态是一个连续体一样，在理论上存在无意识状态占优、内隐学习和外显学习相对独立存在的可能。尤其在基于实验设计分离逻辑的不断创新中，新的研究范式越来越多地检测出相对独立的内隐学习的存在。

三、内隐学习和外显学习的区别与联系

内隐学习概念的提出意味着学习这种心理现象远比我们想象的复杂。在以往关注的外显的、有意识的、可以内省到的形式之外，还存在着内隐的、无意识的、难以觉察到的另外一种学习形式。

1. 内隐学习与外显学习的区别

郭秀艳（2004）总结为以下几种：（1）现象学上的区分。内隐学习与外显学习的区分首先在于它们的不同外在表现特征。第一，内隐学习是自动的，外显学习是需意志努力的。复杂系统范式的研究表明，人们的操作能力超出了他们所能意识到的范围，"做的"比"说的"要好。另外，在某些实验任务情景下，无意识的学习机制比已发现的有意识思维更能检测微妙的和复杂的关系。第二，内隐学习是稳定的，外显学习是易变的。内隐学习从学习过程到学习结果都是稳定的，不易受其他内、外因素的影响。而外显学习会受到年龄、智力、情绪、个性、动机、氛围等变量的影响。如在健忘症患者身上发现内隐和外显学习任务的实验性分离，健忘症患者脑部损伤的区域对内隐学习影响较小。第三，内隐学习是深层的，外显学习是表层的。内隐学习与外显学习在最终获得的知识方面存在差异。所谓深层是指内隐学习获得的是刺激内部的潜在的深层结构。而所谓表层，说明外显学习获得的是特定的刺激或是刺激间某些表浅的规则。Reber（1969）和 Mathews（1989）等的研究先后证明，在学习限定状态人工语法时，外显学习获得的是特定的刺激或是刺激间某些表浅的规则，如某几个字符更多地相继出现等，而内隐学习获得的是刺激内部潜在的、具有抽象性的深层结构。（2）实验操作上的区分。内隐学习和外显学习在现象学上的区分，是证明内隐学习独立于外显学习之外而存在的前提。但唯有用实验的手段将内隐学习和外显学习分离出来才能真正确立内隐学习的独立地位。任何一种实验操作都依赖作为前提的实验假设，内隐学习的实验也是如此。Reingold 和 Merikle（1988）在扬弃直接（外显）测量两条假设的基础上，提出了证明内隐学习独立存在的分离逻辑假设：直接测量和间接测量都同等程度地对意识知识敏感，而当对某一特定的刺激维度，间接测验表现比直接测验来得更敏感时，可以发现无意识学习（内隐学习）的存在。基于这一假设，研究者运用了各种不同于外显学习研究的实验操作，从实验层面上对两者进行了区分，并获得了可喜的成果。Reber（1976）采用人工语法范式对内隐学习与外显学习的不同进行了研究。研究中，他要求规则发现组被试寻找刺激的内在结构（外显指导），记忆组被试则记忆所呈现的刺激（内隐指导）。在学习阶段，向两组被试呈现同样的字母串；在测验阶段，要求被试评价新字母串是否符合语法。结果发现，接受外显指导语的被试在许多方面的表现都不如接受内隐指导语的被试。也就是说，至少在某些特定条件下，对复杂材料的内隐加工优于外显加工，即发现内隐优势效应。(3) 神经生理学上的区分。大量研究表明，内隐学习和外显学习的神经生理学基础是不同的。对神经受损病人的研究发现，某些神经受损伤或脑功能缺失的病人，虽然外显认知系统的功能发生紊乱，但是内隐认知系统却仍保持正常。有关神经影像学的研究也发现内隐和外显学习激活的是不同脑部区域。近年来，研究者们发现，内隐学习和外显学习有着各自相互独立的生理机制。(4) 学习机制上的区分。从心理能量上探讨内隐学习和外显学习的区别是根本上将两者区分为两个独立系统的有效办法。目前对这一问题的讨论主要集中在心理能量、心理表征和产生信息三方面上。以心理能量和注意资源的角度区分学习由来已久，Berry 等（1992）曾据此提出存在两种不同的学习类型——粗选的学习和精选的学习。他们发现，对于一个复杂的任务，个体进行粗选学习时，可能会不加选择地接收和贮存刺激之间的所有关联性；而个体进行精选学习时，其加工方式则是：先精挑细选出几个关键变量，然后只对这些关键变量之间的关联性进行观察和贮存。由此可知，如果粗选学习时所接收和贮存的刚好是正确的关键变量，那么这种学习方式应该是快速而有效的。可见，粗选学习是无意识的纯粹接触效应，类似于内隐学习；而精选学习则是一种需要意识努力的加工过程，类似于外显学习。Willingham（1998）曾对内隐位置序列学习的心理表征进行了描述。他认为外显位置学习和内隐位置学习分别是自我中心空间表征和客体中心空间表征。在自我中心空间系中，物体的位置是相对于被试自己的身体而言的。在客体中心空间系中，物体的位置是用相对于另一个客体的位置进行编码的，客体中心空间系是一个浮动的空间系，物体的相对位置和相对距离在其中尤为重要。Stadler（1997）提出，内隐学习产生知识间的横向联系，而外显学习产生信息间的纵向联系。横向联系是记忆中两个相邻节点激活的结果，比如，在序列反应时（serial reaction time，SRT），任务中两个相邻的事件。而纵向联系是组块化的结果，它是一种层次式的表征，也就是说记忆中的某些节点代表了下一级的一些子节点，如我们通常会用一个游程（ABC）来表征系列反应时任务中出现的一系列事件。

2. 内隐学习与外显学习的共同特征

自从 20 世纪 80 年代末，越来越多的研究者发现内隐学习和外显学习并非完全独立，他们开始致力于探索两者在哪些方面有联系：（1）两者都具有学习特异性。所谓学习特异性，即指学习过程会对各种信息进行特异性的编码，会导致对学习效果的测量依赖于学习和测量的情景、方式、上下文关系等因素的一致性。Tulving 和 Thomson 在 1973 年提出了外显学习的编码特殊性原则（encoding specificity effect），首先见证了外显学习的特异性。继而 Godden 和 Baddeley（1980）又提出了场合依赖性（situation dependence）和上下文依赖性（context dependence），即学习阶段和测验阶段的场合一致时，其学习效果要好于场合不一致时；同样，学习材料和测验材料的上下文一致时，其学习效果也要好于不一致时。Eich（1989）研究了学习和测验时一系列心理和生理状态（清醒、醉酒状态或心情）的影响，也得到了相似的结果。Morris、Bransford 和 Franks（1977）最先将外显学习的这种特征上升到内部加工的层面加以解释，提出了迁移适当加工（Transfer Appropriate Processing，TAP）效应，即学习材料和提取线索所驱动的内部加工性质（语义、语音、图形加工）一致时，学习效果更好。综上可知，外显学习的效果依赖于学习和测验时各种因素间的一致性程度。内隐学习也具有这样的特异性。研究发现，内隐学习会对刺激的感知特性（如字母标识、刺激的形似等）、呈现方式、学习方式、刺激环境等一系列有关因素的特殊性进行编码。具体表现为，若测验阶段上述因素发生变化，内隐学习量会发生明显的下降。Mathews 等人（1989）、Brooks 和 Vokey（1991）、Gomez 和 Schvaneveldt（1994）研究了人工语法学习中不同字母串间的迁移过程。结果所有这些研究均无一例外地表明，学习阶段和测试阶段的字母串，尽管是由同一语法规则生成的，但当构成它们的外在字母集不相同时，比如，学习阶段的字母串是由 P、T、M、X 和 R 字母集依据某一语法规则生成的，而测试阶段的字母串是由 Z、L、K、N 和 J 字母集依据同一语法规则生成的，被试的测试成绩要低于学习阶段与测试阶段使用相同字母集时的被试成绩。即人工语法的表现形式发生变化的时候，内隐学习量下降。这表示内隐学习对于表现形式进行一定量的特殊性编码。Willingham 等人（2000）研究了内隐序列学习在不同反应模式之间的迁移过程，结果发现，当反应模式发生变化时，内隐学习量会随之减少。这表明内隐学习的过程也包含了对反应模式的特殊性编码。

（2）两者都具有注意需求性。注意需求性是指学习过程需要一定的注意资源和注意选择。外显学习是一种有目的指向、需要意识参与的过程，它对注意的需求性是无可厚非的。但近来有研究表明，一向被认为是自动的、无须意识努力的内隐学习也需要注意参与。Nissen 和 Bullemer（1987）最早使用分心任务对内隐学习的注意需求性进行了研究。他们实验中的分心任务是音调计数任务，即要求被试在进行内隐序列学习的同时，还必须对每次试验中出现的高音或低音进行计数，并在每次试验后报告计数。结果发现，分心任务妨碍了被试对序列的内隐学习，这说明内隐序列学习仍需要一定的注意能量。随后，Cohen、Ivry 和 Keele（1990）重复了上述实验，结果发现内隐学习的注意需求性是有条件的，序列的内部结构会对内隐学习的注意需求性产生影响。实验时，他们使用了三种不同内部结构的序列——歧义列、混合列和独特列，结果发现分心任务对内隐序列学习的影响只有在歧义列时才存在，即只有歧义列的内隐序列学习才需要注意。可见，只有在特定的情况下，内隐学习才需要相对较高的注意资源，而大部分情况下，内隐学习更多表现为自动。内隐学习的注意需求性除了体现在对资源的需求上，还体现在主动的注意选择加工上。Méndez 和 Jiménez（1999）的实验要求被试对刺激的位置序列做出反应，此外，刺激的形状和刺激的位置间存在关联，具有预测作用，为了让被试注意到刺激形状这一维度，设置了分心任务，让被试对特定形状的刺激进行计数。结果发现，内隐学习的产生并不需要被试对关联或规则有某种注意选择，只需要对刺激的各个维度有主动的注意选择。这也就是说内隐学习对规则或关联来说是自动的，但这种自动性并非是说内隐学习没有一点点意识或注意的参与，至少内隐学习所包含的各种感知觉元素仍需要受到注意选择、加工。总之，内隐学习和外显学习一样，具有注意需求性，但阈限相对来说较低。

3. 内隐学习和外显学习的相互影响

在讨论了内隐学习和外显学习的区别和联系之后，下面将对内隐学习和外显学习之间的相互作用进行探讨。（1）外显学习对内隐学习的影响。有研究表明，外显学习有时阻碍内隐学习，有时又促进内隐学习。事实上，在内隐学习研究刚刚兴起的时候，一些实验已经发现，规则的外显找寻会妨碍被试对限定状态语法的学习。Reber（1976）认为，当鼓励被试去寻找他们不可能发现的规则时，外显学习会妨碍内隐学习。后来 Reber 等（1980，1994）专门针对外显指导的作用对人工语法学习进行了研究。实验中的外显指导就是给被试提供具体信息。在研究中，主试向被试提供了实际的语法结构图示，用 7 分钟时间向他们介绍使用这种结构生成字母串的方法。并且，在实验中，主试还给出一套由这种语法生成的字母串让被试观察学习。结果发现，外显学习能够促进内隐学习，并且给予外显训练的时间越早越有效。综上可知，当被试所学的语法规则比较复杂，难于外显发现，甚至不能被外显发现时，简单的鼓励言语只会激发起被试有意识的规则发现心理，而这种规则发现却常常会阻碍学习者正在进行着的内隐学习过程，并进而影响学习者对复杂规则的真正习得；但若熟识该语法规则的设计者，直接演示其内在语法结构，同时配合一些具体的合法字母串来举例说明，那么这种深入且精当的外显指导反而促进了被试的内隐学习，并且它发生的越早越有利于内隐学习。可以说，Reber 的实验全面演绎了外显学习对内隐学习的多重影响。但我们知道，外显学习对内隐学习的阻碍作用是随处可见、经常发生的，而外显学习的促进作用则较少见到，因为它所需要的深入且精当的外显指导通常是很难实现的。（2）内隐学习对外显学习的影响。既然如上所述，外显学习会影响内隐学习，那么内隐学习对外显学习的过程是否会发生作用呢？Mathews 等人的实验表明，当学习者同时运用内隐和外显两种学习方式时，其效果是最好的，即内隐学习和外显学习之间存在协同效应。由此可知，内隐学习，反过来也会促进外显学习。郭秀艳和杨治良（2002）的实验引进了强分离程序——匹配和编辑，对人工语法学习进行了研究。匹配时，被试先将单个项目（一个语法串）长时间保留在记忆中，然后再在 5 个高度相似的备选项目的连续呈现中辨认与之相同的项目，在这种条件下，被试不知道这个项目是由一种语法所产生的，匹配任务为内隐训练任务。编辑任务即为外显训练任务。编辑时，呈现"缺陷"串（非语法串，可能是一处错、两处错、三处错或四处错）给被试让其修正，并告诉被试该项目是由一个他们将要去发现的且用来修正字母串的复杂规则产生的。匹配和编辑任务的混合可以用来发现内隐与外显学习之间的相互作用。结果发现，不管是对于相同字母集还是对于不同字母集，当匹配和编辑任务交替出现时，学习效果最好，这表明匹配和编辑任务相互促进，即内隐训练和外显训练具有相互促进的作用。

以上分别讨论了内隐学习和外显学习的区别点、相同点以及相互影响。这背后隐藏着一条对内隐学习逐步深入理解的逻辑主线：人们首先将内隐学习理解为全新的、绝对独立于外显学习的过程，将研究重点放在不断提出两者的分离特征之上；但其后逐渐发现两者之间并非完全独立，至少在现象层面上存在着多方面的相似性；由此开始更为深入系统的研究，发现了内隐学习和外显学习之间相互作用的存在。而内隐学习和外显学习的权衡观——可以被理解为是上述理解发展过程的进一步深入，对内隐学习和外显学习相互关系的探讨，将延伸到更加一般意义上的意识成分和无意识成分之间的关系研究上。郭秀艳、杨治良和周颖（2003）的实验，以加工分离程序（PDP）为基本方法，从年龄效应方面讨论了内隐和外显的权衡关系。从该实验的结果可以很明显地看出，意识和无意识之间存在着交叉发展的关系。基于此，研究者进而提出了内隐和外显的权衡关系。具体说来，权衡是指内隐和外显的贡献大小会依据彼此而发生变化，并且在两者之间会存在某种平衡状态。这种协变的关系使得它们在某些时候互相促进（如两者水平都较低的情况）；某些时候则相互竞争，呈现出此消彼长的规律（如其中有一方处于较高的发展水平）。同时，权衡还有相对性的一面，即有一方下降时另一方表现出相对地位的提高这样的现象。

综上所述，内隐学习和外显学习之间的独立性是相对的，它们之间存在紧密的联系和相互作用，任何一个学习任务都是内隐和外显学习的结合物，是内隐和外显之间联系与权衡的产物，任何一种学习任务都是连续体上的一点，既包含了外显学习，也包含了内隐学习，趋近两端的完全内隐学习和完全外显学习几乎是不存在的。

第三节 内隐学习、高效学习、个体差异的关注

一、内隐学习的层次性分析

内隐学习作为与外显学习相区别的另一种获取知识和经验的有效途径，其核心特征体现为个体获取知识和经验的无意识性。它的心理过程表现为感知觉、记忆、思维的复杂综合过程。因此，我们认为，内隐学习的发生可以体现在不同的认知水平之上。从更广泛的角度分析，内隐认知至少可以在以下四个层次加以细分，即潜意识知觉（subliminal perception）、内隐记忆（implicit memory）、无意识思维（unconscious thinking）、内隐学习（implicit learning）。

1. 潜意识知觉

最早提出潜意识知觉相关概念的是德国哲学家 Leibniz（1704）。他认为，不同清晰程度的知觉是连续的，是由原始的、最不清晰的微知觉，到清楚明晰、有自觉意识或能明察的知觉。所谓的"微知觉"（petites perception）就是指那些不清晰的、模糊的知觉。到 18 世纪末、19 世纪初，Kant（1798）和 Herbart（1816）提出了阈限（limen）的概念，这为意识和无意识知觉的划分提供了必要的思想基础和技术性概念。而真正对潜意识知觉问题进行实证研究的是 19 世纪末的 Peirce 和 Jastrow（1884）。他们在实验中所使用的意识状态自我评价手段和行为差异的检验方法成为此后潜意识知觉研究的基本手段和技术。总结相关研究，Merikle（2000）对潜意识知觉给出了被大家普遍接受的界定，即"潜意识知觉在刺激以低于觉察阈限（threshold 或 limen）出现且发现对思想、情感或行为产生影响时发生"的心理过程。

2. 内隐记忆

最早使用"内隐的"（implicit）和"外显的"（explicit）这对术语来描述不同记忆形式的心理学家是 William McDougall（1924）。他把对过去事件的有意识回忆称为外显的回忆，而把尽管人没有对某一事件进行有意识的回

忆或明了的意识到回忆，但其行为受近期事件影响而产生某种变化的现象称为内隐的再认。只是在当时并未引起记忆研究者们的足够重视，也未进行深入广泛的研究。直到1970年，Warrington和Wciskrantz在对健忘症患者的启动效应现象的研究中发现，不能有意识保持学习内容的健忘症患者，尽管在自由回忆和再认测验中不能辨别出先前学习阶段呈现过的单词，但在补笔和模糊字辨认的测验中却对先前呈现过的单词表现出正常的保持效果。这些结果使记忆研究者认为它有相当的理论意义，是理解人类记忆本质的全新途径，也激发了人们对正常被试的无意识的、无觉察的记忆现象的研究兴趣和对有意识记忆测验和无意识记忆测验的比较研究。在进一步的研究中，内隐记忆一般采用的测量方法不要求被试回忆或再认——即有意识地提取过去呈现过的特定信息，而是要求被试完成一系列的相关任务，通过被试对这些任务的操作来反映其对先前学习阶段所获得的信息的记忆效果。1985年，Graf和Schaoter也提出了内隐记忆和外显记忆这两个概念，并对其进行了深入的研究。从此，内隐记忆和外显记忆这对术语就被记忆研究者广泛用于记忆研究领域。

3. 无意识思维

Dijksterhuis和Nordgren认为人有两种思维模式：有意识思维（conscious thought）和无意识思维（unconscious thought）。早期，他们认为区分两者的关键因素是注意。有意识思维是指当注意指向目标或任务时所发生的与目标或任务相关的认知性或情感性思维过程，而无意识思维则是指当注意指向其他无关对象时所发生的与目标或任务相关的认知性或情感性思维过程（Dijksterhuis et al.，2006）。后来，他们修正了自己的观点，认为意识觉醒（conscious awareness）才是区分有意识思维和无意识思维的关键变量。尽管无意识思维过程个体无法意识觉醒，但仍需注意参与（Nordgren et al.，2011；Stricketal，2011）。Dijksterhuis等人在一系列实验的基础上，提出了无意识思维理论。该理论认为，无意识思维和有意识思维具有不同的加工特点：（1）容量。有意识思维加工容量小，而无意识思维则相对不受加工容量的限制。因此，有意识思维只能利用一部分信息做出判断，而无意识思维则可以依据更多的信息进行判断。（2）权重。有意识思维往往会高估某些属性（如易于用言语表达的信息）的重要性，而无意识思维则更善于把握事物各属性的自然权重（Bos et al.，2011）。（3）规则。有意识思维可以依据规则进行精确计算，而无意识思维只能给出粗略估计。但最近，Ric 和 Muller（2012）发现，无意识思维可以进行简单的加法运算。（4）自上而下和自下而上加工。由于受结果预期和图式的影响，有意识思维是一个自上而下的加工过程，而无意识思维则将信息慢慢整合并依据总体做出判断，是一个自下而上的加工过程（Bos et al.，2011）。（5）聚合与发散。有意识思维及其记忆搜索过程是聚合式的，而无意识思维则倾向于发散式（Yang et al.，2012；Zhong et al.，2008）。正是由于无意识思维比有意识思维加工容量大，能更好地把握事物属性的自然权重，因此，在解决复杂决策问题时，无意识思维的加工结果才优于有意识思维。

二、学习效率的认识

学习效率关注的是学习的有效性问题。第一，有效学习就属于高效率学习，它是指能够真正理解、灵活运用所学知识的学习，是推动能力和态度发展的学习。第二，高效率学习是指在科学的学习理论指导下，依据学习规律和心理发展规律，应用科学的学习策略、方法和技巧，发挥学生学习的个人主观能动性，从而在单位时间内能够更轻松愉快地获得更多、更好的知识，达到培养能力和促进全面发展的良好学习效果的过程。第三，高效率学习就是个体在积极的情绪状态下的学习。我们认为，高效率学习是一种狭义学习，是指学生在学习过程中，根据知识的内存联系，按照科学的规律进行学习，以最小的投入取得最大的成效。

1. 与外显学习相比，内隐学习是高效的

效率最基本的含义是要看投入产出比。以较少的投入获取较大的收益就是高效。就学习而言，以较少的心力、时间获得较多的、高质量的知识和经验就意味着学习的高效率。显然，从投入的角度分析，外显学习是一种具有目的性并需要意志努力的活动，一定的心力投入是必需的。而内隐学习则是一种无意识状态下获取知识和经验的过程，因此，几乎没有心力的投入。基于这样的判断，可以说，投入为零或极少的内隐学习较需要意志努力的外显学习具有先天的高效性。

2. 高效学习体现在难度、速度的差异上

基于外显学习效率研究多集中在难度、速度等方面的传统和习惯，探索内隐学习是否存在效率上的差异是本研究关注的问题之一。虽然早期内隐学习的部分研究者提出了内隐学习具有较少的个体差异性等观点，但越来越多研究者对此提出质疑。不同年龄个体在不同难度材料上的内隐学习量、学习速度方面的差异使得我们有理由相信，个体在内隐学习效率上存在差异。

3. 不同内、外在因素可导致内隐学习效果出现差异

内隐学习效率上的差异也体现在不同影响因素的作用不同这一方面。与外显学习相比，内隐学习受到影响的程度也不尽一致。一些研究者认为，无意识状态下的内隐学习很少受个体内外在因素的影响。但另一些研究成果却表明影响两类不同学习的因素不同，这种质差性研究甚至被用来证明内隐学习的存在。

三、个体差异

1. 没有完全相同的两个个体，这个逻辑前提在内隐学习上也不应例外

从逻辑角度分析，个体的差异性是普遍的，绝对的。之所以没有鉴别出来，更多的原因是手段的有限性。得到大量深入研究的外显学习的个体差异已被广泛接受，处于起步阶段的内隐学习研究还有待进一步寻找有效的鉴别技术和指标。但差异性普遍存在的理念和逻辑应该得到认可。

2. 发展上的差异，即内隐学习在年龄上有不同的特点

从个体发展角度理解差异性是非常现实和有效的。内隐学习个体间差异性问题的研究多以此为突破口，并取得了大量可信的成果。不同年龄个体在材料难度、学习进程等方面都表现出了内隐学习方面的不同。

3. 个体在生理、心理方面的差异，是验证内隐学习差异性的主要研究领域

针对个体在方方面面存在的现实差异，比较差异个体间在无意识内隐学习上的不同是深入研究无意识心理过程的主要课题。虽然有限的技术还有待完善，但其价值是不可估量的。

第二章

潜意识知觉

潜意识知觉作为内隐认知中最早，也是最基础的研究，在19世纪末就有了开创性的研究。类似于知觉在认知体系中的基础性地位，潜意识知觉理应成为内隐认知研究的起点。其研究逻辑、范式和技术对其他水平的内隐学习研究具有积极且重要的借鉴意义。

第一节　潜意识知觉的一般问题

一、潜意识知觉的概念

对潜意识知觉概念产生广泛兴趣的原因在于，它要说明的是在刺激没有被觉察的状态下，人们的思想、情感或行为可以受到影响。对这一问题的心理学研究可追溯到19世纪末20世纪初。早期研究关注的是，无觉察觉知是否存在。例如，视觉刺激中的字符、数字、几何图形被置于一定的距离之外，使得被试什么也看不到或只能看到一些模糊的点。听觉中的字符发音，声音弱到被试宣称没有听到。为了检验这些视觉或听觉刺激是否与他们所宣称的未被他们所觉知到相反，要求被试猜测已经呈现的字符或数字。早期研究较为一致的结果表明，被试猜对的概率要高于随机猜测的水平。换句话说，尽管被试宣称他们没有觉察到觉知的刺激，这种猜测事实上表明他们觉知到了一些有效的信息以至于他们能够正确地猜中这些刺激。

20 世纪八九十年代研究者对无意识现象进行了大量的研究。作为无意识现象的潜意识知觉的表述虽有不同，但人们普遍接受了 Merikle（2000）对潜意识知觉的界定，即"潜意识知觉在刺激以低于觉察阈限出现且发现对思想、情感或行为产生影响时发生"。这不仅较好地概括了 21 世纪以前的众多相关研究，而且对以后的研究起到了重要的指导作用。

近 20 年来，我国也开展了相关问题的研究，主要集中在阈下启动、内隐记忆等研究领域。周仁来（2004）认为，"阈下知觉启动指当呈现的刺激没有被被试有意识地知觉到，但却影响到随后的相关刺激的加工的现象。因此，阈下知觉是一种无意识知觉"。可见，个体没有觉察到刺激和刺激对后续心理或行为的影响，但在有理由推断其后续思想、情感、行为的变化是由刺激的出现引起的情况下，潜意识知觉被认定发生。

潜意识知觉与意识状态下感知刺激的作用一样，是个体认识世界、引导行为的一条有效途径。Polanyi（1958）就提出了他著名的认识论命题：我们所认识的多于我们所能告诉的。Leonard 等人（1998）用一个连续体来描述个体所获得的知识时指出，完全内隐的（主观的、经验的）和完全外显的（客观的、理性的）知识分别处于连续体的两极，而大多数的知识存在于两极之间。可见，作为知识获得的途径之一，潜意识知觉的研究不仅对我们的日常生活意义重大，而且，其对全面了解人的认识过程、心理机制、行为变化具有重要的理论价值。

二、潜意识知觉的判别标准

潜意识知觉研究之初，个体是否觉察或意识到刺激的存在是以自我报告的形式加以确定的（Pierce et al.，1884；Sidis，1889）。个体主观报告没有觉察到刺激（或刺激的一些属性），但在之后的行为表现中却出现了与理论推测（理论概率）不一致的结果，进而有理由推论这种结果是由这些刺激或刺激的某些属性造成的，据此判断潜意识知觉的存在。这种依据个体主观感受来确定是否觉察到刺激的方式被称为采用主观判别觉察状态的标准。其判别的指标就是觉察状态的主观阈限。低于阈限值，个体处于无意识觉察状态；高于阈限值，个体处于有意识觉察状态。随着研究的逐渐深入，考虑到主观报告本身的缺点及个体偏见等因素对自我报告的影响，Cheesman 等人（1984）在其实验研究的基础上，提出了区分主观阈限、客观阈限的问题。他们认为，主、客观阈限是对是否觉察到刺激进行评价的两种不同系统。主观阈限的确定依赖于个体是否觉察到刺激的自我报告，其不足主要在于无法排除个体的反应偏见。就是说，个体可能以各自的标准来报告是否觉察到了刺激。客观阈限的确定是在被试相信选择机会均等的情况下，通过迫选任务来实现的。客观阈限是在随机水平上对知觉信息实际加以区分时的检测能力水平。客观阈限是通过呈现刺激对后续行为影响的检测结果来确定的。在实际研究中，正确率、反应时、再认作业、偏好评价等是用于反映客观阈限的主要指标。这种以客观的行为指标来确定个体觉察状态的标准就是客观标准。

无意识觉察状态的判别是潜意识知觉研究的基础，也是潜意识知觉研究科学性、合理性争论的焦点所在。自开创潜意识知觉实证研究以来，主、客观标准采用的争论已延续至今。

Cheesman 和 Merikle（1984）在潜意识知觉研究中提出了主观阈限和客观阈限的概念。在典型的以视觉材料为研究对象的实验中，在计算机屏幕上以很短的时间呈现刺激材料，然后要求被试在迫选任务中进行辨别。如果被试的自我报告表明他们没有觉察到呈现的刺激，但其在后续的迫选任务中辨别出刺激的正确率却显著高于随机猜测的概率，这就被认定是以主观阈限为标准判定的潜意识知觉已经发生；如果辨别出刺激的正确率处于随机概率水平，则被认为是以客观阈限为标准判定潜意识知觉的问题。可见，主观标准就是指以个体的主观感受为标准，个体是否觉察到，觉察的程度多大只有自己最清楚。客观标准则不以主观感受为依据，而是以其行为表现为指标：无论你自己是否感受到刺激的存在或变化，只用你的行为表现来说明你是否觉察到了刺激。因此，当个体不知道他能够辨别出刺激材料时，知觉是在主观阈限之下。或者说，在没有元知识的情况下发生的知觉是主观阈限标准下的知觉；依据个体在迫选任务中的行为反应说明个体没有觉察到刺激材料情况下的知觉是客观阈限标准下的知觉。按此观点，主观阈限下的知觉就是无意识的了。

首先，主观标准和客观标准的思想基础不同，在对觉察状态本质认识上存在分歧。认为主观标准能够真正反映个体的有意识觉察或无意识觉察状态的研究者认为（Ericsson et al.，1980），就觉察状态的性质而言，它是一种主观的东西，是个体的主观体验。与行为指标相比，人们主观上是否觉察到刺激的意义更重要。就觉察状态的主观性质而言，以自己的主观感受来确定觉察状态的性质是最直接、准确的方法，而客观标准则是间接的方法。在肯定觉察状态主观性质的同时，坚持应该使用客观标准判别的研究者认为，以主观标准判别个体的觉察状态存在不可消除的缺欠。其科学性因个体间标准采用上的不同而不足。每个人可能因为对研究者的要求有不同的理解而采用不同的判断标准。每个人也可能因为各自不同的心理背景而使判别标准出现偏差。

其次，在判别觉察状态的敏感性方面不同。有研究表明（Frensch et al.，1994；Willingham et al.，1989），客观标准较主观标准更为敏感。也就是说，以主观标准判断为无意识觉察状态，如果以客观标准判别，则可能被判定为有意识觉察状态。如果把觉察状态看作一个连续的过程，有意识觉察与无意识觉察阈限的位置的确定将直接影响研究的精确性。从某种意义上，采用不同的判别标准决定了潜意识知觉现象的研究深度。以自我报告形式为主的主观判别敏感度较低，即使是客观标准，不同指标的选取对应的敏感性也不同。迫选任务正确率的敏感性就小于情感偏好判别（Murphy et al.，1993）。对特定的研究而言，选择什么标准来确定无意识觉察状态，因实验材料、被试等因素而定。在 Reingold 等人（1988）的研究中，直接测量使用的是单词觉察任务，间接测量使用的是时间间隔判断任务（Duration Judgment Task）。结果发现，直接测量的敏感性大于间接测量的敏感性。尽管采用相似的实验任务和程序，Avant 等人（1985）的研究却发现，间接测量比直接测量更敏感。但总的趋势是，在可能的条件下，研究者越来越倾向于主观、客观标准兼用的方式。

随着研究的逐渐深入，整合主观标准和客观标准成为一种趋势。其技术和方法也日臻完善。最具代表性的是关于信号检测论的技术的研究。Tunney 和 Shanks（2003）在把信号检测论（SDT）的技术应用到人工语法的内隐学习过程中，对信号检测论的技术进行了改造，把主观评价因素考虑在研究之中。实验中，被试先要完成区分任务，然后问他们对自己的判断是否自信。在人工语法任务范式中，主试要求被试区分新的字符串是否符合语法规则。对每个字符串做出区分之后，还要求被试对他们的区分做是否自信的判断。研究者认为，如果被试觉察到了他们使用区分标准方面的知识，那么，他们就应该对做出正确决策较做出错误决策更为自信。相反，如果被试没有觉察到这些知识，自信的高、低反应会随机表现在正确和错误的区分任务中。以高自信、正确区分的"击中"和高自信、没正确区分的"虚报"为指标来测查被试的觉察水平。研究结果表明，采用主观、客观标准相结合的方法，能够检测出更低水平的觉察状态。

总之，应用主观标准或客观标准进行潜意识知觉的研究都有充分的理由。就特定研究而言，两种标准探查觉察状态的敏感度可能存在差异，根据特定研究的特殊要求，选择一定的标准作为判定无觉察状态的手段要具体问题具体分析。

三、潜意识知觉研究的基本程序

潜意识知觉研究的基本程序可分为两个阶段：刺激的呈现阶段和潜意识知觉是否发生的评价阶段。

1. 刺激的呈现阶段

从理论上讲，所有意识状态下知觉到的刺激都可作为，也有必要作为潜意识知觉的对象加以研究。个体对刺激对象的知觉是一种由清晰的意识状态到无意识状态之间的连续体。潜意识知觉作为两种状态的过渡形式在刺激呈现上的操作多以意识状态下的"弱"型出现，降低刺激强度、缩短呈现时间、分散注意、采取必要的技术（如对刺激进行掩蔽）等。如在 Murphy 和 Zajonc（1993）的研究中，面部表情只呈现 4ms；Sidis（1889）的研究中，被试只看到非常模糊的数字或字符。但不管如何呈现，其要求只有一个，那就是保证个体处于没有觉察到刺激或刺激相关属性的状态。

2. 潜意识知觉的评价阶段

在确定个体处于无意识觉察状态的情况下，通过后续行为表现的差异，认知作业完成的不同，情感偏好的表达等情况的考察，在排除其他因素影响的前提下，推论潜意识知觉是否发生。如在 Pierce 和 Jastrow（1884）的研究中，在被试自我报告没有觉察出压力差异的情况下，后续压力大小判断的正确率仍然超过理论随机水平；Kunst-Wilson 和 Zajonc 在 1980 年的研究中，虽然图形再认作业中没有表现出差异，但随后的偏好判断出现差异。

四、潜意识知觉研究的方法和策略

在证明潜意识知觉存在与发生的方法和策略上，实证研究主要采用了两种策略。一是在主观报告、行为测量判定个体无意识觉察状态的情况下，通过后续行为的变化，直接验证潜意识知觉的存在；二是通过不同觉察状态下，心理或行为上的差异表现，来间接推断潜意识知觉的存在。

1. 主观报告

主观报告是潜意识知觉研究最早使用的确定个体是否处于无意识觉察状态的方法。虽然这种方法存在明显的缺陷，但仍然作为最普遍的手段在研究中被广泛应用。

Pierce 和 Jastrow（1884）在对皮肤差别感觉的研究中发现，虽然受试者报告没有觉察到两个置于皮肤上刺激物的压力不同，但在选择哪个压力更大些时，其选择的正确率高于随机猜测的概率。Pierce 和 Jastrow 的实验设计是在受试者手上给以两个很接近的压力，强制性地要求受试者对哪一个压力更大些做出选择。随后，受试者在 0~3 的信心等级量表中做把握程度的评价。0 信心表示"对回答没有任何偏好，一切选择都似乎是无意义的"。结果表明，即使在受试者猜测（无意识状态）的情况下，猜测与实际的压力比之间也存在着相关。在 0 自信情况下，受试者正确猜对较大压力的次数占比（在不同的条件下）为 62%、70% 和 67%。这些结果都超过了 50% 这种猜测的理论值（随机概率）。可以说，受试者虽然没有报告觉察到刺激的差异，但的确受到了差异性刺激的影响，潜意识感知到了差异的存在。

由 Sidis（1898）所做的一个实验也可作为这种方法应用的一个例证。实验中，Sidis 展示给被试多个含有打印的数字或字符的卡片。被试被安排在距卡片一定远的距离，这个距离超出可以看见字符的范围。他们看到的是一些模糊的、不清楚的东西，甚至被试经常表明他们看不到任何东西，即使是黑的、不清的、模糊的点也看不到。但是，在 Sidis 要他们给卡片上的数字或字符命名的时候，他们的正确反应经常会超过简单猜测。

随着研究的进展，主观的自我报告也出现了多种形式。其中两点式报告和自信等级评定使用得最为广泛。两点式报告就是被试对自己的觉察状态只做觉察到或没有觉察到的报告。其优点在于易于实现。自信等级评点是要求被试对自己的作业在一个连续量表中做出判断。虽然这种方式能够反映被试的自信程度并有利于统计分析，但对觉察状态的解释存在一定的困难。Tunney 和 Shanks（2003）在对人工语法的内隐学习和觉察状态的主观测量研究中发现，50% ~100% 的连续量表中的自信度判断与准确性之间相关很小，说明学习是内隐的；两极量表（高与低）中的自信度与准确性相关显著，说明了被试在两极量表上对其觉察到的状态判定要好于连续量表。

2. 行为测量

Kunst-Wilson 和 Zajonc 在 1980 年所做的研究是潜意识知觉行为测量的经典。研究的目的在于说明潜意识觉知到的刺激对后续情感反应的影响。实验表明，对特定刺激的偏好可以建立在潜意识知觉的基础上。研究中，先给被试呈现 10 个无意义、无规则的几何图形。每一个几何图形呈现 5 次，每次 1ms，没有被试报告看见了任何形状。之后，对形状的知觉通过迫选的再认任务（觉察状态的测量）和迫选的偏好任务（潜意识知觉的测量）来评价。在两种任务中，给被试呈现 10 对图形，每一对都包含着一个前面已经呈现过的"旧"图形和一个前面没有呈现过的"新"图形。在再认任务中，要求被试在每对图形中选出前面已经呈现过的那个图形。在偏好任务中，要求被试选出他们更喜好哪一个图形。结果显示，被试在选出先前呈现过的图形时的成绩不比随机选择（50% 正确选择）好，但在选出他们偏好图形时的成绩（60% 正确选择）显著好于随机选择。也就是说，在要求被试从"新"图形中辨别出"老"图形的时候，他们的成绩表明他们没有觉知到先前短暂暴露的图形。然而，在要求被试选出他们所喜好图形的时候，他们的成绩表明先前短暂暴露的图形影响了他们的偏好选择。实验说明，以认知行为为指标所确定的无觉察状态，通过情感偏好任务的测查，表明了潜意识知觉的发生。

五、潜意识知觉研究简史

潜意识知觉的提出与界定与其他科学概念的发展历程一样，是一个不断深入和修正的过程。纵观潜意识知觉含义的演变历程，大致可以分为以下三个阶段。

第一阶段为现象提出阶段。此阶段以理性思考为特征，以相关理念的提出为标志。作为脱胎于哲学的心理学，它的研究问题多源于哲人对生活经验的内省和理性的思考。无意识心理现象也不例外。虽然早期人们把更多的注意给了以目的性为核心的意识性心理与行为，但随着思考的深入和科学技术的进步，无意识心理现象也越来越受到关注。最早提出潜意识知觉相关概念的是德国哲学家 Leibniz（1704）。他认为，不同清晰程度的知觉是连续的，是由原始的、最不清晰的微知觉，到清楚明晰、有自觉意识或能明察的知觉。所谓的"微知觉"（petites perception）就是指那些不清晰的、模糊的知觉。到 18 世纪末、19 世纪初，Kant（1798）和 Herbart（1816）提出了阈限（limen）的概念，这为意识和无意识知觉的划分提供了必要的思想基础和技术性术语。

第二阶段为科学界定阶段。此阶段以实证研究为特征，以明确概念的操作定义为标志。真正对潜意识知觉问题进行实证研究的是 19 世纪末的 Peirce 和 Jastrow（1884）。他们在实验中所使用的意识状态自我评价手段和行为差异的检验方法成为此后潜意识知觉研究的基本手段和技术。随着研究的不断深入，大量研究结果表明，潜意识知觉与意识状态下的知觉存在着诸多方面的差异，研究策略和技术的完善与创新不仅揭示出众多潜意识知觉现象，也使得以往无法检验的一些理论假设一步一步地得到验证。潜意识知觉研究已成为当今心理学研究的重要领域，受到广泛关注。其结论和技术的应用价值也正在不断的实践中得到体现。20 世纪初，弗洛伊德对无意识心理现象的关注和研究达到了一个前所未有的高度。但由于其过分强调无意识的非理性成分而受到业界的普遍批评。为避免与之混淆，之后的相关研究多使用非注意（unattended）、无觉察（unawareness）、自动（automatic）、内隐（implicit）等术语来表述无意识心理现象。这一局面直到 1983 年 Marcel 等人以"无意识"来解释他们的研究成果才得以结束。在经历了 20 多年的热心研究后，关于潜意识知觉含义的表述，人们普遍接受了 Merikle（2000）的界定，即"潜意识知觉在刺激以低于觉察阈限（threshold 或 limen）出现且发现对思想、情感或行为产生影响时发生"。这不仅较好地概括了 21 世纪以前的众多相关研究，而且对之后的研究起到了重要的指导作用。

第三阶段为接受与应用阶段。此阶段以普遍接受潜意识知觉现象的存在为特征，以广泛使用潜意识知觉技术于各种研究及生活领域为标志。由潜意识知觉现象是否存在的争论，到得到业界和社会的普遍认同，心理学工作者经历了近百年的努力，这远远比意识状态下的研究成果得到的认可要晚。可以说，21 世纪的到来成为普遍认可潜意识知觉的重要节点。在科学研究领域，阈下启动技术的广泛使用就是一个很好的例证。同时，在广告、工程、销售、教育、语言习得等领域，实际工作者以潜意识知觉研究成果为基础的应用性研究也取得了多种成果。

第二节　潜意识知觉研究中的掩蔽技术

一、无觉察状态的生成技术

个体对刺激的觉察是一个由清晰的状态到模糊的状态再到毫无觉察的状态的连续体。虽然觉察状态从性质上可以分为有意识觉察和无意识觉察两种，但两种状态的划分是相对的，会因选择标准的不同而存在差异。以一种标准划分为无意识觉察状态，在以另外一种标准划分时，可能就会是有意识觉察状态。有研究表明，以迫选任务错误率为指标划分的有意识觉察和无意识觉察状态较以自我报告结果为标准确定的有意识觉察和无意识觉察状态更为严格（Frensch et al.，1994；Shanks et al.，1998，1999；Willingham et al.，1989）。这意味着以迫选任务错误率为标准所确定的无意识觉察状态在以自我报告结果为标准划分的结果中也属于无意识觉察状态；而以自我报告结果为标准确定的无意识觉察状态在以迫选任务错误率为标准所确定的无意识觉察状态的结果中可能不属于无觉察状态。显然，在无意识觉察状态的划分上主观阈限高于客观阈限。潜意识知觉研究以个体对刺激材料的无意识觉察为前提，在采用何种阈限划分个体觉察状态的问题上，因两种方法各具有不同的优缺点而一直存在分歧（Wiens，2006）。选择以主观阈限为标准划分觉察状态的主要依据是自我报告与觉察状态一致的内省性质（Ericsson et al.，1980），强调觉察状态的主观性和个体的独特性；选择客观阈限为标准划分觉察状态的主要依据是强调觉察状态的客观指标和群体的一致性。在现今的研究中，研究者大多主张两种方法的结合，以期克服各自的缺点，发挥彼此的优势（Ziori et al.，2006）。

在潜意识知觉研究中，为使个体处于无意识觉察状态，刺激的呈现多采取缩短呈现时间、分散注意、降低强度、减少差异等方式。掩蔽技术在视觉材料的潜意识知觉研究中的应用十分普遍（Holender，1986；Kim et al.，2005）。其目的在于适当延长刺激呈现时间，以能够实现控制被试觉察状态的实验要求。实验中，研究者多从经验的角度选择不同的掩蔽物实现被试对特定刺激的掩蔽而诱发出个体的无意识觉察状态。虽然从主观标准（自我报告）甚至是客观标准（刺激呈现后续行为的差异性检验）上实现了对被试觉察状态的控制，但他们却很难或回避对选择特定掩蔽物的原因做进一步说明（Wiens，2006）。分析众多研究不难看到，虽然没有明确的说明，但刺激性质与掩蔽物性质之间的关系普遍受到研究者的重视。在选择掩蔽物时，研究人员大多根据刺激物的性质，选择性质相近但又不同的客体做掩蔽物。如情绪性面部表情图片的潜意识知觉研究中多以中性面部表情图片为掩蔽物（Pessoa et al.，2006）；刺激材料为数字和字符的潜意识知觉研究多以计算机键盘的一些符号为掩蔽物（Newell et al.，2003）；刺激材料为几何图形的潜意识知觉研究多以无关图形为掩蔽物（陈霖，1980，1982，1987）；等等。这种经验式的选择说明研究者意识到刺激性质与掩蔽物性质之间的关系对实现掩蔽效果、控制个体对刺激的觉察状态具有重要意义。然而，回避掩蔽物选择原因和缺少实证研究，对潜意识知觉研究结果的解释、比较和进一步开展则十分不利。

作为实验研究的控制变量，保持被试对自变量不同水平觉察状态的一致性是保证实验结果科学性和可重复性的必要条件。这对于刺激的微小变化就可能引起潜意识知觉较大差异（Esteves et al.，1993）的研究显得尤为重要。任何实验中自变量的变化是必然的，但关键的问题是因变量的差异是否来源于自变量的变化。如果是，则可以得出自变量和因变量的因果关系；如果自变量的不同引起了中间变量或控制变量的变化进而导致因变量的差异，就无法确定自变量和因变量的因果关系。这样的问题在潜意识知觉问题的研究中显得尤为重要。保持自变量不同水平在无意识觉察状态上的一致性就是要实现对觉察状态这一中间变量的控制。就视觉材料潜意识知觉研究中的掩蔽技术应用而言，同一个掩蔽物对自变量的不同水平具有相同的掩蔽效果，意味着通过掩蔽物对不同刺激加以掩蔽所唤起的无意识觉察状态是相同的，或至少这种觉察状态在性质上是相同的。不至于在自变量某个水平上是无意识觉察状态，在自变量另一个水平上却产生出有意识觉察状态。否则以此为基础的潜意识知觉研究结论就要受到质疑。显然，揭示不同刺激材料在同一掩蔽物掩蔽下个体觉察状态是否发生变化，探索解决问题的策略和方法，对重新审视以往潜意识知觉相关研究的科学性、准确性，合理应用掩蔽技术开展进一步研究具有重要意义。

正如以上分析的以往相关研究重视刺激材料与掩蔽物之间关系时所期望的那样，如果在自变量不同水平和不变的掩蔽物之间能够找到一种关系，使得不同自变量水平与同一掩蔽物之间达到某种关系上的一致，那么，相同掩蔽效果的产生就容易了。基于这样的观念，可以设想，以自变量不同水平材料构成的掩蔽物可能能够较好地实现这样的目标，成为一种诱发个体无意识觉察状态的有效策略。考虑正多边形和圆形之间的特殊关系（正多边形的极限是圆），周铁民（2009）以多个正多边形和圆形为刺激材料的不同水平，分别以圆形或自变量不同水平材料构成的图形为掩蔽物，在同一掩蔽物对刺激不同水平材料具有不同的掩蔽效果、会产生不同觉察状态这一假设的基础上，验证以自变量不同水平材料构成的掩蔽物能够较好地实现唤起相同觉察状态策略的合理性和可行性。

二、掩蔽策略研究

实验一 **同一掩蔽物对刺激材料不同水平的掩蔽效果（a）**

实验目的

检验同一掩蔽物对刺激材料不同水平的掩蔽效果。

研究假设如下。

假设一：同一掩蔽物对不同水平刺激的掩蔽效果不同；刺激材料水平上的量变不仅会导致个体觉察状态上量的变化，甚至可以引起质的变化。

假设二：掩蔽物与刺激材料越相似，掩蔽效果越好，越容易诱发出个体的无意识觉察状态。

研究方法

被试

大学一年级学生 8 名。裸眼视力或矫正视力正常。年龄 18～20 周岁。其中男性 2 名，女性 6 名。

仪器和材料

使用 DMDX 编写的实验程序在 DELL640m 笔记本计算机上呈现视觉材料。以直径为 33mm 的圆形为基础，生成其内接正四边形、正六边形、正八边形、正十边形、正十二边形。从类别的角度看，圆形和正多边形是两种不同的几何图形；从两类图形的关系上看，两者之间存在特殊的关系，即正多边形的极限是圆。从实验的目的出发，正是考虑到两者之间这种既不相同，又有内在联系的特殊关系，选择圆形为掩蔽图形，以圆形和其他正多边形为刺激图形来满足检验实验假设的需要。作为刺激材料的正多边形，随着边数的增加，其与掩蔽物（圆形）的关系也越加紧密，当刺激材料为圆形时，达到了刺激材料和掩蔽材料的一致。此外，为检验把掩蔽等同于掩蔽物对刺激材料的简单遮挡的错误观念，图形做黑色实心处理，以满足这一要求。

图 2 – 1　实验一的图形刺激材料

图 2 – 2　实验一的掩蔽图形

实验设计

实验为单因素设计。自变量为刺激物与掩蔽物的关系（六个水平）。以五个实心正多边形（正四、正六、正八、正十、正十二边形）和实心圆形为刺激材料，以实心圆形为掩蔽物。各个呈现的刺激图形与掩蔽物圆形的关系代表自变量的不同水平。实心正方形（呈现阶段的刺激）与实心圆形（掩蔽物）之间的关系较实心正六边形（呈现阶段的刺激）与实心圆（掩蔽物）之间的关系为疏，依次类推。刺激材料为圆形意味着刺激物与掩蔽物之间的关系达到完全一致。因变量为迫选任务中选择呈现过的刺激图形的错误率，并采用这一客观指标来判别个体对刺激材料的觉察状态。

指导语

你好，现在我们来做一个图形的瞬时记忆测验。在屏幕中央出现一个"＋"字提示符后，紧接着就会以很短的时间呈现一个几何图形。在被一个实心圆形遮蔽后，在屏幕中央给出两个图形，请根据你的记忆或印象判断哪一个是刚刚呈现过的那个图形。你认为左边那个是刚刚呈现过的图形，就按"z"键；你认为右边那个是刚刚呈现过的图形，就按"／"键。由于呈现的时间非常短，在不能清晰判断的情况下，允许你加以猜测。每题要求必须做出选择。5s 不做回答，程序将自动进入下一道题。明白了吗？好，我们先做一些练习。

实验程序

在无自然光源，灯光照明的心理实验室，被试坐于距离计算机前约 50cm 处，调整舒适的视觉角度。

在屏幕上呈现指导语的同时，主试做口头解说。练习和正式实验程序相同，每个被试练习 12 次，刺激材料随机呈现。

正式实验以屏幕中央呈现 1000ms 的"＋"提示符开始。提示符消失后，即刻呈现刺激图形 30ms。刺激图形消失后，即刻呈现掩蔽图形 2000ms。而后即刻呈现刺激图形和比较图形 5000ms。被试在此时间段做判断选择。

每个刺激材料图形呈现 20 次，每个刺激材料与其他 5 个图形各比较 4 次，每名被试共测试 120 个作业。要求 8 名被试回答所有题目。迫选任务由呈现的刺激和另一个未呈现过的刺激组成，呈现的刺激与每一个未呈现的刺激均作比较，并做左右位置的平衡。

所有迫选任务中被试选择的错误数与迫选任务总数之比作为觉察状态的因变量指标。比较图形为呈现除刺激外其他各刺激材料图形，迫选任务中的图形在呈现材料和比较图形之间做左右平衡。每个被试单独进行。具体实验程序见图 2 - 3。

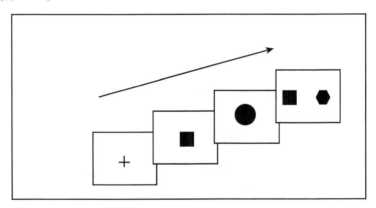

图 2 - 3　实验一实验程序流程

数据处理与统计

采用 SPSS13.0 统计软件包处理数据。对判断时间等于 5000ms（视为漏题）和时间低于 100ms（视为提前反应）的数据做删除处理。练习部分不计在统计范围。迫选任务中被试的错误选择数与有效完成迫选任务总数之比转化成的百分数作为迫选任务完成情况的最后指标。

结果

当呈现不同水平刺激材料时，要求被试完成迫选任务的结果见图 2 – 4 和表 2 – 1。

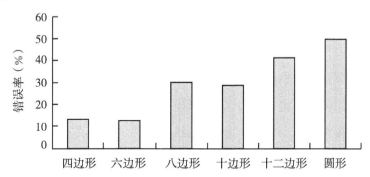

图 2 – 4　不同水平刺激材料在迫选任务中错误率的变化趋势

统计结果显示，随着正多边形边数的增加，迫选任务的错误率逐渐增加。表明在以错误率为客观指标判断个体觉察状态的条件下，被试的觉察状态有随着正多边形边数的增加而由较清晰的状态向模糊状态变化的趋势。

表 2 – 1　不同刺激材料在迫选任务中的错误率

	四边形	六边形	八边形	十边形	十二边形	圆形
错误率（%）	13.12	12.50	30	28.75	41.25	50
χ^2	87.025	90.000	25.600	28.900	4.900	0.000
df	1	1	1	1	1	1
p	0.001	0.001	0.001	0.001	0.027	1

统计分析表明，正十二边形和圆形在迫选任务中的错误率与随机概率（50%）的差异分别在 $p > 0.01$ 和 $p > 0.05$ 水平不显著，表明被试不能分辨出刺激图形和比较图形；被试对其余正多边形选择错误率与随机概率（50%）的差异检验均十分显著，表明能够加以辨别。

总之，统计结果说明个体的觉察状态不仅存在量的连续变化，而且也存在统计学意义上质的区别。被试对与掩蔽材料关系较密切的刺激材料水平（十二边形和圆形）的觉察处在无意识状态。

讨论

首先，结果较好地验证了实验假设一。同一掩蔽物掩蔽多个不同正多边形产生了多种不同的掩蔽效果。不仅存在统计学意义上性质不同的觉察状态（觉察或无觉察），而且，以迫选任务错误率为指标反映的掩蔽效果因刺激水平有规律的变化而表现出觉察状态有规律的变化。即，随着正多边形边数的增加被试对刺激的觉察由清晰到模糊。这一结果对潜意识知觉研究意义重大。在潜意识知觉问题研究中，被试对刺激的无觉察状态是实验设计中的控制变量，是保障得出潜意识知觉结论的前提。如果一个以客观阈限指标判定被试是否处于对刺激的无意识觉察状态的话，就本实验而言，多边形的边数至少要达到 12 个（各刺激水平呈现时间相等，均为 30ms 情况下）。边数少于 12 个，则意味着被试觉察到了刺激，无论其后续的结果如何，都已经不是研究潜意识知觉问题了。如果以此结论审视以往的相关研究，有理由质疑那些应用掩蔽技术且以客观阈限为指标定性无觉察状态，且对刺激不同水平掩蔽效果又未加以考证的相关研究所得的结论。在此情况下，自变量不同水平导致的潜意识知觉上的差异，因自变量的混淆（控制变量，即觉察状态的变化）而变得失去意义。

其次，从觉察状态变化的规律看，实验结果较好地验证了实验假设二。掩蔽物与刺激材料越相似，掩蔽效果越好，越容易诱发出个体的无觉察状态。由于实验设计考虑到了刺激物与掩蔽物之间的特殊关系，这为分析因两者关系变化而发生觉察状态的变化提供了方便。正多边形的极限是圆这一原理在本实验中的应用，意味着六边形较四边形更像圆。这使得刺激各水平与掩蔽物之间的关系具有了量化的可能。实验正是利用这种量化的关系验证了掩蔽物与刺激材料越相似，掩蔽效果越好，越容易诱发出个体的无觉察状态的假设。这样的结论一方面为以往潜意识知觉研究中研究者经验式的运用掩蔽物实现无觉察状态诱发的实践提供了依据。如情绪图片用中性表情图片作为掩蔽物（Pessoa，Japee，Sturman 和 Urgerleider，2006），几何图形用几何图形做掩蔽物（陈霖，1980，1982，1987），汉字用汉字掩蔽（周仁来，2004），数字用键盘符号如"#"掩蔽（Newell，2003），等等。另一方面，为今后掩蔽技术在无觉察状态诱发中的应用指明了方向。

总之，本实验结果一方面为以往潜意识知觉研究中掩蔽技术应用的合理性提供了证据，选择与刺激材料系列性质相近的材料作为掩蔽物能够取得较好的掩蔽效果；另一方面也揭示出此方面存在的不足，掩蔽物对自变量不同水平的掩蔽效果可能存在差异，如果不加以考察或控制，对研究结论将产生颠覆性的影响。因而，进一步探索有效的掩蔽技术和策略，完善掩蔽技术的应用具有重要的理论和现实意义。

实验二　同一掩蔽物对刺激材料不同水平的掩蔽效果（b）

研究目的与假设

本实验的目的在于进一步检验同一掩蔽物对不同水平刺激材料的掩蔽效果。研究假设如下：与掩蔽物对刺激物的遮蔽相比，掩蔽物与刺激之间的关系在掩蔽效果的产生中更为重要。

研究方法

本实验所用被试、仪器、指导语、实验设计、实验程序、数据处理与统计与实验一相同。

在实验材料方面，考虑实验一中掩蔽物对刺激材料的掩蔽既有图形之间关系的因素，又有实心图形的遮蔽和覆盖，本实验变实验一中的实心图形为空心图形以消除遮蔽，单纯体现刺激材料与掩蔽物之间的关系。

图 2 - 5　实验二的刺激材料图形

图 2 - 6　实验二的掩蔽图形

结果

当呈现不同水平刺激材料时，要求被试完成迫选任务的结果见图2-7和表2-2。

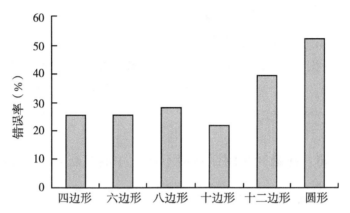

图2-7 不同水平刺激材料在迫选任务中的错误率变化趋势

统计显示了与实验一相似的结果，随着正多边形边数的增加，迫选任务的错误率在逐渐增加。表明在以错误率为客观指标判断个体觉察状态的情况下，被试的觉察状态有随着正多边形边数的增加由较清晰的状态向模糊状态的变化趋势。

表2-2 不同刺激材料在迫选任务中的错误率

	四边形	六边形	八边形	十边形	十二边形	圆形
错误率（%）	25.62	25.62	28.12	21.88	39.37	52.50
χ^2	38.025	38.025	30.625	50.625	7.225	0.400
df	1	1	1	1	1	1
p	0.001	0.001	0.001	0.001	0.007	0.527

统计分析表明，正十二边形和圆形在迫选任务中的错误率与随机概率（50%）的差异显著性没有达到 $p > 0.001$ 水平的要求，被试没能分辨出刺激图形和比较图形；被试对其余正多边形与比较图形则能够加以辨别。表明个体的觉察状态不仅存在量的连续变化，而且也存在统计学意义上质的区别。被试对十二边形和圆形的觉察处在无意识觉察状态。

小结

本实验对实验一中的实验材料做了空心处理，其目的在于消除实验一中掩蔽物对刺激材料的掩蔽源于掩蔽物对刺激材料遮掩的可能，进而突显形状之间关系在掩蔽过程中的作用。从结果来看，以空心圆为掩蔽图形对空心图形的掩蔽所得到的掩蔽效果与以实心圆为掩蔽图形对实心图形的掩蔽所得到的掩蔽效果相比，无论在变化趋势还是在各种差异的比较中都得到了大致相同的结果，说明在掩蔽物对刺激材料掩蔽时，即使掩蔽物对刺激材料没有加以覆盖或遮掩，只是存在两者关系的变化就能够起到不同的掩蔽作用，甚至达到诱发无意识觉察状态的效果。

实验三 诱发无觉察状态的有效策略

目的和假设

实验的目的在于探索有效诱发无意识觉察状态的掩蔽策略。研究假设如下：以各水平刺激材料构成的图形为掩蔽物，其对各水平刺激材料的掩蔽能够达到一致的掩蔽效果，诱发出被试的无意识觉察状态。

研究方法

本实验所用被试、仪器、指导语、实验设计、实验程序、数据处理与统计与实验一、实验二相同。

在实验材料方面，变实验二中空心圆掩蔽物为由六种刺激图形叠加的图形为掩蔽图形。具体如图2－8和图2－9所示。

图2－8 实验三的刺激材料图形

图2－9 实验三的掩蔽图形

结果

当呈现不同水平刺激材料时，要求被试完成迫选任务的结果见图 2 – 10 和表 2 – 3。

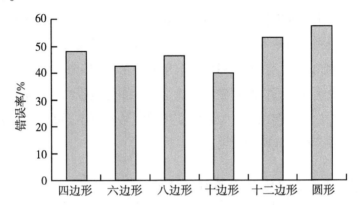

图 2 – 10 不同水平刺激材料在迫选任务中的错误率变化趋势

统计显示了与实验一、实验二不同的结果，随着正多边形边数的增加，迫选任务的错误率并没有表现出逐渐增加的变化趋势，刺激不同水平间迫选任务的错误率差异变小。表明在以错误率为客观指标判断个体觉察状态的情况下，被试的觉察状态具有较一致的特点。

表 2 – 3 不同刺激材料在迫选任务中的错误率

	四边形	六边形	八边形	十边形	十二边形	圆形
错误率（%）	48.12	42.50	46.25	40	53.12	57.50
χ^2	0.225	3.600	0.900	6.400	0.625	3.600
df	1	1	1	1	1	1
p	0.635	0.058	0.343	0.011	0.429	0.058

统计分析表明，除十边形（$p < 0.05$）外，由刺激材料各水平构成的掩蔽图形对其他图形的掩蔽效果均达到了 $p > 0.05$ 的不显著效果。表明被试处于对这些刺激材料的无意识觉察状态。

讨论

刺激材料在由它们所有图形组成的图形为掩蔽物进行掩蔽的情况下，绝大多数表现为被试的无意识觉察状态，说明了以此为标准选择掩蔽物的有效性。一方面，与前两个实验相比，实验三在各水平刺激材料合成图形为掩蔽物的掩蔽下，其错误率的总体差异要远远小于前两种情况，说明此种掩蔽策略的应用较其他两种掩蔽技术的掩蔽效果好。另一方面，实验三中不同刺激材料水平间的平均差异也远远小于其他两种情况，说明此种掩蔽技术能够实现大致相同的掩蔽效果。这两方面在取得理想掩蔽效果上至关重要。

在视觉材料的潜意识知觉研究中，觉察状态的控制手段有很多种。控制刺激呈现时间和掩蔽技术的使用最为常见。单纯改变刺激呈现时间虽然能够较好地控制个体的觉察状态，也容易得到很好的量化指标。但就采用简单视觉材料的实验研究而言，要想诱发出被试对材料的无意识觉察状态，不仅材料的呈现时间会很短，甚至短到1ms，致使对仪器设备有较高的要求，而且重要的是视觉后效对后续任务完成的影响无法控制。如在 Zajonc（1980）的研究中，多边形的呈现只有1ms，虽然在之后的迫选任务中被试不能对刺激材料和比较图形做正确的区分，表明被试没有觉察到呈现的刺激，但仔细分析后可以提出是否视觉后效影响到被试在迫选任务中的成绩问题，进而影响到对觉察状态的判定。也正是基于这样的考虑，应用掩蔽技术似乎可以消除这种影响。紧随刺激之后出现的掩蔽物能够及时干扰或阻断刺激材料的视觉后效，消除后效对迫选任务等后续行为或心理过程的影响。不同水平的刺激材料得到相同掩蔽物的干扰或阻断，不仅可以消除后效的影响，而且可以在适当延长刺激呈现的情况下诱发被试的无意识觉察状态。这是早期掩蔽技术应用的主要理论设想。

随着掩蔽技术的广泛使用，人们渐渐感觉到此种技术也有其明显的缺欠。其中最主要的就是由刺激材料变化所导致的刺激与掩蔽物之间关系的变化是否会产生掩蔽效果差异的问题（Wiens，2006）。有研究表明，刺激的微小变化就可以导致潜意识知觉上的变化（Esteves et al.，1993）。那么，这种刺激与掩蔽物之间关系的变化是否也会导致觉察状态的变化，进而影响潜意识知觉效果呢？类似实验所得结论存在大量差异，重复实验所得结论的不同，让此类研究的科学性、严密性、可重复性受到怀疑。这其中很重要的因素可能就是觉察状态这种控制变量的问题。这方面不仅存在阈限敏感性的问题，也存在具体技术本身不够完善的问题。本研究对掩蔽技术中刺激材料与掩蔽物之间关系的探讨，目的在于尝试解决此种有效技术中存在的一些缺欠，进一步完善技术，为潜意识问题研究提供更好的技术和策略。研究结果证明，以各水平刺激材料构成的图形为掩蔽物，其对各水平刺激材料的掩蔽能够达到几乎一致的掩蔽效果，诱发出被试的无意识觉察状态。这其中的核心思想就是降低不同刺激与同一掩蔽物之间关系上的差异性，趋于一致的关系，对保证觉察状态的一致起到重要作用。

虽然本实验通过特定材料的选择提出了一种选择掩蔽物的策略，但对具体的研究对象而言，特别是较复杂材料的掩蔽仍然需要进一步探索。从研究的角度看，虽然复杂材料所包含的刺激维度、特征、内容较多，但往往我们的研究只关注其中的一小部分，在保持其他成分不变的情况下，这一小部分所关注内容的掩蔽问题仍然可以通过此策略构成掩蔽物来实现。通常在研究中有限自变量数目及其水平的选择，为此策略的应用提供了更大的应用空间。

结论

从以上三个实验，可以得出如下结论：

（1）同一掩蔽物对不同水平刺激的掩蔽效果不同；刺激材料水平上的量变不仅会导致个体觉察状态上量的变化，甚至可以引起质的变化。掩蔽物与刺激材料越相似掩蔽效果越好，越容易诱发出个体的无觉察状态。

（2）与掩蔽物对刺激物的遮蔽相比，掩蔽物与刺激之间的关系在掩蔽效果的产生中更为重要。

（3）以各水平刺激材料构成的图形为掩蔽物，较好地平衡了刺激物和掩蔽物之间的关系，其对各水平刺激材料的掩蔽能够达到较一致的掩蔽效果，是诱发被试无意识觉察状态的一种有效策略。

第三节　潜意识知觉的经典研究

一、潜意识知觉的实证研究概述

人们对潜意识知觉概念产生广泛兴趣的原因在于它要说明的是在刺激没

有被觉察的状态下，人们的思想、情感或行为可以受到影响。对这一问题的心理学研究可追溯到 19 世纪末 20 世纪初。早期研究关注的是，无觉察觉知是否存在。例如，视觉刺激中的字符、数字、几何图形被置于一定的距离之外，使得被试什么也看不到或只能看到一些模糊的点。听觉中的字符发音，声音弱到被试宣称没有听到。为了检验这些视觉或听觉刺激是否与他们所宣称相反，已经被他们所觉知到，要求被试猜测已经呈现的字符或数字。早期研究较为一致的结果表明，被试猜对的概率要高于随机猜测的水平。换句话说，尽管被试宣称他们没有觉察到觉知的刺激，这种猜测事实上表明他们觉知到了一些有效的信息以至于他们能够正确地猜中这些刺激。

多年来，数以百计的研究遵循着这样一种模式。这些研究表明，即使在没有觉知的觉察经验情况下，大量的信息帮助被试做出决定并指导着行为。在控制条件下的实验室研究中，潜意识知觉的另一种研究路径是，在刺激呈现使得被试很难区分一个刺激和另一个刺激的情况下，被试也能觉知到特定的刺激。这类经典的研究始于 20 世纪 70 年代英国心理学家 Anthony Marcel。这类实验的结果表明，刺激的判断是在该刺激紧跟着一个刺激后所表现出来的增强或启动效应为基础的。例如，被试被要求对一个单词（doctor，bread）或一个非词（tocdor，dreab）加以区分，当它在语义相关单词（nurse）之后出现，辨别的速度要快于在非语义相关单词（butter）之后出现。Marcel 发现，即使单词在被试不可能区分有还是没有的情况下，单词也增进或启动了后续单词——非单词的选择。自从 Marcel 研究之后，很多人使用了这一方法，不仅证明了 Marcel 的发现，而且发现，图片、面部表情、发音词也有这样的现象。虽然实验中的被试是否能够完全区分两种刺激还存在疑问，但是，基于这样的实验得出的结论是，被试的确在很难区分两类刺激的情况下，觉察到了大量信息。

潜意识知觉的例证还存在于对神经损伤患者的研究中。患者的主要特征是声称看不到特定的刺激，但却能通过这些刺激做出相应的反应。一种病称为视盲症（blind sight）。患有视盲症的人基础视觉区受到了损伤。这一区域损伤的结果是患者经常对特定视区内呈现的刺激觉察不到。例如，视区被分为四个部分，视盲患者可能对三个区域中呈现的刺激有正常的视觉，但对第四个区域呈现的刺激宣称不能觉察到。但他们仍能猜测到大小或方向。另一种被用于证明潜意识知觉的神经性症状是脸盲症（prosopangnosia 或 face agnosia）。脸盲症患者不能辨认熟悉人的面部表情。虽然他们能够觉察到正在看着一个人的脸，但是他们不能说出是谁。因此，脸盲症患者可以判定为没有觉察到是谁的任何信息。然而，尽管缺乏觉察到的信息，但是一些患者却能够选对不能辨别面孔的熟悉人的名字。

无觉察知觉也发生在麻醉患者的外科手术案例中。一般而言，外科手术要让患者对所有事情完全处于无觉察状态。绝大多数患者在术后都能达到这样的效果。然而，当用更直接的方法加以测量时，在麻醉患者中出现了一些事件的记忆。例如，在手术期间，患者被戴上耳机，将一些重复播放的单词放给患者听。手术后，患者被呈现给一些词干，如 gui_ _ 或 pro_ _ 。要求被试完成英文单词的补充。词干都有多种可能的补充以构成单词，如：guilt，guile，guild；prove，prowl，probe。然而，如果患者在麻醉期间被给出的是单词 guide，proud。患者更有可能以这两个单词来完成词干补笔任务。在麻醉患者处于对外界事件无觉察状态的情况下，麻醉期间呈现的特定刺激的记忆却多次发生。

多年来，潜意识知觉的魔力也为外界所关注。最被广泛了解的是 James Vicary 的研究。他宣称，新泽西 Fort Lee 电影院的 45 699 位观众，在看 Picnic 电影时，被展示了两条广告信息："吃爆米花""喝可口可乐"。按 Vicary 的说法，信息以 3/1000s 的速度呈现，每 5s 呈现一次。由于呈现时间很短，观众不会觉察到。尽管观众没有觉察到这样的信息，Vicary 却宣称，六周间爆米花的销量上升了 57.7%，可口可乐上升了 18.1%。Vicary 的结果经常被当作事实为人们所接受，但 Vicary 并没有发表其研究的详细资料。也没有任何销售事实支持他的结果。还有，在 1962 年的 *Advertising Age* 的一篇综述中，Vicary 说明其研究是严谨的。事实支持了他的研究。

其他潜意识知觉的应用案例还不多见。20 世纪 70 年代，Wilson Bryan Key 写了一本名为 *Subliminal Seduction and Media Sex ploitation* 的书。在书中，他宣称，潜在的性符号或目标经常被用来唤起消费者购买、使用各种产品和服务。他一个最著名的标示就是，单词 SEX 被经常嵌入产品或广告中。

例如，他宣称单词 SEX 被印在了 Ritz 饼干上并被镶嵌在一种饮料的冰杯上。这些被展现在著名的 Gilbey's Gin 的广告上。按 Key 所述，尽管嵌入的单词不能被有意识地觉知到，它们是无意识被觉知到的，但是能唤起性意识进而使产品更能吸引消费者。虽然 Key 的宣称被广泛知晓，但是并没有事实说明镶嵌的潜意识单词、符号、目标被用来促进产品的销售。反过来说，即使这些刺激被用来促进销售，也没有事实证明这些方法在消费者做出购买产品的选择过程中是有效的。

潜意识知觉在情感和行为上具有使其改变的力量。这一理念被大量公司用来销售潜意识自助性视听磁带，那些销售磁带的公司宣称，使用这些磁带能够解决各种问题，帮助发展各种技能。每一个公司都做了各种不同的磁带。每一种不同的磁带中镶嵌着不同的信息。这些信息既不能被看见，也不能被听到。更多普通的磁带被标榜为可以帮助个体戒烟、减肥、减少应激；其他一些磁带可以帮助个体增加阅读速度、改善记忆，或提高网球、高尔夫、台球技能。有一些控制性研究也试图去证明这种磁带的有效性。但所有的研究结果都没有证明这种效果的有效性。没有事实证明这种治疗和改善的存在。

无觉察状态下的潜意识知觉要比觉察状态下的觉知更有效，这样的理念也没有得到实验研究的证实。然而，控制性研究的结果说明了潜意识知觉的存在。虽然潜意识知觉可能允许我们对刺激做出精确的猜测，但潜意识知觉不能导致个体去喝可口可乐或吃爆米花，它也不能使我们有效地改善人的技能或改变人的不良习惯。

二、经典研究

潜意识知觉存在的证明经历了由弱刺激条件下个体潜意识知觉到刺激或刺激的某些特征的研究逻辑到不同意识状态下性质截然不同的认知结果的区分逻辑这样一个过程。后者被称为质差性研究。正是在此逻辑下的一系列卓有成效的研究，使两种意识状态下的认知活动得以区分，并成为潜意识知觉存在的有力证明。而其中有些研究范式甚至成为内隐认知研究的经典。

研究一 阈下刺激的情感启动

研究背景

由于任务分离的研究思路在实践中存在一定的问题，有人提出第二种研究思路——质差方法。这种研究思路主要通过寻找无意识和意识成分在情绪反应、主导编码等各个方面质的差异来对无意识现象进行探讨。Kunst-Wilson和Zajonc（1980）用实验说明了潜意识知觉到的刺激可以引起情感反应。Murphy和Zajonc（1993）则通过实验表明，潜意识状态下知觉到的刺激较意识状态下知觉到的刺激更易引起情感反应。

在Murphy和Zajonc（1993）的实验中，给两组被试呈现相同的一些汉字之前，给一组被试呈现带有愉快（笑）或愤怒（愁眉苦脸）表情的人脸图片，图片呈现很短的时间（4ms），没有被试报告说觉察到了它们。给另一组被试呈现相同的图片，每张图片的呈现时间（1000ms）足够让所有被试报告说他们觉察到了这些图片。但告诉他们忽略这些图片，只注意评价这些汉字。要求被试在5点量表上标明每一个汉字代表"好"还是"坏"的程度。

Murphy和Zajonc发现，在以很短时间呈现情绪图片的条件下，无意识知觉到的面部表情图片影响了被试对汉字的评价。如果先呈现的面部图片是个笑脸，那么他们更可能把汉字评价为表示"好的"性质；如果先呈现的面部图片是个苦脸，那么他们更可能把汉字评价为表示"坏的"性质。相反，在被试能够有意识地忽略知觉到的面部表情图片的情况下，面部情绪图片对被试的汉字评价影响很少或没有受到影响。可以说，被试能够有意识地忽略知觉到的面部情绪图片，不让这些图片影响他们对汉字的评价。然而，在被试没有觉察到面部情绪图片的条件下，面部情绪图片所表达的情绪赋予汉字以相应的情绪色彩。这些结果说明，对刺激的情感反应可能受无意识知觉到的信息较有意识知觉到的信息影响更大，继而说明意识和无意识知觉间具有重要的性质差异。

情感优先假说（Zajonc，1980）认为积极的和消极的情绪刺激可以由最小强度的刺激引起，且几乎不必进行认知加工。本研究通过对比阈上刺激和阈下刺激的认知和情感启动结果来检验这个假说。与阈上刺激相反，在阈下刺激条件下，被试对新异刺激的判断中有显著的情感变化。这些结果表明，情感可以在意识外产生，它是扩散的、不特定的，并且源于何处无法寻找，是一种很少认知参与的变化。在阈上刺激下，结果模式是相反的，仅认知启动在判断中产生了显著变化。总之，这些结果支持了情感优先假说。

情感优先假说最初由 Kunst-Wilson 和 Zajonc（1980）提出。在他们的实验中，被试由于接受重复刺激，对先前新异的汉字形成了情感偏爱。实验中，文字最初在阈下条件呈现，随后完成一个直接的记忆识别测验，被试不能从他们没见过的新文字中区分出已见过的文字。然而，尽管缺少显而易见的识别，但当问到两个汉字（呈现过的和没有呈现过的）中他们更喜欢哪个，被试便显出较为一致的偏好于先前呈现过的汉字。

解释这一结果的一种假设是，基本的情感辨别可以几乎没有意识的参与，而认知辨别却需要获取更多的刺激信息。然而，这个实验仅提供了对此观点的间接证据。显而易见，需要更多的直接证据。

Murphy 和 Zajonc（1993）认为，运用启动范式可以对此假设加以论证。其实验逻辑是通过在阈下条件下，被试对呈现的两个不同性质的刺激（认知和情感）材料反应的差异性来证明潜意识知觉的存在。

实验

研究方法

被试

32 名学习《普通心理学》课程的学生参加了如下实验，完成实验要求的部分内容。一半被试被分配到阈下刺激条件组，一半被分配到阈上刺激条件组。

材料和仪器

情感启动材料采用的是男性、女性愉快和生气的面部表情图片。充满感情的词汇通常用在无意识刺激研究中，但本研究中并没使用，因为可能在它们引发情感过程前还需要进行语义编码。Caff 等人发现，图片或图像比词汇激活情绪更快，词汇需要更长的加工时间。在感情图片中，选择的是面部表情，因为发现与愉快和愤怒相联系的面部特征通常被看作是积极和消极感情的启动器（Ekman，1972）。本实验中使用的图片是 5 张男性面部表情和 5 张女性面部表情。10 张面部表情各呈现 2 次，1 次是微笑表情，1 次是皱眉表情，总共 20 张图片。实验要求被试对分类汉字做 5 级偏好评价，1 是不喜欢，5 是非常喜欢。

实验设计与程序

实验采用 2（积极、消极）×2（阈上、阈下）的混合设计。图片性质为被试内变量，意识状态控制为被试间变量。

实验中共呈现给被试 45 张汉字幻灯片。其中 5 个用于无启动条件的控制实验（简称无启动控制条件），其余的 40 个用于实验。20 个以随机生成的多边形作为启动的控制实验（简称不相关启动控制条件），还有 20 个以面孔图片作为启动的实验。45 个汉字幻灯片中有 10 个汉字呈现两次，1 次是积极情感启动（如呈现一个人微笑的图片）条件下，1 次是消极情感启动（如呈现同一个人皱眉的图片）条件下。10 个重复呈现的汉字匹配同样的积极和消极图片。这样可以让我们对比同一被试相同目标刺激下的积极和消极情感启动效应。由于被试不熟悉汉字，他们无法意识到 45 个汉字中有 10 个是重复出现的。通过一次积极情感启动和一次消极情感启动后，对这 10 个汉字图片的偏好评价是后面要分析的重点。

在无意识的阈下刺激条件中，使用了后掩蔽技术，即启动刺激（一个表情）呈现 4ms，随后立即呈现目标刺激（一个汉字），这样就起到了后掩蔽作用。为了确保被试在阈下刺激刺激期间注意屏幕，在启动前屏幕中心呈现一个 1000ms 的注视点。在 20 个实验材料呈现期间包含 10 个目标汉字，表情图片呈现 4ms 后呈现汉字，刺激间隔时间（SOA）为 5ms。在所有实验条件下，汉字的呈现时间是 2000ms，它起到了掩蔽和目标刺激的双重作用。

在可觉察的阈上刺激条件下，给被试呈现的启动图片时间是 1000ms，随后出现目标汉字，呈现时长是 2000ms。被试在这个条件下能清晰地看到启动材料，告知被试每次实验会呈现两个幻灯片。解释存在启动图片时，实验人员会提及"其他实验条件"，要求被试对启动刺激做出不同的判断，但强调被试在这个条件下只评价第二张幻灯片或汉字。

在两种实验条件下，被试评价 45 个汉字后，会问他们是否发现什么异常并让他们推测刚刚参加的实验的目的。

意识性迫选测验：一些研究者对阈下条件是否满足无意识觉察持有一定的不同意见（Eriksen，1980；Holender，1986；Purcell、Stewart 和 Stanovitch，1983）。为确保无觉察状态的发生，刺激呈现为 4ms。为检验这样做的效果，阈上、阈下条件下的被试在 45 个实验后都进行迫选意识测验。迫选测验要告知被试给他们呈现一系列表情图片，随后立即跟随一个汉字幻灯片。启动呈现 4ms 后立刻跟随一个后掩蔽（汉字）2000ms。随后呈现给被试两张表情图片 2000ms，一张是真实的启动图片，另一张是非启动图片。要求被试回答哪个图片是刚才启动中呈现的。进行迫选测验的基本原理是，如果被试不能真正地检测到启动刺激，他与随机辨别相比应该表现得没什么不同。每个被试参加这样的 12 个迫选任务。在意识迫选测验完成后，对每个被试进行询问并且感谢他们的参与。

结果

在实验中没有发现性别差异。因此后面的分析中略去被试性别这一因素。进行的 2×2 的方差分析，结果表明，启动图片性质和刺激水平的交互作用显著 $[F (1, 30) = 24.96, p < 0.001]$。下面的分析很好地解释了启动和刺激水平间的精确关系。

正如图 2-11 所示，尽管在阈下条件下，没有被试意识到启动刺激的存在，但是阈下情绪图片启动对被试知觉 10 个汉字有显著的影响。双侧 T 检验表明，先呈现积极的阈下启动（高兴表情的图片），与先呈现消极启动（同一个人生气表情的图片）相比，评价目标刺激喜爱程度时，前者显著高于后者。积极启动后对 10 个汉字平均的喜爱水平是 3.46；相反，消极启动后 10 个汉字平均喜爱水平是 2.70，$t (15) = 4.87, p < 0.001$。至于阈下刺激条件两个控制条件下的实验，多边形不相关启动控制组（$M = 3.06$）及无启动控制组（$M = 3.06$）导致汉字评价差异水平都是中间值 3.0。先呈现积极和消极启动导致的汉字喜爱评价都与先呈现多边形不相关控制启动存在着显著差异：$t (15) = 2.31, p < 0.04, t (15) = 2.59, p < 0.02$。总之，积极、

消极阈下情感启动导致汉字评价不仅彼此间存在显著差异，而且显著不同于两个控制组。

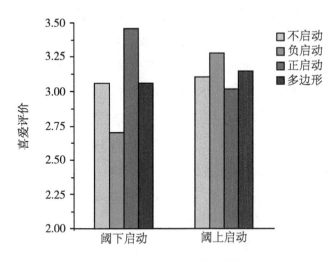

图2-11 两组不同启动条件下的偏好评价

与之相反，在阈上呈现积极情感启动条件下，被试评价10个重复呈现的汉字没有显著差异。在阈上条件下，多边形不相关启动控制组和无启动控制组导致汉字喜爱评价在中间值3.0，也不存在显著差异（分别是3.15、3.11）。结果是在阈上条件中，不存在两组实验平均值在统计水平上的显著差异。

在迫选意识测验中发现，启动条件下的被试答错的概率要比随机水平低。12个迫选测试中，被试平均正确鉴别启动图片次数仅为5.78次，与随机水平6.0相比不存在显著差异。而且，尽管告知被试存在阈下启动，但是他们仍然坚持没有意识到它们的存在。

值得关注的是，在迫选测验中，先前呈现刺激是阈上条件和阈下条件的两组被试间不存在显著差异。先前在阈上刺激条件下的被试在阈下刺激条件下不存在有高分的，表明不存在练习效应。

讨论

总之，在阈下情感启动，呈现积极、消极表情图片仅为4ms的条件下，被试汉字偏好之间存在显著不同。而相同启动图片呈现在阈上情感启动的条件下，这种差异并不存在。这一结果与早期学者研究的结果有些不同（Fazio，Sanbonmatsu，Powell 和 Kardes，1986；Silverman 和 Weinberger，1985；Smith，Spence 和 Klein，1959），启动反应结果与启动刺激长度呈一种负相关，这仅仅在阈下刺激条件下才有显著反应。

Spence 和 Holland（1962）关注到，以往意识加工和无意识加工通常被看作是一个连续体上两个不同的点。按照这个逻辑，增加意识程度应该导致个体更易获得信息。Spence 和 Holland 反驳了这个观点，他们发现，更弱的刺激带来更强的反应。Ohman，Dimberg 和 Esteves（1989）也提出了一个意识连续体模型。他们认为，情感要通过信息加工，并发生在复杂感知刺激特征的编码之前。在随后很弱的刺激水平下，情感发生作用，出现情感反应。在很短时间的刺激条件下，这些反应是没有阻碍的，可以通过更复杂的信息，编码能完全通过。在阈上刺激条件下，个体不仅能存入启动刺激的情感意义，而且能从更广泛的认知评价中收集额外的情感信息。在较长时间的刺激条件下，刺激能激活一个复杂的联系网络，以提供特征鉴别和识别。最终使启动的早期情感效应与随后的认知评价相一致。Lazarus（1982）认为，在阈下和阈上刺激水平上所获得的信息并没有显著差异。但如果随后的信息发生冲突或减弱情感反应，则可能使得两种影响相互抵消，进而淹没情感启动效果。在本研究阈下启动条件下，被试只是对启动刺激的积极和消极做出差异性反应。但当刺激时间增加到 2000ms 时，增加面部所具有的特征信息，如吸引力、头发颜色、肤色等都可能得到加工。如果这些加工与面部表情效价不一致，那么，这些特征可能就会弱化被试情感反应，抵消启动效应。

我们认为，总体来说，情感反应以所有资源为基础，包含早期直接输入和后期认知评价。因此，如果早期输入的资源是积极的，随后认知评价也有一个积极评价，一般会产生积极启动。另外一种情况，如果早期直接输入产生了积极情感反应，后期的认知评价却是消极的，我们会预期为对早期反应产生一个弱化效果。初始情感反应的弱化程度会依据两种资源的性质和判断中分配给彼此的重要程度来决定。

如果上述结果的"弱化说"解释是正确的，我们预计，在阈上刺激条件下被试反应是早期情感线索以及需要更多评价双重作用的结果。为了检验这个弱化假说，实验要求 3 名独立的评价者对 10 个积极和消极启动词的吸引力进行等级评价。10 张微笑表情图片吸引力等级的一致性程度达到 0.91 （$F = 20.50$，$p < 0.0001$），皱眉表情图片吸引力等级的一致性程度是 0.90 （$F = 18.07$，$p < 0.001$）。把最有吸引力的三个启动效应图片与三个最无吸引力的进行比较。用 2 （有吸引力、无吸引力）× 2 （积极评价、消极评价）在阈上刺激条件和阈下刺激条件两种条件下做被试内方差分析，结果见表 2 - 4。

表 2 - 4 偏好评价平均值

条件	情感		中性
	积极	消极	
意识状态			
有吸引力	3.25	3.21	3.23
无吸引力	2.98	2.77	2.88
中性	3.12	2.99	
潜意识状态			
有吸引力	3.58	2.58	3.08
无吸引力	3.42	2.88	3.15
中性	3.50	2.73	

如表 2 - 4 所示，在阈上刺激条件下，三张最有吸引力的表情与三张最无吸引力的表情相比，汉字喜好评价更高（平均数分别是 3.23，2.88），$F_{(1, 15)} = 4.28$，$p < 0.06$。表明，在阈上刺激条件下，启动情感效价主效应不显著。在阈下刺激条件下，结果相反。当启动图片以在阈下方式呈现时，吸引力没有明显主效应，但情感阈下启动导致了一个明显的主效应。即，与消极表情图片产生的评价喜爱等级（2.73）相比，积极表情图片的平均喜爱等级评价为 3.50。两者差异显著 [$F_{(1, 15)} = 21.59$，$p < 0.001$]。

总之，阈上和阈下两种条件下的差异性表现不仅说明情感的产生依赖于刺激呈现方式和之后的认知信息，更重要的是本实验结果验证了刺激无觉察状态下的偏好差异性的存在，进而验证了潜意识知觉的发生。

研究二 编码方式的差异

研究背景

Groeger（1984；1988）通过实验想要证明无意识知觉到的单词与有意识知觉到的单词具有不同的编码优势。在使用视觉材料刺激的一个实验中，Groeger（1984）在每一个实验样例中呈现一个单一的靶词，要求被试从随后马上呈现的由 24 个词构成的词矩阵中选出这个靶词。实验的标准是，词矩阵中并不含有在实验样例中实际呈现的那个靶词。相反，矩阵中包含一些与靶词语义相近的词汇和一些与靶词在结构上（视觉上）相似的单词。例如，如果靶词是"town"，则语义相似的配词就是"city"，结构相似的就是"time"。实验结果表明，在靶词呈现时间很短，被试没有报告对靶词有任何觉察的情况下，被试倾向于选择语义相似的词。然而，在靶词呈现时间足以让被试报告他们觉察到了靶词的情况下，被试倾向于选择视觉相似的词。

一些人（Fuhrer et al.，1960）不认同所谓的"阈下知觉假设"（辨别不是语义分析的前提）；另一些人则持有这样的观点（Dixon，1971）。早期相关问题的研究受到许多方面的困扰，主要是对基本术语的界定缺乏清晰度。随着研究的逐渐深入细致，相关术语的定义变得更加精确。Dixon 和 Henley（1980）在一篇综述文章中说，辨别不是语义分析的前提。显然，把之前研究的结果作为直接支持的证据是不够的。因为对这些结果存在多种可能的解释。由 Fuhrer 和 Eriksen（1960）等提出了部分线索假设以说明被试不是完全没有意识到刺激。这种观点认为，部分意识状态会导致临时做出识别，进而进行语义分析。还有人持有的观点是，阈下知觉结果的解释不依赖对刺激的部分意识。

Dixon（1971）列举了保证被试意识或阈限之下接受到刺激的呈现必须满足的三个标准。第一，刺激应在被试报告的最低意识水平之下呈现；第二，分析被试的报告应该表明他既没有看到也没有听到刺激；第三，刺激在被试处于意识水平之上呈现所产生的效果，应该不同于把刺激呈现在被试的意识水平之下所产生的效果。最后一个标准至关重要，但以往很少有研究做到这一点。

本研究力图在严格控制条件下，探讨阈下知觉是否会出现。并尝试用一种具有多功能的实验方法对影响阈下行为的因素做进一步研究。借鉴传统的迫选任务范式，要求被试从一系列选项中做出一种选择反应。任务是从词汇矩阵（它由与目标词汇在某种程度上相关的词汇组成）中识别目标，该目标在呈现词汇矩阵之前呈现。在实验的前测基础上，这些词汇被界定为与目标词汇存在或多或少的结构或语义上的相关。矩阵选择的词汇在词长上有所差异。

研究的目的就是要通过迫选结果的不同，证明词汇矩阵任务能有效地为阈下知觉现象提供证据。

实验

研究方法

被试

预实验选取了男女被试各 12 人。所有被试之前未参加过类似实验。正式实验共有 48 名被试，其中实验组 32 人，男女各 16 人，对照组 16 人，男女各 8 人。所有的被试都是大学生，年龄是 18～24 岁。

仪器和材料

使用三视野速示器，在第一视野中呈现 6ms 的空白白色卡片，接着是 10ms 的空白刺激，目标词汇以特定时间呈现在第二视野中，之后，和目标词对应的词汇矩阵会立即呈现在第三视野。全程使用最大的灯光亮度。

共使用 28 张 100mm×150mm 的白色卡片。8 张在中间单独呈现非目标词汇，8 张中间有一个目标词汇，8 张是目标词汇的备选项，分布在 5×5 词汇矩阵的中间位置，另有 4 张空白白色卡片在对比条件下用于掩蔽。

研究程序和过程

准备词汇矩阵：选择 8 个目标词汇以及分为 8 类的 24 个干扰选项，它们都与目标词汇有一些联系。6 个干扰选项和目标词汇具有语义相关，其中有 2 个和目标词汇具有相同的长度（字母数量），2 个比目标词汇少一个字母，2 个比目标词汇多一个字母。剩下的 18 个干扰选项与目标词汇有些结构上的相似，它们被划分为 3 种类型，即首字母相似、中间字母相似和最后字母相似。和语义相似的干扰选项一样，每种结构类型的 6 个干扰选项包括 3 种词汇长度的各 2 个词汇。因此，这里有 2 个与目标词汇相似、有相同长度的备选项。一个是被试在类别中反应频率最多的（高频率），另一个是反应频率最少的（低频率）。所有的干扰选项均通过对 100 个大学生呈现目标词汇而获得，他们通过单独完成的纸笔测试，被要求指出词汇与目标词汇在哪种方式上相似（首字母、中间字母和最后字母结构上的相关；语义相关）。根据反应结果，由研究者选择长度适当的有高反应频率的词汇，其他的是低频率反应的干扰选项。然后，这 24 个干扰选项被随机分配到矩阵上的矩形中。目标词汇被放在这个中间矩形的中央。所有的目标词汇和干扰选项均为大小相同的大写正楷字体。

预实验：为了在正式实验中满足意识和辨别阈限下呈现目标词汇的需要，有必要对每个目标词汇的阈限进行价值评估。考虑到速示器条件下可能存在个体差异问题，可对每个被试准备单独且固定的刺激呈现时间，但很明显实验中被试不能做此操作，因此，设计此预实验来解决这样的问题。

每个目标词汇都与另外一个与其有相似长度、频率的非目标词汇相配对。

有 16 个词汇（8 个目标词汇，8 个非目标词汇）呈现给两组的 12 名被试。使用极限法，一组用来评估意识阈限，另一组评估辨别阈限。阈限评估总是先从非目标词汇开始设定，所有被试接受升序和降序序列的实验程序。在识别阈限评估中，要求被试在识别出它（升序）或未能识别它（降序）时尽快报告出这个单词。在意识阈限评估时，要求被试报告视觉显示（升序）中刚刚发生的微小变化或没看到刺激（降序）。

根据以上采用的极限法，计算出识别和意识的平均阈限。对每一对匹配的目标/非目标词汇，识别和意识的平均阈限用分数加以表示，在正式实验中使用。比如，对目标/非目标词汇如"成本/工作"平均的意识阈限分别是 11.29ms 和 8.98ms。因此，目标词汇（成本）的意识阈限是非目标词汇（工作）意识阈限的 80/100。在识别阈限中采用相似的过程。

正式实验：首先，被试的意识和识别阈限只决定了 8 个非目标词汇，这在预实验中已有了描述。每个被试完成了所有非目标词汇的识别和意识任务。通过把从预实验中得到的阈值分数相乘，目标词汇的阈限由每个被试单独进行评估，这些估值用来决定目标刺激的呈现时间。这些呈现时间为他们阈限的 80%。

告知被试词汇会快速呈现，要求他们从随后呈现的词汇矩阵中选出之前呈现过的词汇。如果他们认为之前呈现过的词汇不在矩阵中，他们要立即报告出来。这样的报告，如果是对的，或许表明被试确实识别了目标词汇，也就是说，这个过程没能使呈现时间低于他对目标词汇的辨别阈限。使用这个过程是为了避免被试意识到目标不在矩阵里但仍然继续反应。这种被试的数据被排除掉，由于这个原因，32 个被试中有 3 个被排除。

给每个被试呈现的时间是估计的他们的辨别阈限的 80%。每一个目标词汇后面都呈现词汇矩阵。在被试平衡上，保证每个目标词汇一半被试在意识阈限之下，另一半被试处于辨别阈限之下。

对比组使用相同的实验程序，只是在矩阵之前不呈现目标词汇，而是呈现空白卡片，时间是目标词汇阈限的 80%。这些空白刺激的呈现也做状态平衡，4 个空白刺激呈现在适合于特定矩阵目标的预测的意识阈限之下，4 个呈现在预测的识别阈限之下。被试再次被要求，如果他们感觉呈现过的单词不包含在矩阵中，那么就报告出来，然而没有一个人这样做。

结果

首先，进行无意识条件下的分析。被试做出的反应被编码成各种关系，词汇是从与矩阵有关的目标词汇中选出来的。正如前面详细介绍的那样，共有 24 个不同的组合关系（四个主要类别，三个结构——首字母、中间字母、最后一个字母相似，和一个语义；三类长度类别，与目标词汇同等长度、比目标词汇多一个字母或少一个字母；两个子类别，在这些长度类别下产生频率的高和低）。在每个条件下做了 128 次反应。用卡方检验检验这个虚无假设，结果拒绝虚无假设（$\chi_1^2 = 125.749$，$\chi_2^2 = 51.18$，$df = 23$，$P = 0.001$）。

进行结构类别中的数据模式分析，发现选择关系类型的频率不同是偶然的（$\chi_1^2 = 23.87$，$\chi_2^2 = 24.77$，$df = 17$，$P = 0.1$）。在三种主要的结构类别中发现选择的数量是均匀分布的（$P = 0.3$）。

结合结构类别和语义类别分析发现，被试的反应结果并不是平均分布的（$\chi_1^2 = 43.373$，$\chi_2^2 = 31.26$，$df = 11$，$P = 0.001$）。当依次改变长度类别和频率类别，再次检查了结构和语义类别选项分布仍然是均匀的（$\chi_1^2 = 25.32$，$\chi_2^2 = 31.875$，$P = 0.001$）。

从被试的反应看,在无意识条件下,对与目标有语义关联而不是结构关联的做出了更多的反应。事实上,与期望的概率相比,选择了更多的语义类别,更少的结构类别($\chi_1^2 = 19.53$,$\chi_2^2 = 10.83$,$df = 1$,$P = 0.001$)。然而,对三个长度子类别的选项分布与期待的概率相似($\chi_1^2 = 4.747$,$\chi_2^2 = 5.99$,$df = 2$,$P = 0.05$)。

因此,可以从实验结果的分析中发现,在无意识条件下,对语义相关选项的选择比在随机水平要多。

其次,分析意识条件下的被试反应结果模式。在 24 种关系中选择的数量并不是均匀分布的($\chi_1^2 = 68.558$,$\chi_2^2 = 51.18$,$df = 23$,$P = 0.001$)。在四种主要的类别选择中也不均等($\chi_1^2 = 23.938$,$\chi_2^2 = 16.27$,$df = 3$,$P = 0.001$)。由于有三种结构类别中选择反应均等($\chi_1^2 = 1.6$,$P > 0.3$),把这些合并在一个单独的结构类别中,用这个新的结构类别的选择次数与语义类别的选择次数进行比较,发现反应的比例与期望的可能性有所不同($\chi_1^2 = 105.125$,$\chi_2^2 = 10.83$,$df = 1$,$P = 0.001$)。这个结果并不奇怪,因为实际上没被选择的词汇与这个条件下矩阵中的目标词汇有语义相关。

为了更明确地说明这一结果,进一步分析了在结构类别中的反应和少于 5% 的组成语义类别的反应。分析结果表明,与结构和语义类别结合前的数据并没有差异性表现。四个主要的类别中,除去代表词汇长度和产生频率的 6 个子类别,虽然各单元没有一样的选择反应,但在 $p < 0.05$ 水平上并没有达到显著要求($\chi_1^2 = 11.048$,略少于临界值 11.07)。在选择两个产生频率类别的频率与随机水平比较中发现,也没有显著不同($\chi_1^2 = 1.125$,$\chi_2^2 = 1.64$,$df = 1$,$P = 0.2$)。在无意识条件下,我们看到的是与之相反的结果,词汇长度的选择结果表明两种条件之间的差异性。在无意识条件下,三个词汇长度类别之间并不均等地得到被试的选择($\chi_1^2 = 8.453$,$\chi_2^2 = 7.82$,$df = 2$,$P = 0.02$),被试更多的选择了与目标词汇有相同长度的词汇。

此分析结果说明,在意识条件下,给被试呈现目标词汇,他们会试图从不包含该目标的矩阵中去选择长度相当的、结构相似的词汇。

总之,意识阈限下呈现目标词汇会导致被试进行错误辨别,如选择和目标语义相似的词汇。当目标在被试识别阈限下呈现，会错误识别结构相似的词汇。不同频率会进一步增强这种语义—结构的差异。频率增强选择的语义特性，在无意识水平下表现得更为突出。而词汇长度更多的是一个结构性因素，在无识别条件下起到更大的作用。

讨论

实验的数据分析似乎支持阈下意识理论的假说，表明无意识语义加工确实存在。对比条件清晰地说明了，当没有目标词汇呈现，被试在随机水平上选择24种相似的子类别类型。虽然合并了多种类别，但矩阵中的选项分布没有变化。因此，表明被试在反应中没有表现出矩阵偏见的倾向。显然，对现有结果的任何解释应与所谓的"反应偏见"无关。

至于部分线索效应问题，实验也提供了令人信服的证据。Fuhrer 和 Eriksen（1960）观察到，在无再认条件下的反应明显不同于对比条件下。然而，部分线索假说认为，在无再认和无意识条件下观察到的不同反应模式之间没有差异。这个研究的结果证明，这些条件下的反应之间是存在差异的。

此外，一些关于语义方面的研究也得到了一些与本实验相类似的结果。Lewis（1970）使用双耳分听范式发现，被试在不知觉的情况下，也能促进词汇提取。Eriksen 和 Eriksen（1974）与 Taylor（1977）发现，当作有两个选项的反应实验时，被试的反应会受被告知不去关注的刺激影响。其他研究者（Neeley，1977；Fischler et al.，1975）的研究也支持注意或没有意识到对启动结果的发生并不是必要条件的命题。任何相关阈下知觉解释都可能解释了这样的结果。此外，Groeger（1988）在以听觉方式而非视觉方式呈现单词的情况下，发现了类似的结果。在没有觉察到单词的情况下被试倾向于选择语义相关的词汇；在觉察到单词的情况下被试倾向于选择语音相似的词汇。总体来看，实验结果表明，刺激的编码方式依是有意识还是无意识知觉而发生变化。在无意识知觉到刺激的情况下，意义或语义具有优先编码地位。然而，在有意识知觉到刺激的情况下，结构或表面特征更为重要。因此，知觉到刺激的不同方面可能依刺激是有意识还是无意识被知觉到而定。

研究三 自主反应的差异

研究背景

对意识状态的普遍认识是，有意识觉知到的材料能使人们应用该信息主动地在现实世界中行动，并对外部世界产生影响（Searle，1992）。相反，无意识觉知到的信息可能导致个体自主反应的发生。对此方面问题的研究，通常是通过指导语的控制来加以实现的（Debner et al.，1994；Merikle et al.，1997；Merikle，1995）。

Merikle 和 Joordens（1997）的实验就是这种实验模式的一个例子。实验中，一个样例呈现一个单词，觉察状态的控制通过刺激呈现时间的长短来完成。当呈现时间相当短（50ms）时，绝大多数被试没有觉察到单词的出现，当时间长一些（150ms）时，绝大多数样例中的单词可以被有意识地觉察到。实验关注的是被试在每一个单词呈现后即刻要完成的记忆任务。单词呈现后，给被试展示呈现过的单词的头三个字符，告诉他们可以用任何他们所能想起来的词来完成这个词干，但就是不允许使用刚才呈现的单词。例如，如果在一个样例中呈现的单词是"dough"，在呈现这个单词之后，即刻呈现"dou"字符，要求被试用除刚刚呈现的那个单词以外的任何单词去完成这个词干。换句话说，被试可以用这个词干完成"doubt"和"double"但不能是"dough"。

实验结果表明，被试很难在单词呈现时间很短（50ms）的无意识知觉条件下，按照指导语去做。尽管外显的指导语不让使用这些单词去完成词干填充任务，可这些单词依然被大多数被试用来完成词干任务。一方面说明被试潜意识知觉到了单词，另一方面说明潜意识知觉到的单词对后续行为的影响是自主性反应。这些单词在呈现时间长一点的情况下（150ms），被试成功地排除掉了呈现过的单词并完成词干填充任务，说明被试不是有意地使用呈现过的单词。可以排除潜意识知觉到的单词不是由于被试不合作而使用。这些结果完全与无意识知觉到的信息导致自动反应的理念相一致。相反，在信息被有意识知觉到的情况下，知觉到信息使得个体使用这些信息去指导他们的行动，能够按指导语去做。

　　无意识知觉研究与非注意知觉研究所基于的"意识"概念是否相似？要回答这一问题，我们应比较某些变量发生改变时被试表现出的实质性差异，这里所说的改变包括刺激特性改变（如不同步的掩蔽起始点：长时启动掩蔽刺激与短时的启动掩蔽刺激），以及注意方向改变（集中注意与分散注意）。衡量质性差异的标准可以基于三个现象的是否出现：Stroop 效应、错误识别和失误排除。

　　我们是否有这样的体验，在未对"知觉"这一过程产生主观体验时知觉就已发生。这一问题在过去很早就已经被大量研究关注并加以研究（Peirce et al.，1884；Sidis，1898）。此类研究已然达成了相当广泛的一致，即我们没有觉察到知觉时知觉就已发生（Cohen et al.，1997）。然而，尽管在某种程度上知觉可以不被察觉，或者可以说是无意识的，并且在这方面也有据可查，但我们仍不清楚的是，这些证据是否只是为了满足研究者们在实验室中的好奇心而在十分有限的条件下发生的？无意识知觉是否只是更广泛环境下某种更常见的一种心理想象的片段？在下面的研究中，我们将对无意识知觉和非注意知觉进行比较并探讨是否非注意知觉比无意识知觉更加普遍。

　　从表面看来，非注意知觉与注意知觉之间的区别与无意识知觉和有意识知觉之间的区别是相关的。我们通常假设，出现在我们注意范围内的刺激能够被觉察，而出现在意识范围外的刺激不会被觉察（Cowan，1995；Klatzky，1984；Mandler，1975；Posner et al.，1971；Miller，1962）。然而，在实证角度看，研究非注意知觉的方法与研究无意识知觉的方法有着很大的不同（Greenwald，1992；Holender，1986；Velmans，1991）。在无意识知觉的研究中，刺激特性被加以改变以验证受弱化和消退的刺激能否被知觉；而在非注意知觉研究中，任务需要被加以改变以验证处于注意范围之外的受忽视刺激能否被知觉到。我们不能确定的是，未被注意刺激的知觉研究与无意识知觉研究方法论上的不同之处是否能揭示出研究潜意识概念的两种类型的相似点或不同点（Natsoulas，1978）。

　　为了探讨非注意知觉研究和无意识知觉研究是否能揭示两者潜意识概念上的相似性，Merikle 和 Joordens（1997）比较了改变刺激特性和改变刺激方向条件下被试表现的质性差异。选择三种现象来对质性差异进行测查：Stroop 效应、错误识别和失误排除。对意识和无意识知觉的比较将作为衡量质性差异的证据，因为无意识与意识是一种非此即彼的相对关系（Merikle，1992）。还将对注意方向进行改变并与刺激特性的变化进行比较，探讨这样的改变能否造成质性差异。如果改变注意方向与改变刺激特性导致了相似的结果，那么这一结论也就暗示着两者具有不同的实验操作，但对同一个潜层过程产生了影响。

实验一 A 与实验一 B：Stroop 效应的比较研究

实验一 A 和实验一 B 的目的在于验证刺激特性改变与注意范围改变是否会在 Stroop 效应上得到相似的质性差异。这个实验是基于对 1935 年经典 Stroop 启动任务的改编，原实验要求对两个目标颜色词"红"和"绿"的实际颜色红色和绿色做出反应（Logan、Zbrodoff et al.，1984）。Stroop 任务中经典 Stroop 效应的含义是，在不一致启动目标对（如"绿"—红色）比一致启动目标对（如"红"—红色）出现频率更高时发生了反转（Merikle et al.，1997；Merikle、Joordens et al.，1995）。换句话说，经典 Stroop 效应中不一致目标对的反应时应比一致目标对的反应时长，但改编后的 Stroop 任务中对不一致目标对的反应时应短于对一致目标对的反应时。对 Stroop 反转效应的一个解释是被试运用了启动任务中的预测性信息（Merikle，1995）。在只有两个颜色的任务中，智能控制策略使被试在不一致目标对出现频率更高的情况下更倾向对下一次出现的目标对一致性作出否定判断。这样的策略导致对不一致目标的反应加快而对一致目标的反应变慢。

以往的研究表明，当 Stroop 任务中的两色变化启动被意识知觉到时，预测策略发挥了作用（Merikle et al.，1987；Merikle et al.，1997；Merikle，1995）。例如，Merikle 和 Joordens（1997）将这一任务的启动目标呈现时间做了调整，包括将其呈现时间相对拉长以使被试能够知觉到启动，或将启动目标呈现时间缩短至被试无法觉察启动。他们发现，只有当在目标呈现时间较长的有意识知觉条件下预测策略才发挥作用，即对不一致目标的反应快于对一致目标的反应。相比而言，当启动目标呈现时间较短，结果仍然与经典

Stroop 效应一致；也就是说，被试对一致目标对的反应快于对不一致目标对的反应。该实验通过对启动目标呈现时间加以改变从而对意识知觉和无意识知觉进行了分离，获得了具有质性差异的结果（Merikle，1995）。

实验一 A 和实验一 B 通过 Stroop 任务中两色转换来验证刺激特性和注意范围的改变能否在启动过程中造成质性差异。实验一 A 遵循前文中对启动目标呈现时间长短的改变。在实验一 A 中，通过控制启动目标到掩蔽之间的间隔时间长短来改变刺激特性，即前一个刺激的起点到掩蔽刺激的起点之间的时间间隔（SOA）有长短之分（短时 SOA 为 33ms，长时 SOA 为 167ms）。短时启动—掩蔽 SOA 根据之前的研究结果确定，已有研究认为 33ms 的启动—掩蔽 SOA 足以使大多数被试无法主观觉察到启动刺激（Cheesman et al.，1985，1986）。实验一 B 中，启动和掩蔽刺激之间的间隔 SOA 被相对拉长至 300ms，被试被分为两组，一组进行颜色识别，另一组在颜色识别基础上同时进行听觉数字序列监控。实验一 B 的单任务和双任务操作可帮助我们了解集中注意力和分散注意力条件下产生的差异与高刺激特性和低刺激特性条件下产生的差异是否相似。

实验一 A

研究方法

被试

被试是来自滑铁卢大学的 32 名本科生，从学生论坛中有偿招募而来。所有被试视力或矫正视力正常，第一语言为英语。不同组被试在长时 SOA 或短时 SOA 条件下完成训练，被试分组的方式按照他们进入实验室的顺序依次被分到两组之中。

仪器设备

所有刺激材料都在一台彩色显示器上呈现。刺激在黑色背景上以大写字母呈现，在垂直方向与水平方向居中。每个字母 3mm 宽、4mm 高，视距大约 65cm。

被试通过点击摆放在他们面前的鼠标的两个键中的其中一个来对二选一

决策做出回答。一个按键被涂成绿色代表"绿"字，另一个按键被涂成红色代表"红"字。被试在实验整个过程中将右手放置在鼠标上。

研究程序

每个被试先进行 24 次的练习，然后进入正式实验，正式实验共 6 组段，每个组段 48 次反应。被试通过按空格键操作每一组段的开始。一旦一个组段开始，直至该组段结束才会停止。因此被试只能在组段之间进行休息。

短时启动—掩蔽 SOA 实验由以下几个环节构成：（1）300ms 黑色屏幕；（2）灰色"绿"字或"红"字呈现 33ms；（3）灰色掩蔽刺激物（如 &&&&&&&）呈现 267ms；（4）红色或绿色的目标刺激（如 &&&&&&&）呈现，直至被试做出选择才消失。由 7 个 & 号组成的字符串既作为掩蔽物又作为目标物出现，唯一不同的是作为掩蔽物的 & 是灰色的，而作为目标刺激的 & 是红色或绿色的。75% 的试验启动刺激与目标刺激不一致（如"绿"——红色），25% 的启动刺激与目标刺激是一致的（如"绿"——绿色）。被试的任务是当 & 由灰色转换为红色或绿色时尽快地判断出目标刺激的正确颜色。红色或绿色的 & 直至被试做出一个选择才消失，选择之后紧接着进行下一次试验。

短时 SOA 和长时 SOA 的区别在于长时启动—掩蔽 SOA 后紧接着 133ms 的黑屏，之后再紧接着 133ms 的掩蔽刺激。除此之外，两个实验条件均相同。

实验一 B

被试

与实验一 A 使用相同的方法招募了 32 名被试。学生按照与实验一 A 相同的方式被分配到注意集中组和注意分散组。所有被试视力或矫正视力正常。

实验程序

实验方法大体与实验一 A 相似。然而，与实验一 A 的改变是 SOA 不同。这一实验被分成单任务（注意力集中条件）和双任务（注意力分散）。因此，启动刺激呈现完整的 300ms，即启动—目标 SOA 为 300ms。每次试验由以下环节组成：（1）300ms 的黑屏；（2）灰色"绿"字或"红"字呈现 300ms；（3）红色或绿色的目标刺激（如 &&&&&&&&）呈现，直至被试做出选择才消失。注意力集中组的被试被要求对每次试验的红色或绿色 & 字符串做出颜色判断。而注意力分散组的任务相对复杂，被试不仅要判断目标刺激是红色还是绿色，而且同时还要监视一系列连续听觉数字，每次试验后会出现一个数字，被试要在每个组段的最后报告有几组连续三个出现的奇数序列。注意力分散组的被试被告知听觉数字监控任务是主要任务，因此他们要努力监控所有的三连奇数序列。

播放听觉数字的磁带是对 Craik（1982）和 Jacoby（1991）研究中所用的材料进行调整所得。磁带一共包含 1350 个单独数字（数字大小从 1 到 9），一共可以组成 258 个三连奇数序列。目标序列被由 1 个、3 个、4 个或 5 个数字组成的填充序列隔开，填充序列中的数字不会出现连续，其位置也不会固定处于奇数的之前或之后。一共有 152 个填充序列被使用，它们被随机地插入目标序列之中，对数字材料的唯一限制是磁带的第一组序列是填充序列。一旦数字序列的总清单被确定下来，数字由自动扫描仪录进磁带中。自动扫描仪以每秒 2 个数字的速度用自动声音读出数字。

结果与讨论

实验一 A 与实验一 B 中颜色判别的平均反应时在图 2 – 12 中显示，与反应时相关的错误率在表 2 – 5 中显示。

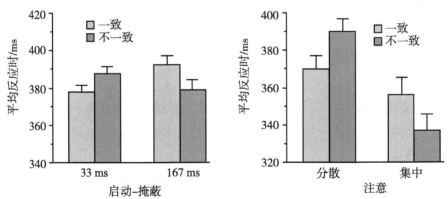

图 2 – 12 颜色判别的平均反应时

表 2 - 5 平均错误率

单位:%

条件	启动—目标关系	
	一致	不一致
实验 1A		
33 - ms SOA	2.3	3.2
167 - ms SOA	6.5	3.6
实验 1B		
分散注意	8.1	7.9
集中注意	17.7	10.4

注:一致和不一致条件间差异显著。

图 2 - 12 有两点值得关注。首先,实验一 A 成功地重复验证了先前研究的结果 (Merikle et al., 1987; Merikle et al., 1997; Merikle, 1995),即短时启动—掩蔽 SOA 的 Stroop 干预导致了两种不同的结果。其次,注意力集中与注意力分散条件下的 Stroop 干预与实验一 A 中短时 SOA 与长时 SOA 条件下的 Stroop 干预进行比较,发现得出了类似的结果。

将实验一 A 中的反应时进行 2×2 重复测量方差分析,结果显示,启动—掩蔽 SOA 与启动—目标一致性之间交互作用显著,$F(1, 30) = 17.48$,$P < 0.001$。在事后检验中发现,这种交互效应与启动—掩蔽 SOA 的配对样本 T 检验有关。T 检验揭示了被试在短时 SOA 中对一致的启动—目标对反应快于不一致的启动—目标对,$t(15) = 3.53$,$P < 0.003$。然而,在长时 SOA 条件下,被试对不一致启动—目标对的反应快于一致启动—目标对,$t(15) = 2.81$,$P < 0.013$。因此,这个实验重复验证了短时与长时 SOA 条件下的 Stroop 干预效应。

用同样的方式对实验一 B 的反应时进行分析。方差分析表明,注意力分散组被试比注意力集中组被试反应显著缓慢,$F(1, 30) = 12.93$,$P < 0.001$。更重要的是,注意力方向(集中/分散)与启动—目标一致性交互作用显著,$F(1, 30) = 13.52$,$P < 0.001$。配对样本 T 检验揭示了注意力分散条件下对一致试验的反应要快于对不一致试验的反应,$t(15) = 2.99$,$P < 0.009$,但注意力集中组的被试却对不一致实验的反应较快,$t(15) =$

2.21，$P < 0.043$。图 2-12 展示了实验一 B 与实验一 A 的比较性结果。

归纳来看，实验一 A 与实验一 B 通过完全不同的操作得到了相似的结果。实验一 A 的操作与无意识知觉和意识知觉之间的区别相关，而实验一 B 的操作与注意和非注意信息相关。事实上，这两种十分不同的实验操作导致了相似的结果，这也表明两个实验反映出的现象描述出了关于意识的相似的潜层概念。

当然，相似的结果并非一定暗示着相似的潜意识心理过程。仔细思考实验一 A 和实验一 B 中使用的程序，这一相似的结果很可能引来争议，也可能被认为这一结果仅仅出于偶然。因此，实验一 A 和实验一 B 发现的一致结果也许并不能代表这两个实验基于同一个认知过程，或许两者基于不同的认知过程，只是在某个特定环境下导致了一致的结果。然而如果对注意方向与刺激特性的改变，这两个操作所得出了一致结果，能够在其他非常不同的实验情境中进行再次验证并依旧得出相似结果，那么我们或许可以认为这两种操作所揭示的是一个共同的潜意识过程。

实验二 A 与实验二 B：错误再认的比较研究

Jacoby 和 Whitehouse（1989）对错误记忆的研究中，不同背景词下的意识知觉和无意识知觉之间存在质性差异。实验以错误再认为核心，错误再认即指在一个新旧词判断中，被试将一个新词判断为旧词。该实验的一个特殊之处是，新旧词测验中的每一个词语之前都会闪现一个背景词对被试的判断进行干扰。每个在目标词之前出现的背景词可能与目标词背景相同（匹配背景），或者完全不相关（不匹配背景）。Jacoby 与 Whitehouse 发现的有趣结果是，匹配背景与不匹配背景产生的效果会因背景词呈现时间不同而不同。当背景词呈现时间相对较短时（如 50ms），与不匹配背景下的新词相比，被试更有可能将匹配背景下的新词判断为已学过的词。然而，当背景词呈现时间相对较长时（如 200ms），匹配背景下的新词比不匹配背景下的新词更不可能被判定为之前学过的词。

Jacoby 和 Whitehouse（1989）认为，错误再认所反映出的质性差异是因为在匹配条件下，由于背景词和测验词完全相同，会引起测试词知觉熟悉性的提高，而被试对这种知觉熟悉性的归因依赖于对背景词的知觉是有意识的还是无意识的。这一推论的基本假设是：一致的背景词会增加知觉的流畅性，因此也增加了知觉的熟悉性（Jacoby et al.，1981）。在这一假设之下，匹配的背景词条件下测试词的知觉熟悉性要高于不匹配背景词下的。然而熟悉性的增加依赖于对背景词的知觉是有意识的还是无意识的。当背景词被有意识知觉到时，被试会将这种知觉熟悉性的提高归因于背景词的呈现，因此，匹配条件下的错误再认率低于不匹配条件下的错误再认率；而当背景词被无意识知觉到时，被试会将这种知觉熟悉性的提高归因于之前学习阶段学习过，因此匹配条件下的错误再认率高于不匹配条件下的再认率。

实验二 A 和实验二 B 的目的在于探究注意力方向的改变导致的错误再认中的质性差异与背景词时间特性差异造成的质性差异是否相似。实验二 A 致力重复验证先前研究，即背景词呈现时间长短的研究（Jacoby et al.，1989；Joordens et al.，1992）。这一实验与之前错误再认研究中的实验十分相似（Joordens et al.，1992；Merikle，1995）。基于先前研究的结果，背景词的呈现时间被分成短时呈现（57ms）与长时呈现（114ms），在这两种情况下被试被认为分别能够无意识和有意识知觉到背景词。在实验二 B 中，背景词只进行长时呈现，即呈现114ms，被试被分为只进行新旧词判断任务和同时进行听觉数字监控任务两组（即注意力集中组合注意力分散组）。我们的研究目的在于探究注意力方向改变下的错误再认实验与高刺激特性和低刺激特性条件下产生的差异是否相似。

实验二 A

研究方法

被试

与实验一 A 和实验一 B 相同，在滑铁卢大学论坛中招募了 24 名本科生。所有被试视力或矫正视力正常，英语为第一语言。

材料和设备

共有 540 个五个字母组成的名词，词汇表由 Kucera 和 Francis（1967）创建。这些名词出现的频率为每百万次出现 3 ~ 60 次。对于每个被试而言，在名词表中随机挑选 126 个词语进行学习，并挑选另外 126 个词语作为新旧词测试中的新词。实验使用的设备与实验一 A 和实验一 B 相同，唯一的不同是将鼠标换为两个触摸板。一个触摸板上标识着"老词"，另一个触摸板上标识着"新词"。触摸板放置在被试面前。

程序

第一阶段是对 126 个名词进行学习，词语出现的频率是每秒 1 个，每个词语呈现 500ms，之后跟着 500ms 的黑屏。被试自己默读词语。被试被告知在之后将会对他们学习过的词进行记忆测验。

第二阶段是对第一阶段学习的词汇进行新旧词判断，每次再认试验包括以下步骤：（1）掩蔽刺激（&&&&&&&&）呈现 500ms；（2）背景词呈现 57ms 或 114ms；（3）掩蔽刺激再呈现 500ms；（4）测试词呈现直至被试做出判断然后消失。所有需要再认的词语都出现在电脑屏幕的同一位置上。被试在判断时默读词语，并将测试词语通过按键"新词"或"老词"将其归类于之前学过的词或未学过的词。

再认记忆的背景词有三种情况：匹配、不匹配和基线水平。匹配条件下背景词与测试词是一致的；不匹配条件下背景词与测试词不同。基线水平下背景词是 xoxox 字符串。三种条件下，旧词都占一半，剩下的一半是新词。

新旧词再认测试由 12 次练习和 240 次正式实验组成。练习实验中包含 3 种条件各 4 次。在练习中只用 6 个旧词是学习词表中的前三个和后三个词。240 次实验中 120 次背景呈现时间为 57ms，120 次背景呈现时间为 114ms。长短时背景词按随机顺序呈现，并且呈现时间不会连续 3 次相同。每个背景词在两种呈现时间上的比例是相同的。

实验二 B

研究方法

被试

同前方式招募被试 48 人。被试被分为注意力集中组和注意力分散组，被试按照他们进入实验室的顺序依次分配到两组之中。

程序

实验二 B 与实验二 A 的方法基本一致，只在两处进行改变。首先，背景词呈现的时间不做改变，在注意力集中和注意力分散条件下背景词均呈现114ms。其次，体现在注意力分散和注意力集中的区别，注意力集中组只需完成新旧词测试任务，注意力分散组的被试与此同时还要进行听觉数字监控任务。数字监控任务设置与实验一 A 完全相同。该实验其他部分设置与实验二 A 完全相同。

结果与讨论

实验二 A 与实验二 B 错误再认任务匹配背景词与不匹配背景词的分数在图 2-13 中展示。

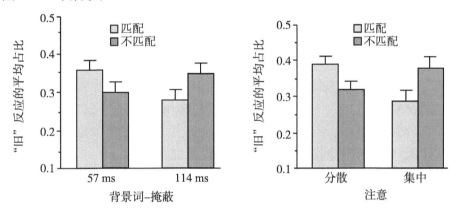

图 2-13 两种状态下"旧"反应的平均占比

图 2 中有两点应该注意：首先，实验二 A 验证了先前的研究结果，即背景词呈现时间长短会造成有差异的结果（Jacoby et al.，1989；Joordens et al.，1992）。第二，实验二 B 中对注意力方向的操作得到了与实验二 A 一致的结果。注意力分散和短时背景词呈现条件下，被试在匹配背景下都更倾向于对新词做出"旧词"的判断，这一概率高于不匹配背景词条件下；但在注意力集中和长时背景词呈现条件下被试都更倾向于对不匹配背景词做出错误判断，认为新词是已经学过的"旧词"。

对实验二 A 中的错误再认数据进行 2×3 重复测量方差分析。结果显示，背景词主效应显著，$F(2, 46) = 3.28$，$p < 0.047$，背景词性质与呈现时间

之间交互作用显著 $F_{(2, 46)}$ =5.56，$p < 0.007$。对交互作用的进一步检验发现，在短时呈现条件下，被试更容易对匹配背景词做出"旧词"判断，$t_{(23)}$ =2.35，$p < 0.028$，但在长时呈现条件下，被试更容易对不匹配组做出错误判断，$t_{(23)}$ =2.59，$p < 0.016$。

对实验二 B 进行 2×3 方差分析，结果显示，注意力方向与背景词性质交互作用显著，$F_{(2, 92)}$ =8.81，$p < 0.001$。对交互作用的进一步检验发现在注意力分散条件下被试更倾向于将匹配背景词后的测试词归为旧词，尽管实际上它们是新词，$t_{(23)}$ =2.98，$p < 0.007$。相反地，在注意力集中条件下的被试通常更倾向于将不匹配条件下的新词判断为旧词，$t_{(23)}$ =2.98，$p < 0.007$。因此，注意力分散条件下的结果与短时背景词呈现条件下得出的结果一致，而注意力集中条件下的结果与长时背景词呈现条件下得出的结果一致。

实验二 A 与实验二 B 为我们提供了两种新的不同实验操作。其中一个实验操作负责控制被试分配多少的注意力在背景词上，另一个实验操作负责控制被试对背景词的可视度。这两个实验得出的结果表明，两种实验操作影响着同样的潜层心理过程，也就是被试对背景词的意识程度。

研究四　遵循排除指令执行力的比较研究

近期关于无意识知觉的研究中，对于知觉测量方法的改进受到了意识无意识对立观的影响。其中运用较为成功的有排除指令下的词干补笔任务。这种测量由 Jacoby（1991）的研究发展而来，在加工分离程序中这一测量方法也被使用以分离意识和无意识产生的影响（Jacoby et al.，1993）。这一方式本身也可以评估意识与无意识做出的相对贡献（Merikle，1995）。这一测量方法的区分性特征是被试在词干补笔时不要采用某一特殊答案。例如，Debner 与 Jacoby（1994）研究无意识知觉时所用的范本。在他们的研究中，首先呈现一个五个字母组成的单词（如 spice），然后该词被掩蔽，紧接着这个词之后出现三字母字符（例如，spi _____），这三个字母是刚才出现的目标词的首三位字母，被试被要求完成这个字符串，被试可以组成任何新的单词，但不能是之前呈现的目标词。

Debner 和 Jacoby（1994）发现当目标词呈现 150ms 时，被试能够避免使用之前的目标词进行补笔。然而，当目标词呈现 50ms 时，被试很难遵从排除指令并大量地将残词补充为目标。图 2 - 14 展现了这一研究的结果。

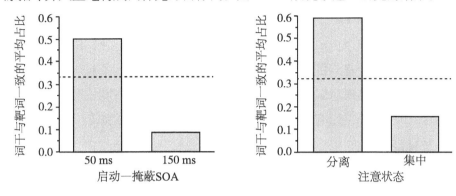

图 2 - 14　残词补充结果

正如我们在图表中看到的，当目标词呈现 150ms 时，被试对目标词的使用低于基线水平，但呈现时间为 50ms 时，被试使用目标词的水平则高于基线值。这一结果表明，无论目标词呈现 50ms 还是 150ms，被试都知觉到了目标词。然而，50ms 与 150ms 却使结果表现为两个相反的方向。

词语呈现时间的长短产生的不同效应提供了另一个证据，证明刺激特性能对刺激的意识性和无意识性起决定作用（Merikle 和 Joordens，1997；Merikle，1995）。如果我们做出这样的合理假设：只有一个刺激被意识到了才能指导我们的行动，词干补笔任务中对目标词的成功排除意味着被试知觉到了目标词，反之，对目标词排除失败则意味着对目标词的无意识知觉。图 2 - 14 展示了实验的结果，与假设一致，当背景词呈现 150ms 时，被试对其意识知觉大于无意识知觉，因此目标词的使用低于基线水平，而 50ms 时被试则大部分为无意识知觉，目标词的使用高于基线水平。

评估注意力方向变量的改变与被试遵循排除指令的能力是否得到一致的质性差异，我们可以参考 Debner 和 Jacoby（1994）的研究。这一研究的关键数据在图 2 - 14 底部呈现。该实验无论是在注意力集中还是分散条件下，目标词都呈现 100ms。为分散注意力，每个目标词都被两个单独数字隔开（例如，5spice4），而被试被要求在词干补笔之前计算两个数字的和（Wolford et al.，1980）。当注意力集中于目标词汇时，目标词同样被两个数字隔开，但被试可以忽视这些数字。正如图 2－14 所示，注意力范围的改变所得到的结果与目标词呈现时间改变得到的结果一致。当被试只需注意目标词时，词干补笔与目标词重复的水平低于基线值。这一结果表明，被试在注意力集中条件下更有可能对目标词有意识知觉到。然而，当被试被要求报告出目标词两端数字之和的时候，词干补笔与目标词的重复水平高于基线值，这表示被试在注意力分散条件下或许不能有意识觉察到目标词。因此，这一结果表明注意力范围的改变对意识与无意识的影响，与刺激特性信息的改变造成的影响是一致的。

总讨论

此研究的目的在于探究无意识知觉研究与非注意知觉研究所涉及的意识知觉性是否相似。研究思路下的基本逻辑是思考意识与无意识知觉研究中刺激特性的改变是否会带来质性差异；而注意力方向的改变造成的质性差异与刺激特性改变造成的质性差异是否有可比性。结果我们的实验与 Debner 和 Jacoby's（1994）的实验都证明了注意力方向的改变与刺激特性的改变导致了一致的质性差异。

这样的一致性结果是否意味着注意力方向的改变与刺激特性的改变所涉及的潜在过程是一样的？即使所有结果无法确定得出这样的结论，我们仍可以相信该结论值得慎重考虑。本研究的三个质性差异比较研究分别给予三种现象。然而，除去三个研究方法论的不同，对注意力方向的操作和对刺激特性的操作都产生了交互效应。三个实验下的质性差异为意识知觉与无意识知觉之间的差异提供了有力的支持（Merikle，1992），虽然以此为标准说明注意力方向的改变是对意识与无意识区别的另一种描述依然不够合理。但很多实例说明非注意研究与无意识研究所涉及的意识觉察性概念十分相似。

认为注意力方向改变与意识特性改变所影响的潜在进程相似，这一理论并非首创。之前对后向掩蔽的研究中就运用到对刺激特性改变的操作，先前研究中对注意的概念化显示掩蔽、刺激特性和注意这几个概念十分接近。事实上，下一步研究可以以注意为因变量，研究掩蔽与知觉刺激特性的关系以讨论注意在不同刺激特性上产生的不同效应。

重复模式的后向视觉掩蔽通常被看作是对刺激进行注意的一种干扰（Marcel，1983；Turvey，1973）。这种注意干扰式的掩蔽由 Kolers（1968）

发现，在他的实验中他研究了在职员/顾客类比任务中后向呈现的掩蔽对先前刺激所产生的影响：类比任务中，职员的行为代表注意力被分散的程度。类比任务的结果暗示了这种掩蔽会占用部分注意资源从而使被试对先前呈现刺激进行加工的时间减少。以研究视角对该研究进行讨论，职员/顾客类比任务表明掩蔽是控制刺激特性（如刺激呈现时间）的有效方法之一，因为实验一B中掩蔽、实验二B中的背景词刺激以及Debner和Jacoby（1994）的实验都使被试的注意被从启动刺激处转移。

相对于由掩蔽造成的刺激特性改变而对注意力产生影响而言，注意力方向改变引起的效应可以被视为对刺激特性知觉性的改变。Treisman（1960）的注意衰退假设认为，注意是一种资源，在注意由信息源头进入注意通道过程中刺激的激活水平会下降，导致注意资源被消解一部分。根据这一观点，任何对注意方向的操作都可以被看作是改变刺激知觉特性的方式。针对研究中所运用的单任务对双任务操作，注意衰退假设认为，实验一B中的启动刺激、实验二B中的背景词刺激与Debner和Jacoby实验中的目标刺激都造成了刺激激活的减少，而这种衰减导致了这些刺激知觉特性水平的降低。

图2-15展现了关于刺激特性、注意方向与意识之间是如何交互相关的。

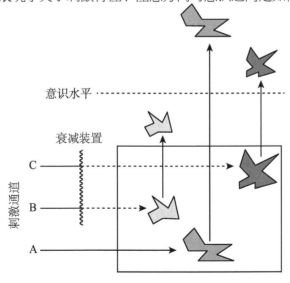

图2-15 刺激、注意、意识相互关系

该图对三者关系的概念化解释基于 Cowan（1995）对 Treisman（1960）过滤器衰减理论的解释。图中的方框代表记忆储存系统，方框中的斑点代表储存在记忆中的信息个体单元，而斑点中阴影的密集程度代表个体单元被一个已知觉刺激激活的水平。处于方框上方的斑点代表两种被知觉到并对正在进行的行为产生影响的刺激。处于意识水平之上的斑点代表被意识知觉到的刺激和指导有意行为的能力。反之，处于意识水平之下的斑点代表未被有意识知觉到的刺激以及对行动的无意识影响，即使影响的方式与意识部分有所不同。

概念化的基本动力过程在图 2－15 中展现：首先，当注意聚焦于某一信息的源头（如刺激通道 A），关于信息的源头的信息就会被高度激活。其次，如果激活水平高于意识水平，信息就会被有意识知觉到。最后，对信息源的激活而非对信息源的注意水平（如刺激通道 B 和 C）被衰减，但仍足以充分激活相关记忆内存以支持知觉形成。依赖于激活水平，被衰减掉的信息资源或许就会进入无意识部分（如刺激通道 B）或有意识部分（如刺激通道 C）。

图 2－15 对为何刺激特性的改变与注意方向的改变会导致一致的质性差异做出了基本解释。图 2－15 清晰地表明刺激特性与注意方向会影响记忆中信息单元的激活水平。当激活水平超过意识水平时刺激就会被知觉到。然而，如果记忆中的信息单元被某一刺激激活但激活水平并不充分而未超过意识水平，刺激仍然能被知觉到，但不能被主观知觉体验察觉到。所以刺激特性与注意施加影响的潜在过程是相同的，即激活水平和意识，对这一过程的概念化解释为我们理解刺激特性变化与注意方向变化导致一致的质性差异提供了一个基本框架。

总结本研究可以得出意识的相关概念，当刺激特性强烈或处于注意范围内而使刺激被意识到时，对刺激的知觉可以引导有意行为。相反，当刺激较弱或因其处于注意范围之外而未被意识知觉到时，这种知觉会对自动反应或习惯性反应产生影响。例如，在实验一 A 与实验一 B 中，启动被意识知觉到时，对启动的知觉信息导致经典 Stroop 效应产生反转；然而，当启动的知觉水平处于无意识状态时，启动的知觉信息对 Stroop 仅产生了很小的影响甚至未产生影响。同样，在 Debner 与 Jacoby 的实验中，当词语被意识知觉到时，被试大多数情况下能够遵循排除指令而在词干补笔任务中避免使用目标词，然而当目标词被无意识知觉时，被试不能良好地遵循指令并会大量地使用目标词进行残词补全。这一结果表明被意识知觉到的刺激能够引导有意行为，甚至可以对正在进行的有意行为产生干预。

本研究描述的实验提供了大量证据，证明有意识知觉对无意识知觉与非注意知觉对注意知觉在描述共同的潜在心理分化过程上是两种等效的方法。未来研究中可以改进方法以进一步证明注意和意识之间的紧密联系，即将刺激特性变量与注意变量进行交换。例如，注意水平的增加是否会导致刺激特性较弱的刺激被有意识知觉到，或者反过来，刺激特性的增强是否会导致处于注意范围之外的刺激被有意识知觉到。如果对注意变量和刺激特性变量的系统性交换可以影响知觉的意识性与无意识性，那么这将为得出一个极其直观并吸引人的结论提供进一步实证支持，即意识知觉 vs 无意识知觉研究仅仅是对一项范围更大的上位关系的研究，即注意知觉 vs 无意识知觉之间的关系。

第四节　潜意识知觉的个体差异性研究

潜意识知觉是指刺激以低于觉察阈限呈现且发现对思想、情感或行为产生影响时发生的心理过程（Merikle，2000）。在 Peirce 和 Jastrow（1884）的研究中，被试对置于皮肤上的刺激物在自我报告没有觉察出压力差异的情况下，后续压力大小判断的正确率仍然超过随机水平。这项研究开创了潜意识知觉实证研究的先河。随着研究的深入，研究者在许多刺激材料中证明了潜意识知觉的存在。如不规则图形（Zajonc，1980）、拓扑性图形（陈霖，1980）、情绪表情（Martinez，1998；Dijksterhuis，2002）、社会性刺激（Smith，2006）等。总体看来，可以潜意识知觉到简单、外显属性的研究较多，且结论具有较高的一致性。复杂、内隐、抽象属性的潜意识知觉研究较少且存在较大争议。如 Manza 和 Bornstein（1995）使用具有隐含规则的字符串（符合某种人工语法）作为潜意识知觉的实验材料，得出个体可以潜意识知觉到隐含在字符串中的语法规则的结果。但 Newell 和 Bright（2003）使用相同的材料却得出潜意识知觉不能推广到结构性规则刺激中的结论。显然，矛盾的结果有待进一步验证。

在 Manza 和 Bornstein（1995）的研究中，具有一定隐含规则的字符串以 5s 的时间呈现给被试，在检验被试没有觉察到语法规则（字符串的隐含属性）的前提下，通过偏好判断任务验证了潜意识知觉的发生。而 Newell 和 Bright（2003）则认为，字符串呈现 5s 不是完全意义上的刺激材料（包括隐含属性和表面属性）无意识觉察状态，字符串的呈现时间应进一步缩短（如 100ms），以保障被试对刺激材料处于完全无意识觉察状态之中，这样处理后的实验结果是没有潜意识知觉到材料的隐含规则。显然，结论上的差异与实验对材料觉察状态的控制有关。在 Manza 和 Bornstein（1995）的研究中，以 5s 的时间呈现刺激材料，被试虽然没有觉察出材料的隐含规则，但考虑时间的充足性，有理由推测材料表面属性得到了有意识的知觉、记忆，甚至思维的心理加工。作为潜意识知觉前提的无觉察状态控制是不充分的，这种条件下得出的隐含规则可以被潜意识知觉到的结论显然是没有说服力的。因此，只有采取措施，在控制被试对实验材料全部属性的无觉察条件下，才能检验隐含规则的潜意识知觉加工。正是基于这样的思考，Newell 和 Bright（2003）的实验设计增强了对无觉察状态的控制强度，100ms 的时间呈现刺激材料保障了被试对刺激材料的隐含属性和表面属性均处于无觉察状态。但在这样严格的控制条件下，却没有检测到隐含规则潜意识知觉的发生。

基于以上分析，周铁民（2009）试图在对被试无觉察状态严格控制的条件下，采用潜意识知觉研究的经典分离范式，通过低难度隐含规则材料的设计，对隐含规则的潜意识知觉问题加以研究。首先，以极短的时间（30ms）呈现具有隐含规则的数字串以保障被试对刺激材料隐含规则和表面属性均处于无觉察状态。其次，通过降低规则难度并预先学习的实验设计检验被试对低难度任务的潜意识知觉。因为有研究表明（Haword，2012），随着规则难度的增加，内隐习得量会逐渐降低，甚至在有限的次数和时间内无法习得规则。反之，降低规则难度，则会增加检验到无意识心理加工过程的概率。实验中，以 30ms 呈现特定规则的字符串后，要求被试在规则相同但表面属性完全相同或完全不同的字符串与另一规则构成的字符串的迫选任务中判断规则相同与否。再根据迫选任务完成成绩（选择正确率）来推断潜意识知觉的发生与否。如果被试在表面属性完全一致的迫选任务中的正确率显著高于随机水平，但在表面属性完全不一致的迫选任务中的正确率处于随机水平，则说明被试只是潜意识知觉到了材料的表面属性，没有潜意识知觉到材料的隐含规则；如果被试在表面属性完全一致的迫选任务中的正确率显著高于随机水平，且在表面属性完全不一致的迫选任务中的正确率也显著高于随机水平，则说明被试不仅潜意识知觉到了材料的表面属性，也潜意识知觉到了材料的隐含规则；如果在两类任务中的正确率都处于随机水平，则说明被试既没有潜意识知觉到表面属性，也没有潜意识知觉到隐含规则。

实验

研究方法

被试

选取某普通高校大学一年级学生 10 名，年龄 18～20 周岁，其中男性 3 名，女性 7 名；高中一年级学生 10 名，男、女各 5 名，年龄 15～16 岁；初中一年级学生 10 名，男、女各 5 名，年龄 13～14 岁；小学五年级学生 10 名，男、女各 5 名，年龄 11～12 岁。全体被试裸眼视力或矫正视力正常，均没有参加过此类实验。

研究材料

实验材料为由阿拉伯数字 1～9 按照两种不同的规则组成的两系列数字串。第一系列的规则是，两个相邻数字和它们后面隔一个数的数字组成包括三个数字的数字串，数字串中每个数字的顺序随机排列；第二系列的规则是，两个相邻数字和它们前面隔一个数的数字组成包括三个数字的数字串，数字串中每个数字的顺序随机排列。按此规则，共生成两种规则且难度相当的数字串 72 个，其中每个规则序列包括 36 个数字串。数字呈现采用宋体字，大小为 12 号。

仪器和程序

实验使用 DMDX 编写的程序在 DELL640m 笔记本上完成。屏幕的刷新频率为 60Hz。

采取个别施测的形式，在无自然光源，灯光照明的心理实验室或咨询室中进行。具体程序如下。

第一步，规则的学习阶段：采用集中学习的方式，对数字串组成的规则进行讲解。分两组列出所有数字串。以全体被试理解数字串构成规则为准。

第二步，刺激觉察状态的判别：以口头报告的形式判别被试的觉察状态。在计算机屏幕上以与正式实验呈现时间相同的速度（30ms），单个随机呈现两列数字串中的数字串 20 次，要求被试做是否看到数字串的口头报告。如果被试做没有看到的报告，即作为合格被试；如果被试做看到的报告，则要求其写下数字串。以正确率 10% 为指标筛选被试。正确率超过 10% 的被试做剔除处理，其所有数据不计入实验数据的统计范围之内（此标准用于判别被试的觉察状态。本研究无被试达此标准，所有被试为有效被试）。

第三步，正式实验：被试坐于距计算机前约 50cm 处，调整舒适的视觉角度。在屏幕上呈现指导语的同时，主试做口头讲解。要求被试集中注意于计算机屏幕，在屏幕中央呈现 "＋" 的提示符消失后，即刻给出掩蔽符号 "####"，掩蔽符号消失后，将即刻呈现一个数字串。每个数字串的呈现时间为 30ms。之后，给出分别来自两个系列的一对数字串，要求被试选出和刚才呈现过的那个数字串规则一致的字符串。时间为 7 秒。在此时间内做出判断或到时，程序将自动进入下一个题目。

在迫选任务中，刺激材料和比较材料做左右位置平衡。实验对比较材料和刺激材料表面属性之间的关系进行了控制，分为完全一致、完全不一致的两种，如图 2 - 16 所示。

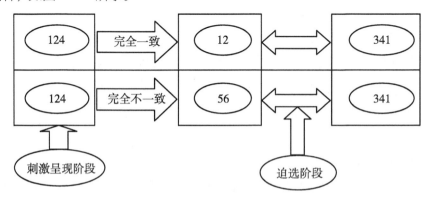

图 2 - 16　实验材料在各阶段的呈现样例

指导语：同学你好，现在我们来做一个数字串构成规则的辨别测验。实验开始于屏幕中央出现"＋"符号，在提示符"＋"消失后，在屏幕上会以很短的时间随机呈现一个我们刚刚学习过的数字串。在被"###"符号遮蔽后，你会在屏幕上看到一对数字串。这一对数字串分别是刚刚学习过的两种规则的其中一个。请你判断刚刚呈现过的那个数字串是属于哪个规则系列的。只要数字串同属一个系列就可以。数字构成可能相同，也可能不同。认为呈现的数字串和一对比较数字串中左边的那个是一个系列的，就按"Z"键，认为呈现的数字串和一对比较数字串中右边的那个是一个系列的，就按"／"键。要求注意集中。看不清楚允许猜测。选择时间是 7 秒钟。选择完成后程序会自动进入下一道题。

实验过程如图 2 – 17 所示。

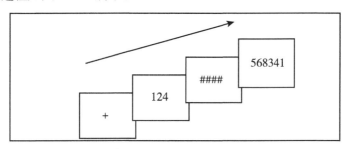

图 2 – 17 实验流程示意图

数据收集

搜集选择正确的数据并剔除极端数据。剔除标准为：反应时小于 100ms（视为提前反应），等于 7000ms（因 SOA 时长为 7 秒，视为漏题）。

结果

首先对大学一年级、高中一年级、初中一年级、小学五年级被试在两种情况下（呈现阶段刺激材料表面属性和迫选阶段比较材料表面属性之间的完全一致、完全不一致）迫选任务中正确选择的比例进行统计；然后通过两个比例与随机概率（50%）之间的差异性比较并做差异性显著性检验。

各年级的统计结果如表 2 – 6、图 2 – 18 所示。

表 2 - 6　各年级学生迫选任务的辨别成绩

年级	完全一致/%	完全不一致/%
大学	57.25	54.95
高中	53.21	47.39
初中	51.26	45.80
小学	55.34	48.09

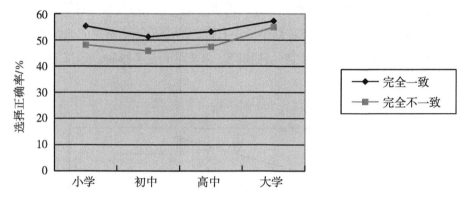

图 2 - 18　各年级两类任务完成情况变化趋势

大学一年级的统计结果表明，刺激材料表面属性在呈现阶段和比较阶段完全不一致条件下，被试在迫选任务中的选择正确率（54.95%）与随机概率（50%）差异检验结果是 $\chi^2 = 4.651$，$p < 0.05$，差异显著，表明被试能够正确选择符合隐含规则的数字串，潜意识知觉到了两种规则的差异。刺激材料表面属性在呈现阶段和比较阶段完全一致条件下，被试在迫选任务中的选择正确率（57.52%）与随机概率（50%）差异检验结果 $\chi^2 = 16.245$，$p < 0.001$，差异显著，表明被试能够正确选择数字串，潜意识知觉到了两种数字串之间的差异。

高中一年级的统计结果表明，在刺激材料表面属性呈现阶段和比较阶段完全不一致条件下，被试在迫选任务中的选择正确率（47.39%）与随机概率（50%）差异检验结果是 $\chi^2 = 1.305$，$p > 0.05$，差异不显著，表明被试不能够正确选择符合隐含规则的数字串，不能潜意识知觉到两种规则的差异。在刺激材料表面属性呈现阶段和比较阶段完全一致条件下，被试在迫选任务中的选择正确率（53.21%）与随机概率（50%）差异检验结果是 $\chi^2 = 2.955$，$p > 0.05$，差异不显著，表明被试不能够正确区分两种数字串。

初中一年级统计结果表明，刺激材料表面属性在呈现阶段和比较阶段完全不一致条件下，被试在迫选任务中的选择正确率（45.80%）与随机概率（50%）差异检验结果是 $\chi^2 = 3.361$，$p > 0.05$，差异不显著，表明被试没能正确区分两种数字串之间的差异，没有检测到对隐含规则的潜意识知觉。刺激材料表面属性在呈现阶段和比较阶段完全一致条件下，被试在迫选任务中的选择正确率（51.26%）与随机概率（50%）差异检验结果是 $\chi^2 = 0.453$，$p > 0.05$，差异不显著，表明被试不能正确区分两种数字串。

小学五年级的统计结果表明，在刺激材料表面属性呈现阶段和比较阶段完全不一致条件下，被试在迫选任务中的选择正确率（48.09%）与随机概率（50%）差异检验结果是 $\chi^2 = 0.686$，$p > 0.05$，差异不显著，表明被试不能够正确选择符合隐含规则的数字串，没有潜意识知觉到两种规则的差异。刺激材料表面属性在呈现阶段和比较阶段完全一致条件下，被试在迫选任务中的选择正确率（55.34%）与随机概率（50%）差异检验结果是 $\chi^2 = 8.112$，$p < 0.01$，差异显著。表明被试能够正确区分两种数字串。

讨论

隐含规则的潜意识知觉问题

潜意识知觉的研究深受内隐学习研究的影响，在内隐学习是对复杂规律的学习（郭秀艳，2003）理解下，实验材料通常难度较大。如人工语法（Reber，1967）、序列结构（Nissen 和 Bullemer，1987）、复杂任务（Broadbent，1977）等。在此基础上，对刺激隐含属性的潜意识知觉研究借鉴其中的高难度实验材料似乎是个方便的选择。然而，这样的借用忽略了一个重要的问题，就是知觉和学习的心理加工过程的区别。作为认识过程初级阶段的知觉，在加工深度、加工机制等方面与学习有着巨大的差异。如果简单借用内隐学习材料来研究潜意识知觉问题，显然并不恰当。尤其在探索是否能够潜意识知觉到材料隐含规则的定性研究中更是如此。在过于复杂的任务中，如果检验到了潜意识知觉发生的结果，自然可以验证假设。但如果得到否定的结果，就断然得出不能潜意识知觉到隐含规则的结论，就显得说服力不强。因此，降低任务难度，在低难度任务中做检验假设就显得十分必要。

潜意识知觉的相关研究表明，刺激材料的不同属性具有不同的加工优势（柯学等，2004；周铁民等，2010）。有理由假设刺激材料的隐含规则属性较表面属性更难以被潜意识知觉到。因此，要求对以属性分离逻辑设计的潜意识知觉研究中所使用实验材料的隐含规则难度进行大幅度降低处理。本研究在借鉴人工语法字符串生成技术的基础上，通过简化规则，并采取预先学习的方式加以新的尝试。通过大学一年级被试的实验结果分析，较好地实现了这样的目标。至此，就成年被试而言，材料隐含规则的潜意识知觉在材料完全处于被试的无觉察状态下得到了肯定性验证。

隐含规则潜意识知觉的年龄变化

随着成年被试对材料隐含规则潜意识知觉肯定性结论的验证，在不同年龄阶段的被试中是否也能够得到相同的结果自然就成了一个要探索的问题。Reber（1993）曾在总结一系列研究成果的基础上，提出了内隐学习年龄独立性的观点。认为内隐学习在年龄上存在较小的差异。但随着研究的逐步深入，相关研究不断得到与之相反的结果（Maybery et al.，1995；Charles 等，2006；Bennett，2007）。潜意识知觉作为内隐学习中的一个重要心理过程具有怎样的变化特点也就十分值得关注。

本研究以小学生、初中生、高中生为被试的相关实验结果与以大学生为被试得到的结果不一致且表现出有趣的年龄变化特点。小学生在刺激材料和比较刺激表面属性完全不一致的迫选任务中，选择符合隐含规则刺激材料（呈现的刺激材料）的正确率（48.09%）与随机概率（50%）之间的差异不显著，意味着在本实验条件下没有检测到小学生对隐含属性的潜意识知觉。但在刺激材料和比较刺激表面属性完全一致的迫选任务中，选择符合隐含规则刺激材料（呈现的刺激材料）的正确率（55.34%）与随机概率（50%）间的差异显著，意味着检测到了潜意识知觉的发生。综合以上两种结果，可以得出，小学生只是潜意识知觉到了复合刺激的表面属性，并按知觉到的表面属性做出反应，而没有潜意识知觉到隐含的规则属性。初中生、高中生的实验结果意味着既没有在刺激表面属性潜意识知觉的判别行为上表现出与随机选择的不同，也没有检测到对隐含规则属性的潜意识知觉。

由小学生潜意识知觉到材料的表面属性，经中学生阶段没有检测到材料相关属性的潜意识知觉的发生，到大学生潜意识知觉到材料的隐含规则。对具有隐含规则的数字串材料的潜意识知觉结果似乎经历了一个由表及里的年龄变化。其中可能的发生机制值得分析。

潜意识知觉心理机制分析

无意识心理过程的年龄变化特征是当前研究的热点也是难点领域之一。相关理论构想对本研究具有一定的解释效力。本研究展示出的不同年龄阶段被试潜意识知觉的不同特点也在一定程度上验证了其合理性。

首先，就大学生能够潜意识知觉到隐含规则，而小学生只能潜意识知觉到表面属性而言，它是个体整体心理发展特征的具体体现。大学生鲜明的抽象性、逻辑性认知特征明显有别于小学生具体、形象为主导的心理特点（林崇德，1995）。就本研究所用实验材料而言，表面属性是个体熟悉的数字，是一种熟悉度较高，形象生动的材料；而隐含在这种表面属性之中的规则却是个体刚刚了解的，较抽象、具有特定逻辑关系的事物。依 Rateliff 等人（1988）提出的复合线索模型观点，熟悉度高的属性较熟悉性低的属性更容易被潜意识知觉到。显然，实验材料中的表面属性（数字）对大学生、小学生而言都是非常熟悉的，年龄之间的熟悉度差异并不十分明显。因此，在此类属性的潜意识知觉中并没有表现出质的不同（均潜意识知觉到了）。但对隐含在表面属性下的规则而言，两者对此类事物的心理加工水平和熟悉度之间所存在的巨大差异，可能就带来了潜意识知觉加工效果的不同（大学生潜意识知觉到了规则，而小学生则没有）。小学阶段的学生潜意识知觉结果的自主反应性质（Merikle 和 Joordens，1997）和无意识占主导地位的年龄阶段特征也得到验证（吴国来，2004）。显然，心理发展的整体水平差异和阶段特征在无意识加工领域也得到了验证。

其次，中学阶段没有检测到相关属性潜意识知觉的发生，这样的潜意识心理过程年龄变化特点可以用 Cohen（1993）的平行反应理论加以说明。Cohen（1993）认为，在要求个体对相关任务做出反应时，他们要在搜集信息、积累信息的基础上做出选择。在多种信息并存的情况下，不同性质信息的竞争结果将决定被试最后的反应。中学阶段的被试在整体心理发展上正处在具体、形象向抽象、逻辑的转变过程之中。在面对材料表面属性和规则属性两种信息并存的情况时，其两种信息的累积在竞争过程中均没有达到超过阈限的水平，进而在迫选任务中没有达到统计学要求的标准。因此，无法判断其是否潜意识知觉到了相关属性。

结论

在本实验条件下，可以得出以下结论：（1）大学生被试能够潜意识知觉到材料的隐含规则；（2）小学生被试只能潜意识知觉到材料的表面属性；（3）由小学高年级到大学，潜意识知觉的年龄特征具有由对表面属性敏感逐渐向可知觉到材料隐含属性变化的特征。

第三章

内隐记忆

近年来，心理学研究者对内隐记忆现象给予了极大的关注。但是，早在17世纪，就有学者对内隐记忆现象进行了描述和分析。最早对"内隐的"（implicit）和"外显的"（explicit）记忆做不同类型区分的心理学家是William McDougall（1924）。他把对过去事件进行有意识回忆的记忆称为外显回忆，而把没有对某一事件进行有意识的回忆，或没有明确的意识性回忆，但是其行为却受近期事件影响而产生某种变化的现象称为内隐再认。这样的分类和看法，在当时并未引起记忆研究者们足够的重视，后来相当一段时间也未开展深入、广泛的研究。直到近半个世纪后的1970年，Warrington和Wciskrantz在对健忘症患者开展启动效应现象的研究时发现：尽管不能有意识地保持学习内容的健忘症患者，在自由回忆和再认测验中的表现为不能辨别出先前学习阶段呈现过的单词，但是，他们在补笔和模糊字辨认的测验中，却能够对先前呈现过的单词做到正常的保持效果。这样的结果让研究记忆的心理学家们看到了它所具有的理论价值，并认为，这可能是理解人类记忆本质的又一条全新途径，进而激发了人们对正常人无意识的、无觉察的记忆现象开展研究的兴趣，对有意识记忆测验和无意识记忆测验的比较研究走进研究者视线，成为一个记忆研究的新领域、新视角。在后续的研究中，研究者一般采用的测量策略和技术是：不要求被试回忆或再认（有意识地提取过去呈现过的特定信息），而是要求被试完成一系列的关联任务，通过被试对这些任务的操作，来反映其对先前学习阶段所获得的信息的记忆效果。1985年，Graf和Schaoter在提出内隐记忆和外显记忆两个概念的同时，对相关问题进行了深入的实证的研究。随着方法上的不断突破和创新，大量的实验性证实研究内隐记忆的相关成果不断涌现。1987 年，Sohacter 将内隐记忆研究总结为五大领域：一是再学习的节省；二是阈下刺激的影响；三是无意识学习的条件性作用（内隐学习）；四是重复启动效应；五是健忘症患者等记忆研究。

第一节　内隐记忆的基本问题

一、内隐记忆的性质

作为一种较新的分类形式，外显记忆与内隐记忆的区分必然要在已有的概念关系体系中得到界定。只有明确其内在的和外在的概念关系，才能更好地把握其性质。

1. 内隐记忆与无意识记的关系

从以往研究设计的因变量角度看内隐记忆。大多研究者把内隐记忆操作为：被试在完成某一任务时，自己没有意识到提取什么，而存贮在大脑中的知识经验等信息却被检测到在任务完成中起到了作用。也可以说是，被试对信息的提取是无意识的。所以，从心理学研究的现象描述角度看，记忆在意识维度上有以下情况：无意识记指事先没有预定目的、不需经过努力而进行的识记（输入）。在无意识记的过程中，信息是"自然而然"地被记住的，但在事后又能有意识地回忆或再认先前所记住的内容，这也称作不随意记忆。Ebbinghus 在《记忆》一书中就有所提及。人们的知识经验相当大的一部分是由无意识记获得。而有意识记是指事先有预定目的，并经过一定意志努力、采取一定方法进行的识记，也叫随意记忆。在条件相同的情况下，有意识记的效果比无意识记好；在现实生活中也显得更重要，因为人们系统掌握知识和技能主要是靠有意识记。无意识记和有意识记的区别在于识记过程，在识记过程中，前者是无意识的。但在提取过程中，无意识记和有意识记都可以有意识地、有目的地回忆和再认，都属于外显记忆。而内隐记忆在提取阶段是无意识的，在识记阶段可以是有意识的，也可以是无意识的。例如，阈下刺激的影响、内隐学习属于"无意识—无意识内隐记忆"，而再学习的节省这一内隐记忆现象属于"有意识—无意识内隐记忆"。由此可见，内隐记忆现象和外显记忆现象区别的一个明显标志是：在提取（检索）阶段是否有意识。内隐记忆在提取阶段是无意识的，而外显记忆在提取阶段是有意识的，只是有一类外显记忆——无意识记在识记阶段是无目的、随意的。

2. 内隐记忆与内隐学习的关系

在研究内隐记忆的同时，对内隐学习的研究也日趋热烈。内隐学习与内隐记忆有着怎样的关系常常成为一大困惑。首先来看学习和记忆的关系，我们知道学习是对知识经验和技能的获得，侧重于"获得"这个加工过程，而记忆是对通过学习所获得的内容的保持和提取，侧重于"保持"和"提取"这两个过程。内隐记忆现象之一是：被试在与某一组刺激接触的过程中，获得了某种知识经验和技能（或者说，生成了某种抽象知识），并能通过完成某项任务来证实其已拥有它们，但在任务完成的过程中却未意识到其自己已拥有它们，也不知道它们的具体内容，并且也不能有意识地、明确地去提取它。而内隐学习则是获得这种知识经验和技能（或抽象知识）的加工过程，其关键还是在于"获得"这个加工过程，只是被试并不知道所获得的内容是什么，更无法用言语来描述它们，但却能在某项任务的操作中反映出被试已拥有了它们。换句话说，内隐学习是对抽象知识的无意识加工。特定条件下，内隐学习会优于外显学习，这种现象被称为内隐学习效应。同样，内隐记忆优于外显记忆的现象被称为内隐记忆效应。因为记忆效果的好坏直接受学习效果的影响；同时，内隐学习的效果必须通过"保持"和"提取"这两个记忆的基本环节后才能被测量和研究。所以说，内隐学习和内隐记忆的研究是相互联系、不可绝对分割的，只是研究的重点不同。故可将内隐学习作为内隐记忆的一个方面来研究。这也支持了 Schacter 的内隐学习是内隐记忆研究的五大领域之一的观点。

3. 内隐记忆的含义

就目前的研究状况来看，对内隐记忆可从以下几个方面来理解。在心理学研究的描述水平上：（1）从现象上看，内隐记忆是被试在操作某任务时，不经有意识地回忆，而存贮在大脑中的信息却会在操作中自动地起作用的现象。这就反映出了先前所学内容的存在和作用。其特征是，被试对信息的提取是无意识的。（2）从研究模式看，内隐记忆是启动效应的一种。（3）从测量上看，内隐记忆是一类记忆任务，这类任务不要求被试有意识地去回忆所学习的内容，而是要求被试去完成某项操作，在被试的操作中反映出其所学内容的作用。从心理学研究的解释水平上看，某些研究者（Tulvign，Squier等）在对记忆的实验性分离现象进行深入研究后，提出的一种理论假设（多重记忆说），推测记忆系统可划分为内隐记忆和外显记忆这两个在机能上相对独立的记忆系统。这就可以认为内隐记忆是通过间接测量和推理得出的、一种假设的记忆系统的名称。

由于内隐记忆现象的多样性和复杂性，目前还无一种理论能够成功地解释所有的内隐记忆现象。目前影响最大、争议最大的是多重记忆说和加工说。多重记忆说的核心观点是，记忆的实验性分离现象反映了记忆系统存在着不同的子系统。内隐记忆和外显记忆现象分别代表了记忆的两种不同的子系统。Tulving 等人提出启动效应（内隐记忆现象）代表一种新的记忆系统，即知觉表征系统（perceptual representation system），且用随机独立性的概念来论证这一观点。按照这一论证逻辑，就可推出"内隐记忆的各种测验应是随机相关的"这一结论。但 Witherspoon 和 Moscovitch 用实验证明：在两种内隐记忆测验间发现了随机独立性。这就出现了矛盾。其原因可能有三：（1）论证逻辑正确。知觉表征系统独立存在、并可继续划分。（2）论证逻辑不正确。不能从实验性分离现象推出机能上独立的记忆系统。（3）记忆的确由不同的系统组成，但并不是以此逻辑论证所得。Tulving 等人坚持此论证逻辑，继续将知觉表征系统再细分为字词系统、结构描述系统、概念语义系统。1990 年，Tulving 等设计了新的实验，从另一个角度论证了多重记忆说的观点。实验发现：在外显记忆测验中，针对同一目标的两种不同线索，结果表现中等程度的相关；而在内隐记忆测验中，针对同一目标的两种不同线索，结果却是无关的。由此证明内隐记忆的表征和外显记忆的表征是不同的。内隐记忆代表知觉表征系统，这种系统没有单字的固定痕迹，是无痕迹的记忆系统（traceless memory system），但它可能包含单字的多重分布特征，每一重表征

的唤起是通过一个特殊的线索来实现的。神经心理学家在另一个研究层次上
（认知神经学）提出了多重记忆说。有的还利用先进的正电子发射 X 射线断
层照相术（PET），以不同的推理逻辑论证了多重记忆说的观点。在对健忘症
病人的研究中，Sqiure 把记忆分为两大类：陈述记忆（declarative memory）
和程序记忆（procedural memory）。陈述记忆是唯一能进入意识中的可以觉察
的记忆，而程序记忆只能通过记忆系统的操作来实现。另有一些神经心理学
家把记忆分为知觉表征系统和语义记忆系统，其核心与 Sqiure 的观点是一致
的。Sqiure 的观点代表着神经心理学家对此类记忆现象的看法，但对于陈述
记忆与程序记忆的神经机制目前研究还不多。一般说来，陈述记忆涉及脑边
缘系统的神经结构，它必须依赖大脑皮质及一些特殊脑区；而程序记忆中的
启动效应则可能是普遍存在于神经系统（包括脊髓）所有主要神经节中的一
种特性。多重记忆说能较好地解释健忘症病人的记忆分离现象，因为各个记
忆系统是独立的。当陈述记忆系统受损伤时，程序记忆系统仍保持完好。正
常人的记忆分离现象可解释为，变量只影响陈述记忆不影响程序记忆或变量
只影响程序记忆不影响陈述记忆。加工说认为，记忆的实验性分离现象反映
了两类测验所要求的加工过程不同，并不说明记忆系统存在着在机能上相独
立的两个不同的子系统。持此观点的代表人物 Roediger 提出传输适当认知程
序（transfer-appropriate procedures approach）的观点，认为外显记忆测验要求
概念驱动过程（conceptually driven processing）。大多数内隐记忆的测验非常
依赖于学习时与测验时的知觉过程的匹配程度。许多内隐记忆测验几乎是提
取过去经验中的知觉成分。因此，认为内隐记忆测验要求材料驱动过程
（data-driven processing）。所以，影响概念加工的各种变量对内隐记忆测验没
有影响，而表面特征方面的变量对内隐记忆会有很大影响；反过来也有这种
分离。1989 年，Blaxton 设计了一组构思新颖的实验，发现实验性分离现象
有规律地依赖于加工方式，支持了加工说。有些研究者也获得了同样的结果。
但 Sohaoter 最近在一系列研究中发现：某些表面特征方面的变量对内隐记忆
没有影响，这与加工说不符。加工说能成功地说明正常被试的两类测验间的
实验性分离现象。材料驱动测验与概念驱动测验各自所要求的认知过程不同，
若测验与学习的认知过程相匹配，则测验成绩就好；若不匹配，则测验成绩

就差。这就会导致实验性分离现象。但是，此观点在对健忘症病人的实验性分离现象进行解释时却不理想。对于健忘症病人有意识记忆效果差、而无意识记忆效果好的现象的解释是，其概念驱动过程有障碍而材料驱动过程保持完好。但有些病人在那些要求概念驱动过程的无意识记忆中也表现出与正常人一样的启动效应，这就难以解释了。

二、内隐记忆的研究类型和范式

1. 内隐记忆研究的对象和问题

内隐记忆研究是20世纪80年代兴起的一个热门课题。经过长期的研究，人们已经发现了许多新的研究结果，积累了大量的文献资料。通过对1986年至1994年有关内隐记忆研究文献的国际联机检索，运用文献计量的研究方法，对有关内隐记忆的研究文献进行了分析（周爱保，1995）。具体情况见表3-1、3-2和3-3。

表3-1　内隐记忆研究文献的国别分布

年度	美国	加拿大	法国	德国	英国	意大利	比利时	瑞典	日本	荷兰	中国	瑞士	西班牙	澳洲	以色列	印度	合计
1986	1																1
1987	3	2															5
1988	4			2	2												8
1989	7	2	3	5	2											1	20
1990	25	3	1	3							1	1			1		36
1991	16	5	1	2	4	1				2	4	1	1	1			38
1992	25	1	5	1	5	1	2	3	1	1							45
1993	19	3	4	1	5				1	1			1				36
1994	12	1	1	1	2						3						20
合计	112	17	15	15	20	3	2	3	3	5	7	3	1	1	1	1	209

表 3 - 2　内隐记忆研究文献所使用被试类型的统计结果

年度	被试类型								
	记忆损伤病人	心理障碍病人	受药物处理的正常人	大学生	一般成人	儿童	老人	孕妇	动物
1988	1								
1987	2			1					
1988	1			6	1		1		
1989		2		14	1	1	1	1	
1990	4	2	2	13	5	2	1		
1991	5	4	1	13	6	3	3	1	
1992	7	4	3	11	7		6		1
1993	10	4	2	11	1	3	4		
1994	8	4		7	2				
合计	37	20	8	76	23	10	15	1	1

表 3 - 3　内隐记忆研究文献所采用测量方法的统计结果

年度	测量方法										
	完成测验	辨认测验	决策测验	理解测验	拼写测验	速度测验	联想测验	反应时测验	理论研究	计算机方法	未说明的内隐测验
1986				1							
1987	1			1			1		2		
1988	5	1			3		2				1
1989	10	4			6		6	2			
1990	13	4	2		5	1	5		10		1
1991	13	6	3	2	5	2			7	1	6
1992	13	2	6	3			1	2	16	1	7
1993	13	8	6		3	2	3	3			5
1944	11	5	2			1	2				
合计	79	30	19	2	22	9	5	22	40	3	20

从表 3-1 我们可以看出，西方国家的心理学家仍然是内隐记忆研究领域的主力军，特别是美国占有绝对的优势，9 年间共发表 112 篇文章，比其他国家发表数量的总和还多。尤其需要指出的是像以色列这样充满内忧外患的国家，他们的心理学家仍然在关注着这个新的研究领域。同时，我们还可以从年度统计看出，9 年中内隐记忆研究的文献数量是稳步上升的。这反映出这一领域是一个很热门的课题。

在表 3-2 的统计结果中，有些研究既有特殊被试又有正常被试，则分别计入相应的被试类型，在"合计"中，未包括"理论研究"的数量。从表 3-2 我们可以看出，这些研究中所使用的被试类型，大学生是许多研究者所喜欢采用的被试，其次是脑病引起的临床记忆损伤病人，且从年度统计来看，人们越来越多地倾向于采用这类被试，反映出这类被试对研究内隐记忆机制的特殊性。需要特别指出的是临床记忆损伤病人主要包括脑萎缩病人、脑病变引起的遗忘症病人、额叶摄伤病人、Alzheimer 症患者、帕金森症患者、科尔萨科夫氏综合征患者等，而心理障碍病人主要包括弱智、学习无能、精神病、抑郁症、焦虑症、多动症患者，受药物处理的正常人则包括醉酒状态的正常人、志愿接受特殊药物处理的正常人以及一般的外科麻醉病人等。

表 3-3 的结果表明，内隐记忆的测量手段人们更多采用的是完成测验、辨认测验、拼写测验、联想测验、决策测验等方法，特别是理论研究（包括文献综述）也占有相当的数量。其中完成测验包括词干补笔（word-stem completion）、词段补笔（word-fragment completion）、残图补笔（fragment picture completion）等，辨认测验包括模糊图或字辨认（identification of degrade picture and word）、字词辨认（word identification）、听觉辨认（auditory identification）等，拼写测验包括变位字复原（anagram solution）、同音词拼写（homophonic spelling）、定向拼写（orthographic orienting task）等，联想测验包括自由联想（free association）、单词联想（word association）、类别产生（category production）等，决策测验包括词汇决策（lexical decision）、两可图形决策（possible-impossible object decision）、声望判断（fame judgment）、频度判断（judgment of frequency）等，速度测验包括反转字速读（inverted word reading）、镜像速读（mirror reading）等。需要

说明的是，同一研究采用的多种方法分别计入相应的测量方法。总之，从上述结果的分析讨论中我们可以得出，文献计量学的方法也是一种行之有效的研究方法，它给我们提供了一个课题研究趋势及研究特点的比较宏观的视野，对我们把握这一领域的研究动态是很有帮助的。

2. 内隐记忆中的意识与无意识加工的相互影响

内隐记忆研究中意识与无意识加工的分离主要是通过指导语（在外显测验中要求被试回忆过去的事件；而在内隐测验时只简单地要求被试尽可能地完成某项任务而不需有意识地回忆过去的经验）来控制的。有人认为这不足以完全区分这两种加工过程，在加工中存在意识与无意识提取的相互感染等诸多问题。例如，在外显测验中可能存在先前学习过的项目对测验的无意识的启动效应。Roeidge 等人认为这种相互感染存在特异性。即意识提取更可能感染概念型内隐测验（conceptual implicit test，如字词联想），而对知觉型内隐测验（perceptual implicit test，如残词补全和词干补笔）的影响却相对较小。相反，知觉型外显测验受无意识加工的感染却相对较大，而语义线索（semantics cues）回忆或自由回忆类测验却要小。目前，研究者们主要通过改进实验设计来提高分离意识与无意识加工的精度。下面我们将对几种常用方法进行评述。

第一，内隐测验中意识与无意识加工的分离。被试分离法最初的许多内隐记忆证据都是从记忆损伤患者（memory-impair patients）身上获得的。记忆损伤是指在近事记忆和接受新异信息方面表现出严重的缺陷而智力、知觉和言语功能却相对正常的脑损伤障碍（主要指遗忘症）。早在 19 世纪就有遗忘症患者（amnesics）表现出内隐记忆的报道。到了 20 世纪 70 年代，遗忘症患者外显记忆受损，内隐记忆相对正常的现象得到了许多研究的证实，为记忆的多重系统理论提供了强有力的证据。采用这一类被试的最大优点是由于他们的外显记忆严重受损，因而能较好地排除内隐测验中的意识影响。但有几点是值得注意的。一是各种记忆损伤的病灶是不尽相同的，因而也不能排除某些内隐测验对某类患者无效的可能性。这时我们不能草率地认为这类被试内隐记忆低下。二是记忆损伤患者也是存在记忆能力的，内隐测验是否已彻底排除了意识与无意识加工的相互感染也是值得注意的。三是越来越多的记忆损伤患者表现出完整的内隐记忆使我们对内隐记忆属于一个独立记忆系统的理论产生了怀疑。既然存在相对独立的多重记忆系统，那么我们为什么不能发现内隐记忆受损伤而外显记忆完整的患者呢（甚至外显记忆受损伤后不表现内隐记忆的报道也是很少的）？从这一现象我们似乎可推测，外显记忆是和内隐记忆密切相关的，甚至可说外显记忆是不能离开内隐记忆而存在的。这是值得我们进一步去探究的问题。四是当把适合于记忆损伤患者的内隐测验应用到正常人时我们应重新考虑意识与无意识加工的相互感染问题。

第二，问卷法。确定内隐测验成绩是否受到意识加工感染的最直接的方法是测验后通过问卷来了解被试测验时所采用的策略等。Bowers 等在词干补笔（word-stem completion）测验后，通过问卷法成功地区分出敏感型（test-aware）被试（被试在内隐测验时已意识到某些项目曾出现于学习阶段）和迟钝型（test-unaware）被试，结果发现，在内隐测验总成绩上两类被试无显著性差异（前者补笔率为33%，后者为31%，基线补笔率为12%），但在语义加工条件下，前者补笔率（43%）明显高于后者（33%）。尽管这种技术对评价被试的敏感性水平（awareness）和去除一部分采用意识提取策略来完成内隐测验的被试有一定的作用，但是这种内省的评估也存在一些问题。首先，被试事后可能已忘记他完成内隐测验时的真实心态，被试进行虚假报告以及遵从实验者的意愿等。其次，对敏感性的定义也需谨慎从事。有人发现，被试可通过多种方式知晓测验材料与学习材料的关系。如果一个被试仅是测验后才明白这种关系，那么这一部分被试就不应去除。另外，较显著的启动效应也可提高被试的敏感性水平。即启动效应越大，敏感性被试也可能越多。很显然，问卷法对这些问题是无能为力的。

第三，任务分离法。任务分离（dissociation betweentests）是内隐记忆研究中最常用的一种分离意识与无意识加工的方法。一般说来，任务分离是通过不同的测量方法来实现的。直接测量（directmeasure）用来测量外显记忆，而间接测量（indirectmeasure）用来证明内隐记忆的存在。Merikle 等对两类测验任务之间的主要差别进行了总结。一是加工线索的不同。例如，在词干补笔中，线索是"mea—"，而在再认中加工线索是"measure"。因而，实验性分离仅仅可能是反映了加工线索的差异而不能充分证实内隐记忆的存在。

二是感觉辨别力或反应偏向的不同。实验性分离也可受反应偏向的影响。对任务分离范式来说，在再认测验中，我们能区分感觉辨别力和反应偏向的不同影响，但对诸如词汇辨认之类的内隐测验就不那么容易了（许多研究都未做到这一点）。另外，随着加工线索的不同，反应偏向也可能不同。甚至即使加工线索相同，反应偏向还可能有异。因此，通过这种范式所反映的实验性分离可能只是反应偏向的分离而不是感觉辨别力的分离（Meirkle 等认为感觉辨别力的分离才是两种加工的分离）。三是测量标准的差异。这一点是人所共知的，因而分离可能只是测量标准的分离而不是两种加工的分离。一般说来，任务之间越相似，两者之间的实验性分离就越有意义；任务之间的差异越大，两者之间的联系就越有意义。基于这一逻辑，研究者们开始设想更理想的方法。

第四，提取的意识性标准。Shacter 等根据任务匹配进而导致分离的逻辑发展出提取的意识性标准这一方法。其基本实验逻辑是：测验时除了给予被试不同指导语外，对所有在学习和测验中可能影响被试成绩的其他潜在变量都加以控制。也就是说，除测验指导语不同以外，其余条件均相同。这种方法的优点在于部分地解决了任务分离范式中仅仅是因测验任务的差异而导致实验性分离这一问题。尽管这种方法得到拥护，但我们通过问卷法检验也可发现，提取的意识性标准还并未完全排除意识、线索差异和反应偏向的影响。另外，一些研究者也提出此方法不适合于记忆严重受损被试和老年被试。一般说来，提取的意识性标准比较适合于知觉型内隐测验（如残词补全、词干补笔等）。针对提取的意识性标准所面临的问题，Meirkle 等对其进行了扩展。在满足提取的意识性标准范式的前提下，应设法使某一变量在内隐测验上的效应大于外显测验。一旦出现这种效应，那么它一定反映了间接测量对无意识信息的高鉴别力。因为，如果信息对作出受意识控制的决定有益，那么它应首先在直接测量上表现出来。这种实验范式通常是通过比较再认判断与偏好、明暗、对比等判断的成绩来实现的。Meirkle 等根据这一新逻辑完成的一项研究表明，被试对非目标词的背景对比判断（内隐测验）成绩优于再认判断。事实上，要满足这种苛刻的条件是相当困难的，而且一旦未满足提取的意识性标准，那么就只能重做实验了。相反，加工分离说（process dissociation procedure）则很好地解决了这一问题。

第五，三角度量法。试设想，如果实施一个被试内设计，让被试在学习后相继参加外显测验和内隐测验，那么前一测验是否会对后一测验的结果产生影响呢？Tulving 等认为，只要外显测验在前，两种测验间将是零相关（但如果内隐测验在前，则对外显测验成绩将有积极的影响）。但有研究者认为，这种零相关有想当然的成分。为了证实自己的观点，Hayman 和 Tulving 提出了三角度量法。其实验逻辑是先让被试学习词表再进行再认测试，接着把被试随机分成两组参加测验（如残词补全）。其中一组被试必须用学过的材料来完成任务（外显测验指导语），另一组被试是用先进入意识的信息来完成任务（内隐测验指导语）。由于两组被试接受了同样的测验信息（但在测验阶段指导语不同），因此，诸如再认等因素的影响就得到了很好的控制。他们的结果表明，再认与外显的回忆之间存在显著的正相关，而在再认与内隐的残词补全测验之间却不存在显著性相关。这种方法的应用面比较窄，而且有一前提条件必须满足，即第一次外显测验和后来的内隐测验之间是低相关或零相关的。这在许多研究中是做不到的。

第六，信号检测论。Meirkle 等认为，许多内隐测验中都未分离出辨别力（sensitivity）和反应偏向的影响。他们认为，如果某种间接测量显示了较高的辨别力（与相应的直接测量相比），那就证明，内隐记忆存在于这种测验之中。杨治良采用信号检测论方法，通过比较 d' 和 β 值所完成的一项内隐学习的研究间接证实了内隐记忆的存在，并且发现，内隐学习过程中被试的心理状态波动不大，报告标准也比较宽松。信号检测论不仅分离了 d' 或 C，而且承认内隐测验中存在意识与无意识加工的相互感染问题。

总之，内隐记忆的无意识特点决定了进行研究的高难度。意识与无意识加工的分离及相互感染问题一直是内隐记忆研究的核心问题。研究者们不断探索新的方法，以求分离这两种加工。但我们以为或许要达到绝对意义上的分离是不可能的。也许外显记忆和内隐记忆本身就是相依的。只要能在结果中出现某种朝向一方的趋势，那么，研究依然是有价值的。在采用分离范式进行内隐记忆研究时，有几点是值得注意的。第一，在内隐测验条件下，应鼓励被试快速反应。Jacoby 认为无意识加工中存在省力法则（law of least effort）。即被试用首先进入意识的信息来完成任务要比用努力回忆到的信息花的"力气"小。如果被试迅速作出反应，则可能更容易导致无意识的加工。第二，刺激材料不能太少，至少应有 50 个项目。刺激项目太少可能导致被试采用意识策略完成内隐测验。第三，在学习和测验之间可增加一些填充测验。用未学习过的材料进行填充测验，有利于引导被试用第一感觉来反应。第四，在测验阶段，先前学习过的材料应少于一半。第五，在学习和测验中应设法使除指导语外的其他条件保持一致，这也是提取的意识性标准的逻辑。

众多研究都证实内隐记忆现象是不容置疑的，接下来的工作是进一步研究无意识加工的特点、内隐记忆的机制、提出新的内隐记忆理论以及把内隐记忆的研究成果推广到其他领域（如社会认知、神经康复等）。

三、内隐记忆研究现状与进展

早期的内隐记忆研究看上去更像是在使用现代实验心理学的语言诠释和复述某些相当古老的构想，正是这些早期工作奠定了内隐记忆得以被深入研究的基础。在内隐记忆研究的起始阶段，概念的模糊和系统理论建构的缺乏是常见的，研究者把内隐记忆的精确定义暂且放在一边，着力于发现和制造内隐和外显任务之间的分离，作为内隐记忆存在的依据。然而，内隐记忆研究在近年来的发展，已经不满足于发现独立的实验分离证据，而是越来越要求对内隐记忆做全面和整体的评价，其中包括对这一概念本身的反思、设计带来新观点的实验，以及试图建构对大部分实验数据具有解释力的模型。

1. 对内隐记忆概念的反思

概念的科学性和 Roediger 的批评。首先来看内隐记忆在早期和近期的两个不同表述。Schacter（1987）认为内隐记忆反映于那些"先前经验易化了当前的任务操作，而该任务又不需要对先前经验的有意提取"的情况中；近期的定义来自 McDermort（2000），他认为，内隐记忆是"在没有有意提取情况下的记忆显现"。鉴于 Tulving（1983）曾经把记忆很宽泛地定义为"能在一段时间后显现的刺激后效（after-effects）"，因此，上述两个内隐记忆概念尽管相隔十数年，在本质上却并无二致。都指出了内隐记忆是先前经验的后效，比如易化和启动；也都指出内隐记忆没有对先前经验或事件的有意提取。然而就在 2003 年，Roediger 对这类传统上被几乎所有心理学家接受的内隐记忆概念提出了尖锐的批评，甚至考虑"内隐记忆"作为一个科学术语的生命是否已经走到尽头。其对内隐记忆概念批评的主要逻辑如下：将 Tulving 的记忆定义和 Mcdermort 对内隐记忆的解释结合起来，所得到的内隐记忆定义是"所有不涉及外显或有意提取的刺激后效"，而且，这一定义得到了多数认知心理学家的赞同。问题在于，事实上这个被广为赞同的定义具有一个过分大的外延。与之相比，内隐记忆研究所对应的实验任务就显得格外地范围狭窄。Roediger 举例说：人类的免疫系统能够识别先前曾经感染的病菌，因此，这也是一种"刺激后效"，而免疫系统的运作当然是无关任何有意提取的；那么，按照当前的定义，免疫系统也得被接受为内隐记忆的一个例子了。他还进一步指出，由于任何心理学都在研究自变量对因变量的"后效"，那么当前的内隐记忆概念将会不得不包括绝大多数心理学实验所研究的对象，只要实现自变量的效应与意识性提取无关即可。显然，内隐记忆的概念必须被重新考虑，否则它便会因为外延过大而成为一个无所不包的定义。这并不符合科学术语的可辨别性原则。而将这一概念精确化的方法，按照 Roediger 的理解，在于重新思考内隐记忆是否应该冠以"记忆"之名。更直接地说，较之内隐记忆这一术语，"长时程启动"似乎更受其青睐。上述批评颇为激进，但至少在一点上值得引起注意，那就是：一直以来对内隐记忆的理解确实存在过于宽泛模糊的问题，而这一问题如果继续存在下去，则可能导致整个内隐记忆研究在方向上的无所适从。之所以内隐记忆概念遭遇诸如"免疫系统是否为内隐记忆的例证"这样的尴尬，其原因显然不在于内隐记忆的非意识性提取标准，而是出在更基础的记忆概念界定上。与其说内隐记忆概念模糊不清，倒毋宁说是 Tulving 的记忆界定过于宽泛，以至于能包容类似免疫系统之类的例子。Roediger 显然也意识到了这一点，因此，他建议记忆应当仅仅指那些本身目的即在于"知晓过去"的系统，而非那些服务于其他目的却带有"记忆功能"的系统，如免疫系统。然而，即使这样做，也没有一劳永逸地解决问题。可以想象："记忆系统的目的就是记忆"这句话并不能提供多少有价值的信息，人们没有办法判定某个系统的目的究竟何在。甚至从心理机能的进化观来看，所有心理过程甚至有机体所有组织的唯一目的，就是适应环境。所有这些都让人们很难从目的上对各种系统作出有效鉴别。事实上，多数研究者仍然确信内隐记忆这一概念并没有走到山穷水尽，必须退出历史舞台的地步。有些研究者建议，记忆系统是为决策系统提供及时有效信息而存在的。因此，记忆总应与决策规则和相匹配的搜索引擎结合起来界定。这似乎可以较好地解决免疫系统之类的问题。同时，又与现行内隐记忆研究常用的各种任务有所联系（比如词干补笔和单词辨认等任务涉及决策判断，而一般知识问题则涉及信息搜索）。简言之，构建精确合理的内隐记忆概念，涉及对记忆这一上位概念的恰当理解，很难一蹴而就。不过较之于40 年前，当前的研究者显然已经意识到内隐记忆概念问题可能带来的潜在麻烦，并开始了解决的尝试。就目前情况看，大多数研究者并没有在内隐记忆和启动之间表现出什么偏爱；近年来，该领域发表的实证研究，仍继续混用上述两个术语。

2. 内隐记忆的研究进展

早期的研究得出了内隐记忆的一些一般特征。在近年来的研究中，研究者得到了一些不同于以往研究的结果，可能会为内隐记忆的模型解释提供新的参照。同时，研究者也开始尝试将内隐记忆与更广泛的学习、记忆领域的研究结合起来，建构较全面的内隐记忆解释。

第一，内隐记忆和注意。以往的研究曾表明内隐记忆对注意的依赖不高，而对通道变换的敏感性较大。但是，一些近期的研究显示了不同的结果。Kinoshita（2001）的研究发现，记忆阻断——对形似词的学习降低了正确完成后继的残词补全任务的概率——这一记忆的间接测量，受到注意分散的影响。尽管该任务本质上是内隐的，但其受注意分散影响的模式还是与再认任务受影响的模式相似。该研究对内隐记忆是否可以继续细分为多种机制提出了一些看法。无独有偶，在 Mulligan（2003）使用单词辨认任务的系列实验中，也发现了注意分散降低了内隐记忆的表现。Mulligan 回顾了此前有关内隐记忆是否受注意分散影响的众多实验研究，指出它们得到相互抵触的结果的原因，可能源于实验控制上的缺陷。事实上，在此研究的实验中，复制了以往常见的内隐记忆不受分心影响的结果；但在后继实验中，当分心刺激和单词呈现的同步程度变高时，内隐记忆所受注意分散的影响就显现了。有趣的是，该研究还发现内隐记忆受注意的影响，在跨感觉道分心物条件和同一感觉道内分心物条件下是一致的。这暗示了内隐记忆的感觉道依赖似乎也不是绝对的。

第二，内隐记忆和内隐学习。记忆应当仅仅指那些本身目的即在于"知晓过去"的系统，而非那些服务于其他目的却带有"记忆功能"的系统：如免疫系统。然而即使这样做，也没有一劳永逸地解决问题。可以想象："记忆系统的目的就是记忆"这句话并不能提供多少有价值的信息。人们没有办法判定某个系统的目的究竟何在。甚至从心理机能的进化观来看，所有心理过程甚至有机体所有组织的唯一目的就是适应环境。所有这些都让人们很难从目的上对各种系统作出有效鉴别。事实上多数研究者仍然确信内隐记忆这一概念并没有走到山穷水尽，必须退出历史舞台的地步。有些研究者建议，记忆系统是为决策系统提供及时有效信息而存在的，因此记忆总应与决策规则和相匹配的搜索引擎结合起来界定。这似乎可以较好地解决免疫系统之类的问题，同时又与现行内隐记忆研究常用的各种任务有所联系（比如词干补笔和单词辨认等任务涉及决策判断，而一般知识问题则涉及信息搜索）。简言之，构建精确合理的内隐记忆概念，涉及对记忆这一上位概念的恰当理解，很难一蹴而就。不过较之于 40 年前，当前的研究者显然已经意识到内隐记忆概念问题可能带来的潜在麻烦，并开始了解决的尝试。就目前情况看，大多数研究者并没有在内隐记忆和启动之间表现出什么偏爱。近年来，该领域发表的实证研究，仍继续混用上述两个术语。

第三，内隐记忆的实验研究进展。早期的研究得出了内隐记忆的一些一般特征。在近年来的研究中，研究者得到了一些不同于以往研究的结果，可能会为内隐记忆的模型解释提供新的参照。同时，研究者也开始尝试将内隐记忆与更广泛的学习、记忆领域的研究结合起来，以建构较全面的内隐记忆解释。以往的研究曾表明内隐记忆对注意的依赖不高，而对通道变换的敏感性较大。但是一些近期的研究显示了不同的结果。Kinoshita（2001）的研究发现，记忆阻断——对形似词的学习降低了正确完成后继的残词补全任务的概率——这一记忆的间接测量，受到注意分散的影响；尽管该任务本质上是内隐的，但其受注意分散影响的模式还是与再认任务受影响的模式相似。该研究对内隐记忆是否可以继续细分为多种机制提出了一些看法。无独有偶，在 Mulligan（2003）使用单词辨认任务的系列实验中，也发现了注意分散降低了内隐记忆的表现。Mulligan 回顾了此前有关内隐记忆是否受注意分散影响的众多实验研究，指出它们得到相互抵触的结果的原因，可能源于实验控制上的缺陷。该研究还发现内隐记忆受注意的影响，在跨感觉道分心物条件和同一感觉道内分心物条件下，是一致的。这暗示了内隐记忆的感觉道依赖似乎也不是绝对的。一些研究者把内隐记忆和内隐学习结合起来进行实验。Higham 等（2000）尝试将 Jacoby 的加工分离程序（PDP）逻辑与人工语法学习结合起来进行了他们称为"对抗逻辑"的初步实验研究。Kinder 等（2003）也试图将人工语法学习和内隐记忆通常关注的无意识回溯联系起来，在其系列实验中讨论了加工流畅性是如何影响无意识提取，并进而在人工语法的分类任务中表现出来的。这一工作已经不是简单地在内隐记忆和内隐学习研究中应用对方的任务或逻辑，而是开始尝试用同一套规则——例如流畅性启发式——来同时解释内隐记忆和内隐学习现象。这类尝试中更为明显的例子来自于 Gupta 和 Cohen（2002），他们建立了一个联结主义的神经网络模型，并以此很好地拟合了重复启动和技能学习的真实实验数据，而其应用的重复启动任务，则类似内隐学习研究中经典的序列学习范式。许多记忆错觉现象中都包含了内隐记忆的成分，如 Schacter（1990）对于内隐记忆测验中知觉启动的解释，就和 Whittlesea 等（2000）对记忆错觉的解释十分接近。前者认为知觉启动使相同或相近刺激的加工更为容易；而后者则指出认知加工出乎意料的流畅性可能是熟悉感错觉的来源，而对加工流畅性的评估过程是无意识的。此前曾提及的 Kinder 等（2003）的研究也可以用来说明内隐记忆和记忆错觉是如何在实验中被整合起来的。

第四，内隐记忆模型的发展。对内隐记忆的解释和建模工作一直以来都在进行，杨治良（1998）曾总结了有影响力的内隐记忆模型，如：多重系统说、迁移适当加工理论、SPI 模型、激活模型、计数器模型等。随着内隐记忆的实验研究走向深入，近年来在内隐记忆的模型方面也有很大的发展和变化。最为显著的是：以往内隐记忆的模型多为描述性的、质性的模型，其有效与否依赖于它们能否定性地预测实验结果。而最近的研究者开始发展可计算的、数量化的模型，模型与实验数据的拟合可以定量地表示。在这里介绍一个数量化的内隐记忆模型作为例子——REMI（Schooler 等，2001）。它是针对知觉辨别任务中的长时启动机制而建立起来的。REMI 全称是"记忆的有效提取（内隐）"（Retrieving Effectively form Memory，Implicit）。该模型假设人们是以特征值的向量形式对学习项目进行表征，可能被表征的特征有二：内容信息和环境信息。在知觉辨认任务中，如果没有启动项目，则人们对目标项目和干扰项目的环境信息表征是一样的，因此人们的反应主要根据内容特征，依照贝叶斯推断进行优化决策。REMI 进一步假设，这种优化判断是基于备选项目间的"诊断特征"，也即项目间的不同之处进行的。判断过程首先分别计算每个项目能否符合所知觉内容的诊断特征，然后比较何者的可匹配特征数量更多，胜出者即成为知觉辨认任务的反应。然而启动项目的加入，使得启动项目除了在辨认任务中的内容特征表征之外（如果启动项目出现在辨认任务的备选项中），更多了之前的环境特征信息表征。由于这些额外的环境特征同样可以匹配测验条件下的环境信息，因此启动项目的诊断特征匹配数量就会提高，使被试的知觉辨认反应向着启动项目发生偏移。REMI 可以预测长时启动如何随着知觉辨认任务中目标项和干扰项之间的相似性程度而变化。按照模型的预期，相似程度越小的备选项，即意味着数量更多的诊断特征，进而直接导致两备选项目各自成功匹配的诊断特征数量之差将拥有更大的可能范围。如果以诊断特征匹配数之差为横坐标，以发生概率为纵坐标，那么高相似项目的辨认任务会产生一个高狭分布，而低相似任务产生扁平分布。虽然整个分布受到启动影响而水平位移的数量是相同的，但高狭分布因此而发生变化的正态曲线下，"$x=0$"标准以右的面积，无疑将大于扁平分布的对应面积变化。因此 REMI 预测高相似项目条件受启动影响更大，而这一预测是和实际实验结果吻合的。

内隐记忆的历史并不久远，这一概念本身、对其进行的实验研究，以及对此类现象的理论解释等，都经历了长足的发展。尤其是近些年来，对内隐记忆进行更准确定义的需求在部分研究者的批评声中显得愈加重要和急迫；内隐记忆的新近研究对一些经典的实验结果做了反思，并瞄准了内隐记忆和其他广泛研究领域的结合点。最后，在内隐记忆的模型解释方面，出现了从描述性模型走向计算性模型的趋势。尽管目前的一些量化模型仍然无法很好地解释所有内隐记忆任务，然而就内隐记忆研究发展的大方向看，构建量化模型仍然是人们更准确把握内隐记忆，甚至更广义上知觉、学习和记忆过程的大势所趋。

四、内隐记忆和外显记忆的发展及其差异的研究

在内隐记忆探讨的过程中，内隐记忆和外显记忆的划分是早期研究的关注点。操纵学习阶段语义或同化加工的程度、学习—测验间的通道转换、学习—测验间保持间隔的长度等自变量，会使这两种类型任务受到不同的影响，从而观察到大量的功能性分离现象。这些功能性分离现象成为内隐记忆、外显记忆划分以及其他有关理论假说的依据。在内隐记忆和外显记忆之间产生的各种功能性分离中，儿童被试、老年被试、健忘症患者以及其他一些脑损伤被试，也常常表现出相似的分离模式。研究人员发现，一方面，健忘症患者以及其他一些脑损伤被试的内隐记忆与婴儿的记忆十分相似；另一方面，在从儿童期到老年期的发展阶段中，被试的内隐记忆几乎保持恒定。而外显记忆，正如所知道的，在个体一生的发展过程中，经历了一个近似倒 U 形曲线的过程。从儿童早期到青年期，诸如线索回忆、自由回忆和再认等外显记忆的操作，均随年龄增长而显著提高，并且，其成绩依赖于记忆策略的使用、语义记忆的同化和有关个人记忆能力的元认知的知识等因素。Mitchell（1993）通过比较研究儿童、青少年和中老年人内隐记忆和外显记忆的操作，用图描述了这两种类型记忆在个体一生中的发展变化曲线（见图 3-1）。他的研究表明，儿童和老年人的有意识回忆成绩较差，相比之下，从 3 岁到 83 岁，他们的内隐记忆却保持平稳发展。

这种功能性分离现象，首先为多重记忆系统说的提倡者提供了理论依据。他们认为，两种独立的不同的记忆系统在生命的第一年里以不同的速度发展。反过来，又导致研究人员提出了许多二分性的记忆系统，例如，情节记忆和语义记忆、习惯系统和记忆系统、参考记忆和工作记忆、垂直联想系统和水平联想系统、程序记忆和叙述性记忆、早期发展系统和晚期发展系统、内隐记忆和外显记忆、语义记忆和认知记忆以及场所系统与类别系统等。所有这些划分均假设，健忘症病人所残留的记忆系统是在人类发展过程中较早时期

出现的功能，是较为原始的记忆，而健忘症病人受到损伤的记忆系统是较高水平的记忆，其功能在出生后第一年的后半期开始发展。因此，来自健忘症病人等被试身上观察到的内隐记忆与婴儿的记忆是否是同一种性质的记忆以及内隐记忆和外显记忆是否遵循不同的发展时间表，成为当前内隐记忆发展性特征研究中的两个主要问题。

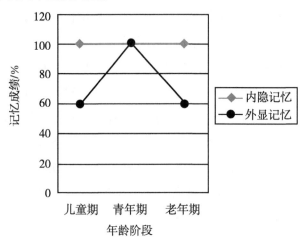

图 3 – 1　内隐记忆和外显记忆个体终生发展模式图

注：该图中假设青年期记忆的保持达到顶峰，或者100%。

内隐记忆与外显记忆是否遵循不同的发展时间表？回顾内隐记忆研究的短期历史，常常要提到 Warrington 和 Weiskrantz 等对健忘症病人的经典研究。他们的实验研究证明，在健忘症病人明显缺乏对先前情节有意识回忆的情况下，通过单词补笔、词干补笔等间接测量，发现他们依然保留着有关先前情节的信息。这一现象很自然促使人们从神经解剖学的角度作出解释，即健忘症病人中调节外显记忆的皮层区域受到损伤，而内隐记忆则没有。这种功能定位的解释虽不新鲜，却直观、明了。但是，它也意味着至少在理论上，对于某些大脑损伤的被试很可能出现与上述相反的情形，即外显记忆被保留而内隐记忆缺失了，这将是多重记忆系统存在的最有力的客观证据，尽管还很少有这方面的报道。然而，以启动为标志的内隐记忆表现出的对先前情节加工的无意识性、自动化特征，却很快让人们联想到神经系统相似的程序化、自动化的特征。换句话说，内隐记忆可能是神经系统本身具有的一种特性或功能，正如 Metchell 所言："程序记忆似乎从人一出生时就是一种硬件配线，经受得住年龄变化和疾病、创伤的影响。"证实这种推测的主要途径之一，就是检验年龄变化对内隐记忆的影响。

1. 实验的证据

在成年期被试的研究中，根据已经积累的实验数据，就单个项目的启动而言，先后在残缺补全、词干补笔、残缺单词识别或快速单词识别、语词确定、范畴判断、同音异义词拼读、单词发音、字谜解答和范畴名称自由联结等内隐任务中，发现年轻被试与年老被试在启动效应的广度上是相似的。而这些研究中的大多数也显示，年轻被试在回忆和再认记忆上的成绩几乎都好于老年被试。当然，有些研究也显示出单个项目启动中存在显著的年龄差异，例如，Chiarello 和 Hoyer，Hultsch、Masson 和 Small 以及 Davis 等报道了词干补笔启动存在年龄效应。Abbebhuis、Raaijmakers 和 Woerden 等发现，年轻被试比年老被试在单词识别上有更大的重复启动。拼读任务的研究也产生了不一致的结果。对此，有些研究者认为，可能是因为单词启动依赖于现有的记忆表征，应该对他们的新异刺激启动或联结启动进行比较。但是，联结启动中有时也能观察到与年龄有关的差异。由于这方面的研究不如项目启动研究得那样多，且各研究之间在材料类型、呈现条件、间接记忆测验的类型等方面有很大的差异，因此，很难分离出导致彼此矛盾的原因。此外，在那些年龄差异不显著的启动任务研究中，年轻被试的启动也常常大于年老被试，这似乎表明，启动中的过程的确存在着差异，只是大多数研究没能很好地识别出来而已。儿童期的研究结果尽管相对于预期模式更接近一些，但也不无"噪声"。一方面，不少研究确实发现，他们的外显记忆随年龄增加而增长，与此同时，内隐记忆却保持不变。例如，Hayes 和 Hennessy 最近以 4 岁、5 岁和 10 岁儿童为被试的研究发现，各年龄组被试在残图识别测验中显示出相同大小的明显启动。而且，学习和测验之间相同名称项目在知觉上越相似，启动越大。但是，对于在学习阶段正确识别出残图的被试，他们的启动效应更大。相比之下，图片再认则随年龄增长而提高。笔者认为，调节图片重复启动和再认的过程，以不同的速率发展，而且，这样的启动依赖于学过的物体特定知觉表征的获得。类似的研究结果在几乎整个儿童期的研究中都报道过。另一方面，也发现了内隐记忆中存在着与年龄相关的差异效应。例如，Parkinhe 和 Streeete 以 3 岁、5 岁、7 岁儿童和成年人为对象的研究发现，年龄较小的儿童在普通物体线条图识别上的启动明显小于年长儿童和成年人。Carrolletal 的研究发现，同化加工使 5 岁、7 岁、10 岁儿童对普通物体图片再认和命名速度均得到提高，而成人只在再认上表现出这种加工深度效应。综观从儿童期到老年期的内隐记忆和外显记忆发展，目前的研究还"隔着一层薄雾"。即便如此，仍能看到一种趋势，即相对于外显记忆的发展，内隐记忆发展的变化性要小一些。值得一提的是，在出现年龄效应的内隐记忆任务中，外显策略的使用或者说外显提取的"污染"以及编码程度的作用常常被提及，中青年被试较高的外显记忆与较高的启动效应，老年被试较差的外显记忆与较低的启动效应，儿童学习阶段较差的编码与随后较低的启动效应，等，不能被简单地看作偶然的吻合。而且，同化加工对启动效应的两种类型——知觉启动和概念启动已被证明具有不同的影响。这些问题的解决是解答内隐记忆发展性特征的前提。

2. 理论的推测

正如前文所提到的，不少研究人员从不同的角度提出内隐记忆和外显记忆遵循不同的发展时间表。Duling（1985）曾提出，程序和语义记忆的发展先于情节记忆。从性质上看，程序和语义记忆属于内隐任务，情节记忆属于外显任务。也就是说，在发展上，程序记忆的出现要早于情节记忆，而且，很可能随后以不同的速度发展。他提出："调节情节记忆的神经通路在儿童期成熟较晚，在老年期又衰落较早，不是启动所必需的。"皮亚杰和他的同事区分了广义和狭义的记忆：前者主要与建立在感觉运动图式或程序基础上的适应性反应有关，而后者潜藏着有意识地回忆个人过去特定情节的能力。他认为，广义的记忆在发展上要先于狭义的记忆。Schacter 和 Moscovitch 使用早期和晚期系统来指代内隐和外显这两种记忆形式：早期系统中的记忆不是有意识获得的，晚期系统中的记忆则能使意识进入由过去的偶然经历建立起来的信息或表征中。在晚期系统出现以前，"行为可能被修正而不需要对先前情节的任何回忆"。他们指出，婴儿和健忘症病人的记忆过程是相似的，并认为，早期系统是生来就具备的功能，在健忘症中被保留了；而晚期系统在出生的 8 个月后才出现，在健忘症中受到损伤。同样地，Mandler 把婴儿的记忆能力分成两种形式：原始的再认或感觉运动程序和回忆能力。前者指婴儿对以前经历过的刺激的再认能力或识别出经历过的情节的变化性。这种原始类型的再认不能够有意识地获得，但是却能为知觉或感觉运动操作的修正所调节；而回忆能力表示过去经验的唤起，它允许意识进入以概念形式贮存的信息中。根据这一观点，婴儿不能回忆信息，除非他们能使用概念来表征信息。但是，他们却能再认或修正信息而不需要以可获得的方式贮存它们。应该指出的是，上述有关内隐记忆与外显记忆之间发展性差异的理论推测，其证据大多来自以语言已经发展起来的 3 岁以上被试为对象的研究，这一点不能被忽视。因为，这时的幼儿已经具备了相当程度的语言理解与表达能力，其对先前情节的意识性可以从主观报告中获得。而正是婴儿语言的缺乏，使得研究人员无法断定这一时期的记忆现象是否具有意识性，以判断这种记忆与成人的内隐记忆是否具有相同的性质，从而导致了研究上的盲区。同时，这些理论大多描述的是个体早期内隐记忆与外显记忆的发展。显然，将来自个体早期的数据与儿重期直至老年期的数据放在纵贯一生的连续体上加以比较，发展特征的描述才是完整的。更重要的是，由于个体早期的研究将触及记忆的起源、记忆与意识的关系等直接涉及记忆本质的问题，研究价值也更大。这方面的研究主要着眼于证明婴儿的记忆在性质上是否就是内隐记忆。

3. 婴儿的记忆是否就是内隐记忆

记忆的主要功能在于为行为的目的性提供指导，以适应周围环境。婴儿早期先前经历与当前行为之间的非直接性、非目的性特征，与成人、健忘症病人等的内隐记忆特征十分相似，使得研究人员推测，婴儿的记忆在性质上属于内隐记忆。尽管受测验指标与刺激材料等的局限，对处于前语言期婴儿的记忆进行研究困难较多，研究的结果也颇受非议。但是，这方面的研究还是提供了不少有益的参考信息。婴儿记忆与成人内隐记忆具有相似性的证据之一，来自使用传统的习惯化和新颖性偏好或去习惯化范式对婴儿记忆能力的研究。所谓习惯化，是指由于刺激重复出现，反应逐渐减弱，这时，人的关注程度心率和呼吸频率都会减弱或减慢。在这种情况下，一个新刺激的出现，又会导致较强的反应，这种现象叫"去习惯化"。这两种机制的迭次出现，为研究婴儿的记忆提供了一条有效途径。婴儿对新异刺激的注视时间多于对熟悉刺激的注视时间，表明他们已经具有再认能力。这是因为，当已经能够对某一刺激的信息进行编码并贮存在记忆中时，婴儿就"认出了"熟悉刺激，因此，对它的兴趣就降低了。有研究表明，甚至出生三天的新生儿，就能够认出他们以前见过的熟悉刺激。其他的习惯化和成对偏好测量也揭示，对信息进行编码和保持，在一出生时就已经出现，而且，随着记忆痕迹持久性和复杂性的增长，在生命的第一年得到相当大的提高。许多研究人员提出，婴儿的记忆之所以很像内隐记忆，在于它既不需要回忆的觉知，而且被认为均受对学过刺激的知觉或结构特征加工的调节。同时，这种观点也意味着，内隐记忆的出现早于外显记忆，且迅速达到平稳的或成熟的水平。然而，在婴儿身上使用"再认"一词，需要加以仔细推敲。成人的"再认"是以对先前情节的意识性为前提的，如果就此推论婴儿已经具备了对先前情节的意识性，恐怕与人们的常识相去甚远，理论上也难以被确认。相反，婴儿的这种再认与成人的内隐记忆具有很大的相似性，即它们都不要求对过去刺激进行有意识的回忆。如果是这样的话，就意味着在缺少对过去经历意识性的前提下，个体的外显记忆是不存在的。显然，上述假设是否成立，取决于采用什么指标来确定前语言期被试对先前情节的意识性。实际上，这一问题一直也未得到很好的解决。自古希腊时起，关于除了具有语言能力的人之外的有机体是否拥有意识的问题就一直令哲学家们很为难。关于如何定义意识的问题，哲学家 JohnSearle 提出了一个常识而非分析性的定义："意识是指那些感觉和知觉的状态，明显地表现在自我们从无梦的睡眠中醒来开始，直到又再次入睡，或者陷入昏迷、死亡及其他无意识为止。"但是，如何量化却是个问题。婴儿记忆与成人内隐记忆具有相似性的另外一个证据，来自对成人所执行的启动任务与婴儿所使用的再激活任务之间相似性的观察。所谓再激活（Reactivation），是由 Rovee-Collier 提出的，是指部分先前经历的短暂呈现，能够使条件性行为恢复到原初的训练水平，即使经过长时间间隔，遗忘已经发生。再激活任务通常被安插在训练和长时保持之间，在执行的时候用于全部或部分恢复已经被遗忘的原初记忆。在这个任务中，向婴儿短暂地呈现训练期间作为构成原初刺激复合体成分之一的启动刺激或提示物，提示物很可能会启动或再激活处于睡眠期或潜伏期的记忆特征，从而增加它们的可获得性。Rovee-Collier 和其他研究人员提供了婴儿在条件性范式中的再激活，与成人在内隐记忆任务中的重复启动之间具有显著相似性的证据。在他们的实验中，执行了配合性强化程序后，婴儿移动玩具汽车的条件性踢腿会保持一个星期。在最初训练的 13 天后，踢腿降到基线水平，表明条件性行为已经遗忘了。然而，对他们的训练经历加以提示：放一个小凳子，实验人员以当初训练婴儿踢腿时相同的速度拉动带子，让婴儿看到汽车在移动，这种再激活的操作进行 1 天后（最初训练后的 14 天），婴儿的行为就会恢复到他当初训练的水平。这种再激活对于原初训练的环境信息是高度特定化的，因为，提示物的任何变化诸如以前被辨别出的消极汽车的呈现和新异的床围栏环境等，均会使这种操作不起作用。成人所使用的启动刺激被认为既可以激活预存的记忆表征，也可以激活由刺激的一次单独呈现而建立的表征。婴儿所使用的启动刺激也具有这种功能。此外，成人能够产生项目特定的启动效应，不管他们实际上是否认出了这一特定项目。同样地，在婴儿的研究中，提示物只是在他们忘记了被训练的记忆即当启动刺激呈现后他们认不出来时，才被呈现出来。尽管可以提供更多婴儿记忆与成人、健忘症病人等被试的内隐记忆之间具有相似性的证据，但是，由此推论婴儿的记忆就是内隐记忆，逻辑上是难以站得住脚的。因为必须考虑到婴儿与不同年龄的健忘症病人、科尔萨科夫氏综合征患者之间存在的巨大差异。例如，健忘症病人在生命发展过程中所获得的经验和庞大的联想网络以及语言等，对于婴幼儿而言还有待于发展。而且，婴幼儿的大脑也没有被损伤。因此，尽管在这些被试身上观察到的内隐记忆与婴儿的记忆很相似，却不能把它们直接作为记忆系统性质相同的证据。此外，由于婴儿记忆的研究多采用图片等非言语材料，对使用图片和言语的任务进行的研究应该加以区分。因为，一方面，使用言语材料研究成人记忆会导致对内隐记忆特征认识上的偏差。例如，一项研究表明，使用非言语材料产生的启动，涉及了与残词补笔启动所不同的结构分析机制，而且，它们可能受不同的神经机制调节。非言语内隐记忆的发展被认为在种族发展和个体发展上，都要比言语记忆原始得多。而且，现有的研究表明，使用言语刺激在学龄儿童身上已经发现了明显的分离，但在更小的儿童身上以及使用非言语材料时尚未得出这一结论。上述可见，教学策略是衡量教学质量和效率的重要指标之一。每一个教师都要面临未来的挑战。因此，教师应该具备既适应今天，又适应未来的教学策略。未来教学需要的教学策略应该能够适应各种各样的教学情境和教学内容，同时还要适应具有不同背景、需要和问题的学习者。教师使用任何一种教学策略时，都需要考虑情境（context）、内容（content）和学习者（Learner）这三个因素。这样才能获得良好的教学效果。

第二节　内隐记忆个体差异研究综述

个体差异的实验室研究历来在学习和记忆领域占有较为重要的地位，生理缺陷、智力水平、年龄等因素都可能引起学习和记忆的个体差异，它们一方面体现了学习和记忆的相关特征，另一方面也促使学习和记忆向更细化的方向发展。从内隐学习、内隐记忆、前瞻记忆和错误记忆四个领域展开讨论并集中分析个体差异的主要影响因素以及它对学习和记忆多重加工机制的促进作用，这种思路和方法在未来的研究中是至关重要的。

一、内隐记忆个体差异是否存在

相比人类心理和行为的共同规律来说，个体差异的研究具有更加重要的"现实意义"。日常生活中人们往往需要根据个人特定的生理、心理和社会背景等条件来做出适当的决策，例如，大脑受损的病人可以采取"模糊线索"的方法来学习计算机操作等。在学习和记忆领域，个体差异可以说是促进学习和记忆从单一加工机制向多重加工机制转变的关键因素。当前，特别是体现在学习和记忆研究的前沿热点问题——内隐学习和内隐记忆上。内隐记忆的提出得益于 Warrington 和 Weiskrantz 在 20 世纪 70 年代对遗忘症患者的研究，在最初的实验中，两位研究者对比了 4 名遗忘症病人与无脑损伤病人在传统回忆测验、再认测验和词干补笔、知觉辨认测验中的记忆表现，发现被试在回忆、再认测验上的成绩与词干补笔、知觉辨认成绩发生了分离，即遗忘症患者在前两种测验中的表现显著低于无脑损伤病人，而在后两种测验中却与控制组无显著差别。这一实验向研究者昭示了另一种记忆类型——内隐记忆的存在，也为内隐记忆提供了最基本的研究思路：由直接测验与间接测验引发的实验性分离。此后，研究者从内隐—外显、真实—错误、前瞻—回溯等多个角度逐步扩展了学习和记忆的多重加工机制，并通过考察生理缺陷、智力水平和年龄等因素对学习和记忆个体差异的影响深化了多重加工机制的理论构架。

二、内隐记忆的个体差异

前面说到，内隐记忆的研究最初来自遗忘症患者的实验，而内隐记忆这一概念的确立则开始于 Graf 和 Schacter 对正常人进行的实验性分离。内隐记忆的实验室研究主要依赖于间接测验（indirect tests of memory）的设置，它是一种不同于传统回忆或再认的记忆测验，通常包括词干补笔、残词补全、模糊词和图片辨认等，这些测验试图避免被试对先前信息的有意提取，因此可能造成行为成绩与言语报告的有效分离。一般来说，内隐记忆受到脑损伤、智力水平、老化等因素的影响较小，这一点与外显记忆差异明显。然而，随着神经认知科学技术的发展，心理学实验中使用 ERP、fMRI 等脑成像技术得到了与之前不同的结果：有些在行为水平上未表现出来的差异（如老年人的内隐记忆水平与年轻人相当）在 ERP、fMRI 上就能被清晰地观察到了。

1. 脑损伤对内隐记忆的影响

与 Warrington 和 Weiskrantz 的研究结果相似，Tulving 等人报告重性遗忘症患者也在完全不能进行回忆和再认的情况下保持了正常的启动效应。许多研究表明，脑损伤对内隐记忆的影响程度取决于具体的损伤部位以及损伤程度。例如，Postle 等人探讨了有名的遗忘症患者 H. M.（两侧间颞叶受损）在重复启动任务上的记忆表现，结果发现他们的知觉启动保持完好，即对知觉信息的内隐记忆似乎不像外显记忆那样依赖于颞叶皮层。研究者进一步分析，重复启动任务所考察的内隐记忆可能与纹状皮质（peristriate cortex）有关，因此，阿尔茨海默症（Alzheimer's disease，AD）患者就成为探讨内隐记忆神经基础的主要线索。Postle 等在同一个实验研究范式下探讨了 AD 患者在重复启动条件下的表现和再认测试中的成绩，结果二者发生了分离，即启动分数与控制组相当，而再认分数则显著低于后者。然而，AD 患者的内隐记忆保持水平有赖于测验任务的具体安排，在一项由 Heindel 等人主持的实验中，AD 患者仅能顺利地完成转子追踪技能学习任务，而无法通过语词启动测试，说明运动技能的学习和记忆与纹状体皮质密切相关，而语词启动则需要整合全部新皮质联合区。另外，国内研究者王力等人采用多维记忆评估量表对 AD 患者进行的记忆功能测定表明，AD 轻度组在内隐记忆的指数得分上与控制组无显著差异，而中重度 AD 患者的内隐记忆也和外显记忆一样表现出比较严重的障碍。脑损伤病人（如 Alzheimer 患者、Huntington 患者、Korsakoff 患者等）在内隐记忆和外显记忆方面的损害情况为探讨二者的关系以及它们的生理基础提供了条件，有研究曾就已知与内隐记忆和外显记忆相关的脑区进行分析，发现它们共享了 90% 以上的脑区，而其他 10% 的生理差异决定了内隐记忆和外显记忆在行为上的分离。

2. 智力水平对内隐记忆的影响

智力水平对内隐记忆的影响在许多研究中表现并不一致。研究者对不同 IQ 水平的被试施以空间位置内隐记忆测验，结果发现在智力水平比较低下（$70 > IQ > 55$）的被试和正常智力被试之间并没有成绩的显著差异，但是在智力水平非常低下（$IQ < 55$）和正常智力被试之间发现了差异；Komatsu 等人通过控制被试的记忆任务来设置不同的加工水平（阅读任务对应知觉加工、产生任务对应概念加工），结果发现仅在知觉加工的条件下，智力因素引起的内隐记忆差异才没发生；更令人惊讶的是，Park 在一项实验中通过多元分析发现无论是内隐记忆还是外显记忆都与智力水平无关，从而将记忆与智力的关系推向了一个不可知的阶段；尽管如此，大多数研究都得到了一个比较一致的结论，即尽管内隐记忆可能并不完全独立于 IQ，但较之于外显记忆，内隐记忆和 IQ 的关系更为疏远。

3. 年龄对内隐记忆的影响

自内隐记忆提出以来，大量研究对它的发展特点进行了探讨。我们可以从三个阶段来分别探讨毕生发展过程中内隐记忆的变化情况：（1）婴儿期。Schacter 和 Moscovitch 认为内隐记忆在新生儿身上就已出现，这一点在

Rovee-Collier 的实验中得到了证实：该实验采用了运动结合强化范式
（mobile conjugate rein-forcement paradigm），要求 2 个月、3 个月、6 个月大
的婴儿执行反应时任务和延迟再认任务，结果表明不同月龄的婴儿在反应时
任务（间接测量）上的表现无显著变化，而在延迟再认任务（直接测量）上
的表现却随年龄增长而增长。（2）童年期到成年期的发展历程。内隐记忆在
这一阶段也得到了较好的保持，Carroll 等人以 5 ~ 10 岁儿童为研究对象，发
现他们的外显记忆明显随年龄增加而上升，而内隐记忆却没有发生显著的变
化。另外，国内研究者郭力平和杨治良采用修正的加工分离范式也对学龄阶
段的儿童和青少年进行了外显和内隐的测量，得到的内隐指标表明，内隐记
忆在 9 岁到 18.5 岁间基本保持不变。（3）成年晚期。大量研究表明老年人的
内隐记忆能够独立于外显记忆保持不变，如 Light 和 Singh 比较直接测验和间
接测验中青年被试、老年被试的内隐记忆，发现不存在明显的年龄效应。关
于内隐记忆年龄效应的研究数量众多，然而对内隐记忆是否受到年龄因素影
响这一问题的答案并不一致，从 Mitchell 和 Brass 的论述中我们可以看到，在
以往研究中，内隐记忆受到年龄影响和没有受到年龄影响的结果都出现了，
而值得注意的是，通过元分析研究者发现，实验中报告外显知识越少，其发
现内隐记忆无年龄效应的概率就"越高"。也就是说，探讨年龄这一因素对
内隐记忆的影响首先应当保证内隐测验的纯净性。

三、错误记忆的个体差异研究

20 世纪 30 年代，著名的英国心理学家 Bartlett 做了一个有趣的实验，要
求被试阅读印第安民间故事《幽灵的战争》（*the war of the ghosts*），间隔一
段时间后，被试开始根据记忆来复述这个故事，Bartlett 发现，随着时间的增
加，故事变得越来越短，其中一些可能让人难以理解的玄幻内容被略去或重
新编织，最终变得更加自然合理。这种记忆与事实发生偏离的现象就被称为
错误记忆（False Memory）。错误记忆的个体差异在 Bartlett 的实验中也得到
了体现，被试虽然都倾向于将故事合理化，但合理化的内容并不相同，可以
说，没有两个被试复述了完全相同的故事。个体差异与哪些因素相关，这个
问题不仅对探讨错误记忆的内在机制举足轻重，而且具有极大的社会价值：

它能发现怎样的人更难分清事实与想象以及怎样的人更容易受到误导信息的干扰。

1. 脑损伤对错误记忆的影响

遗忘症患者在错误记忆上的表现为个人差异研究提供了有效的途径。Schacter 等人在实验中发现颞叶中央区或间脑受损的遗忘症病人在回忆测验中不但表现出正确回忆率的明显损伤，在错误回忆率（虚报）上也低于常人。这一点在再认测验中得到进一步的证实，患者的正确和错误再认率都低至 0.16。研究者发现，即使在深加工的条件下，遗忘症患者也难以减少错误记忆，原因可能是患者无法运用有效的线索来源来抵消关键诱饵的熟悉性。

2. 年龄对错误记忆的影响

这里年龄对错误记忆的影响主要探讨老化引起的错误记忆变化。就如同真实记忆容易发生老化那样，老年人也更易于产生错误记忆。错误记忆老化最早的实验研究来自 Smith、Rankin 和 Kausler。他们借用 Underwood 单词联想的研究方法，发现老年人对新单词（音调上或语义上与已学词相关）发生了更为显著的再认。DRM 范式下错误记忆的老化研究发现老年人与年轻人在关键诱饵再认率上发生了显著差异，而且，无论老年人的真实记忆是否与年轻人相当，错误记忆都显著地发生了老化；另外，Bartlett 等人采用 Jacoby 的虚假成名（false fame）范式也发现老年被试更为显著地进行了虚假再认；Koutstaal 和 Schacter 的研究发现在运用图片作为学习材料时，老年人发生虚惊的比例是年轻人的两倍。与此不同的是，国内研究者张力、朱滢等人的实验却没有发现错误记忆的老化现象，这一结论与 Dehon 和 Bredart 相似，后者发现，虽然再认测验中虚假再认率没有受到年龄因素的影响，但在之后进行知道、记得测验时，老年人更倾向于把对关键诱饵的错误记忆评价为"记得"而不是"知道"，这与以往实验中年轻人更多将其评价为"知道"不同，后者表明错误记忆虽然发生了，但年轻人能在某个层面对关键诱饵和已学词进行区分。这样，错误记忆的老化现象就得到了更为细致的解释。用研究者 Lyle 等人的话来说，老年人和年轻人错误记忆的不同特征应归因于特征绑定的老化，即老年人和年轻人都会发生错误记忆，只不过年轻人在对错误回忆的事件进行溯源描述时受到了真实经验的诸多影响，而老年人的错误记忆只是单纯地被某一特征激活，因此在溯源时对事件的描述较为单纯。

3. 其他个体因素对错误记忆的影响

影响错误记忆的个体因素在不同的实验室范式下可能有不同的表现。例如，研究者发现，用 GSS2 （Gudjonsson Suggestibility Scale） 得分作为被试易受暗示性的指标，可以预测 KK 范式下发生误导性错误记忆的水平，却不能预测 DRM 范式下产生的集中联想错误记忆。Baidas 推测，由于 DRM 范式是通过语义联想来引发错误记忆，它可能更容易受到与语词相关的个体因素影响（如失读症在 DRM 范式下可能有不同于常人的表现）。综上，错误记忆可能受到脑损伤、年龄和易受暗示性等因素影响而产生个体差异，这些因素影响错误记忆的原因则据研究方法的不同而各有差别，如误导信息干扰范式下的错误记忆与受暗示的程度密切相关，而 DRM 范式下的错误记忆与年龄因素关系可能更为密切。

四、前瞻记忆的个体差异研究

前瞻记忆是指对于未来要执行的行为的记忆，即对某种意向的记忆。例如，记住路过超市时买毛巾，或者下午两点开会等，前者可称为基于事件的前瞻记忆 （event-based prospective memory），后者则可称为基于时间的前瞻记忆 （time-based prospective memory）。Einstein 和 McDaniel 在最初创立前瞻记忆的研究范式时就考察了老化对前瞻记忆和回溯记忆的影响：他们在实验中比较被试完成前瞻任务 （要求被试在某线索出现时按下预定键） 和回溯任务 （短时记忆、自由回忆和再认） 的情况，结果发现前瞻记忆和回溯记忆在年龄效应上发生了分离，即被试在前瞻记忆任务上并未体现出年龄差异，在回溯记忆任务上却发生了明显的老化。这一结果不但促使研究者去探讨前瞻记忆这样一个不同于传统回溯记忆的领域，还为年龄增长引起的认知变化提供了新的视角。

1. 年龄对前瞻记忆的影响

前瞻记忆领域的研究焦点之一就是它的老化现象。前瞻记忆的老化与前瞻记忆的研究方法有关，自然情境下老年人的前瞻记忆同年轻人差不多甚至好于年轻人（老年人在日常生活中可能会采用比年轻人更多的线索和策略来帮助自己记得去做某件事），实验情境下前瞻记忆是否出现老化则通常依赖于前瞻任务的困难程度，如研究者发现，基于时间的前瞻记忆任务更容易受年龄的影响，而基于事件的前瞻记忆任务则与年龄相对独立。在 Maylor 的一项实验中，研究者比较了年轻人（平均 20 岁）、成年人（平均 59 岁）和老年人（平均 76 岁）在基于事件前瞻记忆任务上的表现：实验要求被试给呈现的名人照片命名，当看到戴眼镜的名人照片时，记下该照片的编号。研究者较为严格地控制了实验任务的难度，使之适应老年人的反应速度。结果仍然发现，老年人在第一次遇到前瞻记忆线索时反应失败的概率显著低于年轻人和成年人，且言语报告表明他们在进行命名任务时较少回忆起前瞻任务（看到戴眼镜的照片执行记录编号的反应）。对于前瞻记忆的老化现象，研究者给予了许多方面的解释：Craik 和 Kerr 认为老年人前瞻记忆较差的原因在于意向的暂时疏忽（momentary lapse sof intention，MLIS）；Maylor 则将其解释为意向劣势效应（老年人对将来的记忆差于过去经验的记忆）；也有研究认为前瞻记忆老化的原因在于老年人的"控制"过程受到年龄的影响。虽然这一问题至今并未得到完善的答案，但却是一个值得关注的研究课题。

2. 其他个体因素对前瞻记忆的影响

前瞻记忆研究的一个重要方面就是阐述它与人格特征、情感特征的关系。日常生活中，人们总是倾向于将他人前瞻记忆的失败进行社会归因，如当丈夫忘记给妻子买生日礼物时，妻子总是怀疑自己在丈夫心目中的地位。然而事实上可能并非如此，性格特征、情绪状态、酒精饮用、认知能力以及上述提到的年龄等因素都可能影响前瞻记忆的水平。场依存—场独立性认知方式表示人们在信息加工过程中更多依赖于外部参照还是内部参照："依赖外部参照进行信息加工的人属于场依存型，而依赖内部参照进行信息加工的人属于场独立型。"研究表明，场独立组被试前瞻记忆任务（在判断反义词—非反义词的任务中出现的同义词作为前瞻记忆任务线索）的完成情况显著好于场依存组被试。杨治良等人在一项前瞻记忆实验里考察了艾森克个性问卷、16PF 问卷、瑞文智力测验、回溯记忆测验等任务下成绩与前瞻记忆成绩的相关程度，发现前瞻记忆与个性问卷分数、智力分数、回溯记忆成绩和性格分数均无显著性差异，只在 16PF 的兴奋性指标上得到了边际显著的差异（$r = 0.184$，$p = 0.071$），表明前瞻记忆可能依赖于个人的情绪特征。前瞻记忆与情绪的关系在 Harris 的一项研究中也得到过证实，研究者通过多元回归分析发现，焦虑情绪指标和回溯记忆成绩都极大地影响了前瞻记忆成绩，表明前瞻记忆更多地依赖于记忆情境（内在或外在的）。前瞻记忆虽然只有短短不到 30 年的研究历史，但它在生活中的地位却是不可忽视的，它关乎人类的计划能力、认知能力和道德判断，弄清影响前瞻记忆个体差异的因素将有利于人们正确对待生活中失败的前瞻记忆。

正如前文所说，个体差异的研究不仅是学习和记忆领域的重要组成部分，而且可以促进学习和记忆的进一步细分，以及研究方法的改进。例如，脑损伤病人在内隐学习和外显学习任务中表现出的相似之处和差异为意识、无意识加工之间的关系提供了有效的生理基础，另外，也促进研究者使用 ERP、fMRI 等先进的神经科学技术从微观的角度来探讨内隐学习和外显学习对应的生理机制。同样，对于内隐记忆、错误记忆和前瞻记忆，个体差异也促使研究向更细微的角度去寻找支持记忆多重加工机制的证据。事实上，无论从理论方面，还是从实践方面，学习和记忆的个体差异都体现了它不可或缺的价值，例如，内隐学习和内隐记忆在智力水平上的相对稳定性促使特殊教育对智力障碍儿童采取恰当的教学方法，提高他们适应生活和学习的能力。因此，在未来的研究中，从个体差异出发探讨影响学习和记忆的一般机制对学习和记忆研究至关重要。

第三节 内隐记忆在人格个体差异上的相关研究

研究一 内、外控个体差异与外显、内隐记忆关系的实验研究

郭力平（2000）以具体图形和抽象图形为材料，采用加工分离程序，考察了内、外控个体差异与外显、内隐记忆的关系。结果表明，对于具体图形和抽象图形，内控被试的意识性提取成绩均优于外控被试；对于抽象图形，

外控被试的自动提取成绩优于内控被试。说明不仅外显记忆对于内外控个体差异是敏感的，内隐记忆对于内外控个体差异同样是敏感的。实验结果还显示，记忆水平与材料特征密切相关。

研究背景

心理控制源（locus of control）这一概念是 Rotter 首先倡导的，指行为由特殊情境下的期望和强化价值所决定。Rotter 指出，人们对于行为的诱因有着非常不同的看法，其中影响最大的是对强化的内部或外部控制源的期望。心理控制源存在着内外控的个体差异，一般认为，内控的人偏向于相信本人的行为、个性和能力是事件发展的决定因素；外控的人偏向于认为事件的结局主要由超出自己控制的外部力量决定，如机遇、运气、社会背景等因素。自 20 世纪 60 年代 Rotter 提出这一个体差异理论以来，众多研究证实了这一差异的实在性。基于这种差异，人们设想外控者与内控者在对外部信息的编码和提取上可能具有不同的方式，内外控的个体差异可能预示着记忆测验成绩的差异。20 世纪七八十年代，人们对这一设想进行了一些验证性的工作。如 Boroks 和 McEkvlie 采用再认作为检测手段，发现无论学习阶段采用的是有意学习还是无意学习，也无论学习词与人格的相关性如何，内控者的再认成绩更好。Ellis 和 RankIin 则发现，被试对学习材料进行记忆编码时，往往内控被试采用语义策略进行编码，而外控被试更倾向于采用材料的知觉特征进行编码，自由回忆的成绩也因为内控被试的加工程度较深而较好。20 世纪 90 年代，国外也有人探讨了内外控人格的差异是否会导致内隐记忆水平的不同。Landan 等人采用词干补笔任务发现，外控组的启动分数要高于内控组，而且这种差异与学习—测验感觉到的一致性无关。对于这一结果，他们的解释是，在词干补笔任务这种间接测验中，外控组被试更多地意识到测验与学习之间的关系，因而更倾向于采用学习词来补全词干。这一特点反映在事后对他们的问卷调查结果之中。由此来看，Landan 等人的实验在检验内外控个体差异与内隐记忆的关系这一点上是不成功的，因为启动成绩明显受到了外显记忆的"污染"。从另一个角度来看，他们的实验提示我们，采用任务分离法进行内隐记忆研究存在难以避免的困难，关于这一点，从内隐记忆的方法论进展中也得到了印证，同时加工分离法为较纯净地测量内隐记忆与外显记忆提供了良好的工具。因此，在本实验中，我们将采用加工分离程序考察内外控个体差异在外显记忆和内隐记忆上的特点。另外，Roediger 等人在一份总结报告中认为，虽然脑损伤、脑老化、脑不成熟以及酒精中毒患者的外显记忆测验成绩与正常对照组相比表现出较大的差异性，但对内隐记忆进行的考察，却没有发现其启动效应与正常对照组有显著差异。因而他们认为内隐记忆对个体差异是不敏感的。笔者认为尽管在个体差异的一些维度上内隐记忆没有表现出显著性差异，但是像记忆这样的高级认知功能，尽管只是就内隐记忆而言，对于个体差异不敏感这一论断似乎显得有些偏颇。笔者不完全赞同 Roediger 等人的这一说法，因此，考察内隐记忆是否存在个体差异是本实验的一个重要目的。

实验方法

被试

采用 Rett 内外控制量表 [（量表来源于《心理卫生评定量表手册》，1993），该量表共包含 29 对项目（其中 6 对为缓冲项目，不计分），以迫选方式作答。量表得分范围从 0 到 23，分数越高，表示外控倾向越强]，从上海市某中学高一、高二年级 200 多名学生中筛选出内控型被试和外控型被试各 20 名。被试的内外控分数分别为 4.25 ± 1.12、21.10 ± 1.17。被试选取时，考虑了性别差异以及学业成绩，使得内控型被试与外控型被试均男女各半，平均学业成绩水平相当。

材料与仪器

具体图形和抽象图形画各 90 张，主要选自中科院心理所（1986）编制的《临床记忆量表》中的无意义图形再认材料以及图形自由回忆的材料，另有一部分选自杨治良等所采用的再认实验材料以及 Sndogarss 等人的具体事物图片集。选取材料时主要考虑了图片的熟悉度、复杂性以及类属等特点。根据图片的熟悉度、复杂性以及类属等特点分别将 90 张图片等分为三个组，每组 30 张图片，分别作为两个学习阶段的材料以及测试阶段的干扰材料。整个实验在一台 586 计算机上完成，用 C 语言编程。

实验设计

实验采用 2x2x2 混合设计。自变量 1 指图片类型，分为具体图片和抽象图片两种，是被试内变量；自变量 2 指内外控类型，分为内控型和外控型两个水平，为被试间变量；自变量 3 指通过指导语加以控制的测验类型，分为包含测验和排除测验两种，是被试内变量。因变量指标详见实验程序中的有关说明。

实验程序

加工分离程序一经提出，便引起了广泛的争议。近年来，不少人提出了关于加工分离程序的修正模型，其中 Buchner 等人基于反应偏向的修正是一个切实可行的模型，郭力平等人对该修正模型进行了较详细的介绍。另外 Cppuso 等人提出的加工分离程序的简化操作方案，采用一个测验同时完成包含作业和排除作业。其具体程序是这样的：被试在学习阶段依次学习两列项目，在测试阶段只进行一次测试。单一的测试建立了一个明显隐含着一个包含条件的测试程序。比如在测试阶段，指导语要求被试对学习阶段的第一列项目进行排除（报告"新"），这样在测试阶段，只有在被试不能有意识提取的情况下，被试才会将第一列项目反应为"旧"；对于第二列项目，构成了包含组项目，被试在所有三种（自动提取、意识性提取以及两者皆有的提取）条件下均将第二列项目报告为"旧"。这种单一测试程序不但消除了包含和排除测试间可能存在的判断标准变化的问题，同时简化了程序，节省了资源。综合 Bcuhner 等人的模型以及 Gurppuso 等人的操作程序，还可以排除反应偏向对测验指标的影响。Gruppuso 等人提供的程序中，被试的反应偏向（被试在包含和排除操作中的判断标准）在包含和排除操作中是一致的，大小均可以记作 g。在计算意识性提取和自动提取成绩时，参考 Bcuhner 等人的模型计算公式，$g_i = g_e = g$，即可得：

$$R = P_{li} - P_{le} - - - - - (1);$$

$$A = \{ [P_{le} / (1 - R)] - g \} / (1 - g) - - - - - - (2)$$

R 指意识性提取（recollection）成绩，是再认的外显记忆成分；A 指自动提取（automaticity）成绩，是再认的内隐记忆成分；P_{li} 为包含条件下，呈现项目判断为"旧"的概率；P_{le} 为排除条件下，呈现项目判断为"旧"的概率；g 为判断未学习干扰项目为"旧"的概率。

在 Cruppuso 等人提出的程序中，假定对于第一列学习项目和第二列学习项目，意识性提取和自动提取的大小是一致的。但是，如果指导语均是要求被试对第一列项目进行排除，将第二列项目作为包含操作，可能会由于对第二列项目的学习时间距测验的间隔时间更近，使得第二列学习项目的意识性提取（亦可能自动提取）的成绩要高一些。尽管 Gruppuso 等人通过实验证实这种差异是不大的，我们在采用该程序进行的实验中，实验设计要求一半的被试对第一列学习项目进行排除，而另一半被试对第二列学习项目进行排除，这样抵销了可能因为学习顺序带来的差异。

具体实验分为三个阶段。

第一个阶段对一组图片进行学习。在学习开始前告诉被试，在计算机屏幕的红色线框内将呈现一些图画，请记住这些图，这些图画将在后面进行的记忆测验中用到。红色线框处于计算机屏幕的中央，其大小为 6cm × 6cm，呈现图片的大小为 5cm × 5cm，被试的视角约为 5.7°。图片的呈现时间为 2000ms，相邻两张图片呈现的间隔时间为 1500ms。30 张图片呈现完毕之后，计算机屏幕中央的红色线框变为蓝色线框。此时开始第二个阶段：对另一组图片进行学习。学习前告诉被试，在计算机屏幕的蓝色线框内将呈现另一些图画，请记住这些图，这些图画将在后面进行的记忆测验中用到。此阶段的学习程序与第一个阶段的学习程序类似。第二个阶段的学习完毕后，对被试进行一个简单的干扰程序。利用视频播放器播放 10 分钟的动画片录像剪辑请被试观赏。干扰程序完毕之后，开始第三个阶段，即测验阶段。每个被试完成两个测验，一个是关于具体图形的测验，一个是关于抽象图形的测验。一半被试先进行具体图形测验，一半被试先进行抽象图形测验。两个测验程序基本类似：测验阶段呈现 90 张图片，包括学习阶段一呈现的 30 张图片、学习阶段二呈现的 30 张图片以及 30 张干扰图片，图片的呈现由计算机作随机化处理。一半被试的测验指导语（第一种指导语）是：下面将逐一呈现一系列图片，这些图片有些是你先前见过的红色线框中的图片，有些是你先前见过的蓝色线框中的图片，有些是你没有见过的。如果你认为呈现的图片是你先前见过的蓝色线框中的图片，你就判断它是旧图片，请大声报告"旧的"。如果你认为呈现的图片是先前见过的红色线框中的图片，或者是先前没有见过的，你就判断它是新图片，请大声报告"新的"。一半被试的测验指导语（第二种指导语）是：下面将逐一呈现一系列图片，这些图片有些是你先前见过的红色线框中的图片，有些是你先前见过的蓝色线框中的图片，有些是你没有见过的。如果你认为呈现的图片是你先前见过的红色线框中的图片，你就判断它是旧图片，请大声报告"旧的"。如果你认为呈现的图片是先前见过的蓝色线框中的图片，或者是先前没有见过的，你就判断它是新图片，请大声报告"新的"。测验先后顺序的控制以及测验指导语的区分是为了控制因学习先后引起的系统误差。图3-2显示的被试具体分配情况。

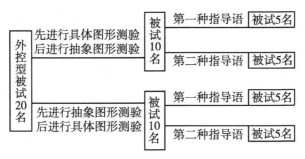

图3-2　外控型被试的测试划分情况

结果与分析

实验的主要结果列于表3-4，通过公式（1）和（2），计算得到的意识性提取和自动提取的贡献列于表3-5。

表3-4　两组被试在两种测试中的平均作业成绩

| 被试类型 | 测验材料的类别 | | | | | |
| | 具体图形 | | | 抽象图形 | | |
	P_{li}	P_{le}	g	P_{li}	P_{le}	g
内控型被试	0.86	0.16	0.07	0.72	0.24	0.10
外控型被试	0.83	0.20	0.09	0.66	0.33	0.08

注：P_{li}为包含测验成绩，P_{le}为排除测验成绩，g为反应偏向。

表 3 – 5　意识性提取和自动提取的贡献（$\bar{x} \pm s$）

被试类型	测验材料的类别			
	具体图形		抽象图形	
	意识性提取	自动提取	意识性提取	自动提取
内控型被试	0.70 ± 0.07	0.50 ± 0.06	0.48 ± 0.08	0.40 ± 0.05
外控型被试	0.63 ± 0.06	0.49 ± 0.06	0.33 ± 0.08	0.45 ± 0.06

　　我们首先对意识性提取成绩进行了 2（测验材料）×2（内外控）方差分析，结果发现测验材料的主效应显著，$F_{(1, 38)} = 49.82$，$P < 0.01$，结合表 3 – 5 的数据可以了解到，具体图形材料的意识性提取成绩要明显好于抽象图形的意识性提取成绩；被试的内外控人格特点的主效应非常显著，$F_{(1, 38)} = 264.28$，$P < 0.01$，结合表 3 – 5 的数据可以了解到，内控型被试的意识性提取成绩要明显好于外控型被试的意识性提取成绩；测验材料与内外控特点间的交互作用显著性程度不高，$F_{(1, 38)} = 3.77$，$P > 0.05$。均数比较发现，就具体图形而言，内控型被试的意识性提取成绩好于外控型被试 [$t_{(38)} = 3.57$，$P < 0.01$]；就抽象图形而言，内控型被试的意识性提取成绩亦好于外控型被试 [$t_{(38)} = 5.83$，$P < 0.01$]。对自动提取成绩进行了 2（测验材料）×2（内外控）方差分析，结果发现测验材料的主效应显著，$F_{(1, 38)} = 2.31$，$P < 0.01$，结合表 3 – 5 的数据可以了解到，具体图形材料的自动提取成绩要明显好于抽象图形的自动提取成绩；被试的内外控人格特点的主效应不显著，$F_{(1, 38)} = 1.89$，$P > 0.05$；测验材料与内外控特点间的交互作用具有显著性，$F_{(1, 38)} = 7.47$，$P < 0.01$，结合表 3 – 5，进一步地简单效应分析表明，就外控型被试而言，随实验材料从具体图形变为抽象图形，自动提取成绩的下降不明显 [$F_{(1, 38)} = 3.35$，$P > 0.05$]，就内控型被试而言，随实验材料从具体图形变为抽象图形，自动提取成绩的下降十分显著 [$F_{(1, 38)} = 35.43$，$P < 0.01$]。均数比较发现，就具体图形而言，内控型被试与外控型被试的自动提取成绩差异不显著 [$t_{(38)} = 0.37$，$P > 0.05$]；就抽象图形而言，外控型被试的自动提取成绩要好于内控型被试 [$t_{(38)} = 2.99$，$P < 0.01$]。

方差分析出现被试的内外控个体差异的主效应不显著的原因主要是内控型与外控型被试具体图形的自动提取成绩差异不显著，而外控型被试对抽象图形的自动提取成绩要好于内控型被试，使得方差分析出现了显著的交互作用。

讨论

（1）在测验中设置两种测验材料，主要受 Ellis 等人实验的启示，假如内外控被试记忆编码倾向有所不同，则通过操纵测验材料的可编码信息特征，可能导致测验结果的差异。通过对本测验结果的分析，我们发现测验材料的特征对意识性提取和自动提取均有显著性的影响，即具体图形的意识性提取和自动提取成绩均优于抽象图形。对于意识性提取，这个结果并不值得惊异，以往许多实验都证实在相同编码条件下，具体材料的外显记忆水平均优于抽象材料。实验中的意识性提取指标和一般意义上的外显记忆性质是一致的。实验结果表明具体图形的自动提取成绩优于抽象图形，对于这个结果，迄今为止笔者没有从相关文献中看到有关这一方面研究的比较一致的结论。关于测验材料如何影响内隐记忆，Roediger 等人的回顾认为，在残词补全和词干补笔这样的间接测验中，有不少实验均发现了词优效应（word superiority effect），词优效应指学习阶段直接呈现词汇（图形的名称，学习操作时可要求被试大声读出这些词汇等）比呈现图形（包含词义的图片，学习操作时可要求被试对图形进行命名等）的测验成绩要好。这一点与直接测验的有关结论正好相反，在直接测验中，较一般的结果是出现图优效应（picture superiority effect），即学习阶段呈现代表词义的图形比呈现词汇在而后的测验中成绩相对要好。尽管这样，一些研究者在残图命名中发现学习材料采用图形，而不是字词时，启动效应更大。Wager 等人采用加工分离程序发现自动提取与意识性提取同样，均出现了图优效应。因此也可以说在这些关于内隐记忆的测验中出现了图优效应。总的来说，对内隐记忆而言，是图优还是词优并没有一致的说法。值得一提的是，一些采用非字（nonword）或非物（nonobject）为材料进行启动实验的研究，尽管结果并不一致——如一些实验观察到了非字或不熟悉物体的启动效应，而另一些实验没有观察到启动效

应，但有一点对我们的实验结果是有启示的，即一些研究者发现对于非字的
启动效应明显小于对字的启动效应。我们认为非字与字的关系在某些方面同
抽象图形与具体图形的关系有可比性，我们的实验结果所表现出的特点可能
反映了这种可比性，同时也支持了这些研究者的结论。目前我们没有找到任
何比较具体图形和抽象图形内隐记忆水平的文献，在此我们不对实验材料的
影响做更进一步的解释，但相信实验材料的不同如何引起内隐记忆水平的差
异是一个十分值得探讨的问题。

（2）本研究结果表明，内控被试的意识性提取水平要高于外控被试，更
重要的是，就抽象图形材料来说，外控被试的自动提取成绩要优于内控被试。
内外控个体不仅在外显记忆中表现出了差异，同时在内隐记忆中也发现了个
体的这种差异表现。内外控个体差异可能导致记忆的编码和提取的方式和策
略的不同，对信息的加工程度、深度的不同。在意识性提取中，不管是对具
体图片还是抽象图片而言，内控组的成绩都好于外控组，该结果与以前的研
究结果，如前文中所提到的 Brooks 等人的研究等较吻合。这可能是由于内控
的人更加善于集中心理资源，加工的精细程度更高，而外控的人意志力相对
而言较弱，编码加工的精细程度相对较低。本研究结果还表明，对于抽象图
形的记忆，外控型被试的自动提取成绩要好于内控型被试，如何解释这一结
果呢？一个可能的原因是，即使是无意识地，外控型被试更经常地利用知觉
特征等浅层信息进行编码，而内控型被试更加倾向于语义编码，这种无意识
倾向性可能导致了上述结果。但这一解释似乎与前文中提到的 Landan 等人的
研究结果不太符合，他们虽然利用词干补笔任务也发现了外控组的启动分数
要高于内控组，但是这种差异与学习—测验感觉道的一致性无关，因此如果
说外控型被试更倾向于知觉编码，为何改变学习—测验材料的知觉特征，没
有发现外控型被试的启动成绩的显著降低呢？Landan 等人解释道，这种结果
的出现是由于在间接测验中，外控组被试更多地意识到测验与学习之间的关
系，因而更倾向于采用学习词来补全词干，也就是说这一结果是意识"污
染"的结果。值得注意的是，本研究采用加工分离程序，排除了这种"污
染"，却仍旧得到了相似的结果，因此 Landan 等人的解释可能有一定道理，
但不一定是该结果的最终原因。抽象图形相对于具体图形而言，给人的印象

是记忆的难度更大，需要更多的意志努力。以往研究表明，在记忆材料难度加大的情况下，内控型的主动性发挥程度更高，外显记忆成绩相对外控被试更好，本研究结果也表明内控型被试的意识性提取成绩相对于外控型被试更好（超出比从具体图形的20%增加到抽象图形的37%），但我们仍可以假设：从具体图形到抽象图形，内控型被试相对于外控型被试意识性提取成绩更优，在某种意义上是以损失自动提取成绩为代价的，比如在注意程度的加深同时缩小了注意广度，编码程度的高级化损失了某些低级编码的特征信息，等等。当然这仅仅是一些假设而已，想要更好地解释这一实验现象，需要更深入的理论指导和更多的实践探索，这也是笔者将来努力的方向之一。

（3）本研究的结果发现了内外控个体在记忆方面的个体差异，这种差异不仅在外显记忆中明显存在，而且在内隐记忆中也存在。这一结果与Roediger等人的内隐记忆可能对个体差异不敏感的说法是不符合的。根据以往的经验数据，我们完全赞同在个体差异的许多方面，内隐记忆没有表现出显著性的差异，但并不能就此认为，内隐记忆对个体差异不敏感。笔者认为就某些个体差异而言，内隐记忆亦能表现出显著性的差异。实际上，曾经有研究者在关于个体焦虑与记忆的研究中获得过内隐记忆的个体差异，另外有临床研究表明，某些脑损伤患者外显记忆完全正常而内隐记忆却严重受损。这些都表明内隐记忆对个体差异并非不敏感，连同本实验结果均支持了笔者的观点。

研究二　外显、内隐记忆与场依存——场独立认知风格关系的实验研究

研究背景

外显记忆是指当个体需要有意识或主动收集某些经验用以完成当前任务时所表现出的记忆。内隐记忆是指在不需要意识或有意回忆的情况下，个体的经验自动对当前任务产生影响而表现出来的记忆。外显记忆与内隐记忆是存在着质的差异的两种记忆，这种区别在个体差异方面亦得到体现。Roediger通过对脑损伤、脑老化、脑不成熟以及酒精中毒患者的外显记忆、内隐记忆与正常对照组的比较研究发现，被试在外显记忆方面与对照组相比

表现出严重的记忆缺损，但在内隐记忆中却没有表现出明显的差异。因而他们认为内隐记忆对个体差异是不敏感的。然而，另一些研究得出的结论却不尽相同。Fleischman 等人的研究表明，一些脑损伤患者外显记忆完全正常而内隐记忆却严重受损。郭力平的研究表明抽象图形的内隐记忆对内外控人格变量的个体差异具有敏感性，即外控被试的自动提取成绩要优于内控被试。李力红（2002）认为，内隐记忆的个体差异问题是一个需要进一步研究的领域，对内隐记忆个别差异的深入了解，有助于揭示内隐记忆的实质和拓宽个别差异的研究领域。认知风格是个体的特征和一贯性的组织和加工信息的方式。它是一种与认知活动密切联系的人格变量。威特金 Witkin（1948）等人发现在知觉判断中一部分人倾向于依赖外界视场中的线索进行判断。而一另部分人倾向于摆脱视场线索的影响，用内在线索进行判断。前者被称为场依存者，后者则被称为场独立者，而他们在个体的认知过程中也具有相对稳定、一致的表现，独立于场的人倾向于更多地利用内在的参照作为信息加工的依据，而依存于场的人则倾向于更多地利用外在的参照作为信息加工的依据。威特金认为场依存—场独立性是心理分化的一个表现，即自我与非我的分化。场依存性这个认知风格维度所反映的是对外在环境信息加工的自主程度，在解决问题时依存于场的人更注意和参照社会性刺激，倾向于社会定向；而独立于场的人则是比较非社会定向的。所谓定向，也就是一种选择性注意，在有意无意中曾经选择性的加以注意的材料，在记忆中就容易保存，但在内隐记忆中这种定向是如何表现的，是否存在着差异，到目前尚无有关研究。李力红（2002）认为个体在信息加工中对符合其认知风格材料与不符合其认知风格材料的自动提取水平应存在差异，即内隐记忆的水平是不同的。李力红（2002）采取加工分离程序考察场依存、场独立认知风格的个体在以非社会的无意义字母串为材料的条件下的外显记忆与内隐记忆上的特点。

实验方法

被试

对大学四年级 80 名学生进行镶嵌图形测验，其中文科、理科，男生、女生各半。测验得分从 0 分到 20 分，分数越低表示场依存性越强，分数越高表示场独立性越强。根据已知常模确定得分低于 10 分的被试为场依存者，得分高于 14 分的为场独立者，由此筛选出场依存型被试和场独立型被试各 20 名。

材料与仪器

无意义字母串 30 个，由 26 个大写的英文字母随机排列产生，将 30 个字母串随机等分为三组，每组 10 个，分别作为两个学习阶段的材料以及测试阶段的干扰材料。整个实验在一台 586 计算机上完成，用 Authorware 编程。

实验设计

2×2 设计，自变量 1 指认知风格，分为场依存型和场独立型，为被试间变量；自变量 2 指通过指导语加以控制的测验类型，分为包含测验和排除测验两种，是被试内受量。

程序

采用了加工分离程序的修正模型，综合 Buchner 等人的模型以及 Gruppuso 等人的操作程序，并排除了反应偏向对测验指标的影响。具体操作分为以下三个阶段。

学习阶段 1：对第一组 10 个无意义字母串进行学习，每个字母串由三个字母组成。学习前告诉被试："在计算机屏幕的红色方块内将出现一些无意义字母串，请记住这些无意义字母串，它们将在后面进行的记忆测验中用到。"大小为 6cm×6cm 的红色方块处于计算机屏幕的中央，其被试的视角约为 5.7°。无意义字母串呈现的时间为 2000ms，字母串间呈现的间隔时间为 1500ms。

学习阶段 2：对第二组 10 个无意义字母串进行学习，每个字母串由三个字母组成。学习前告诉被试："计算机屏幕的蓝色方块内将出现一些无意义字母串，请记住这些无意义字母串，它们将在后面进行的记忆测验中用到。"其他学习程序与第一个阶段的学习程序类似。该阶段完毕后，被试进行一个 10 分钟的简单的干扰程序，然后进入测验阶段。

测验阶段：呈现 30 个无意义字母串，包括学习阶段 1 和学习阶段 2 呈现的 20 个以及 10 个干扰无意义字母串，无意义字母串的呈现由计算机做随机化处理。一半被试的测验指导语是："下面将逐一呈现一系列无意义字母串，它们有些是你先前见过的红色方块中的无意义字母串，有些是你先前见过的蓝色方块中的无意义字母串，有些是你没有见过的。如果你认为呈现的无意义字母串是你先前见过的蓝色方块中的无意义字母串中的，你就按键盘中的'j'键，如果你认为呈现的无意义字母串是你先前见过的红色方块中或是先前没有见过的，你就按键盘中的'f'键。"而另一半被试则被告知："下面将逐一呈现一系列无意义字母串，它们有些是你先前见过的红色方块中的无意义字母串，有些是你先前见过的蓝色方块中的无意义字母串，有些是你没有见过的。如果你认为呈现的无意义字母串是你先前见过的红色方块中的无意义字母串中的，你就按键盘中的'j'键，如果你认为呈现的无意义字母串是你先前见过的蓝色方块中或是先前没有见过的，你就按键盘中的'f'键。"测验指导语的区分是为了控制因学习顺序引起的系统误差。

结果分析

实验结果的计算利用下列公式。$g_i = g_e = g$，即可得：

$R = P_{li} - P_{le}$ $-----$ （1）

$A = \{[P_{le}/(1-R)] - g\}/(1-g)$ $-----$ （2）

其中，R 指意识性提取成绩，是再认的外显记忆成分；A 指自动提取成绩，是再认的内隐记忆成分；P_{li} 为包含条件下，呈现项目判断按"j"键的概率；P_{le} 为排除条件下，呈现项目判断按"j"键的概率，g 为判断未学习干扰项目按"j"键的概率。实验的数据列于表3-6，计算的结果见表3-7。

表3-6 两组被试在测试中的平均作业成绩（x̄）

被试类型	P_{li}	P_{le}	g
场独立型被试	0.7000	0.4000	0.2500
场依存型被试	0.7000	0.3200	0.2000

表3-7 外显记忆和内隐记忆的平均成绩（x̄）

被试类型	R	A
场独立型被试	0.3000	0.4857
场依存型被试	0.3800	0.3968

均数比较发现，场独立型被试的外显记忆成绩显著低于场依存型被试的

外显记忆成绩（$t = 2.138$，$p < 0.05$）；场独立型被试的内隐记忆成绩显著高于场依存型被试的内隐记忆成绩（$t = 2.189$，$p < 0.05$）。

讨论

研究表明，场独立型被试的外显记忆成绩要低于场依存型被试；而在内隐记忆中，场独立型被试的成绩则高于场依存型被试，即在以无意义字母串为材料的条件下，场依存型被试的意识性提取成绩较好，而场独立型被试的自动提取成绩较好。这一结果证明了在个体差异的某些方面，内隐记忆的确表现出显著的差异；对非社会意义的材料场独立型被试的成绩优于场依存型的被试。在意识提取中，场依存型被试的成绩好于场独立型被试。已有的研究表明加工水平对外显记忆有较大的影响，这可能是导致上述结果的主要原因。由于场依存型的被试倾向于场提供的线索，更善于利用字母间的线索和类似的熟悉的单词来进行有意的联想，而场独立型的被试倾向于摆脱场提供的线索，使用内在线索对材料进行加工，他们具有比较高的认知改组能力，对材料之间的区别比较敏感，但却不善于利用字母间的相互联系进行记忆。由于场依存者对无意义字母有可能进行了有意记忆的加工，因而比场独立者的记忆成绩要好。在无社会意义材料的内隐记忆中场独立型被试比场依存型被试的成绩好，表明在内隐记忆中独立于场的个体对非社会定向的材料的记忆能力的优势。其原因可能是多方面的，可能是由于场独立性个体心理分化程度的水平较高而影响了内隐记忆的程度。另外，认知风格还有其他维度，Rayner 和 Riding 将从前的认知风格归纳为两个认知风格家族：整体—分析（Wholist-Analytic）风格维度和言语—表象（Versal-Imagery）风格维度。整体—分析维度与个体在加工信息时是倾向于从整体看，还是倾向于从整体的各个组成部分看相联系。场依存—场独立则是以整体—分析风格维度为特征的认知风格维度之一；言语—表象风格维度与个体在表征信息或思考时是倾向于以言语的形式，还是以表象的形式相联系。那么认知风格的其他维度是否也会导致内隐记忆个别差异，这些还有待于更进一步全面、精确的研究。

第四节　内隐记忆在年龄发展中的差异性研究

不同认知风格小学生的外显记忆和内隐记忆发展研究

白学军（2003）以小学三年级和五年级 146 名学生为被试，采用 2（年级：三年级、五年级）×2（图片类型：具体图片、抽象图片）×2（认知风格：冲动型、反省型）混合设计，依据 Gruppuos 等人提出的单一测验加工分离程序的范式，对不同认知风格小学生的外显记忆和内隐记忆发展进行了探讨。结果发现，外显记忆具有明显的年龄特征，内隐记忆则无。认知风格对外显记忆未表现出显著的影响。五年级反省型被试的内隐记忆成绩显著高于同年级冲动型被试的成绩。

研究背景

内隐记忆和外显记忆存在明显的个体差异。有一项研究以遗忘症患者为被试，结果发现，不能有意识地保持学习内容的遗忘症患者，尽管在再认测验中他们不能辨别出先前学习阶段呈现过的单词，但在补笔测验中却对先前呈现过的单词表现出正常的保持效果。有些研究发现：内隐记忆不存在明显的年龄特征，即内隐记忆不随年龄的变化而变化，但外显记忆却明显随着年龄的变化而变化，其毕生发展曲线呈倒"U"形特点。近年来，研究者开始探讨不同个性特征者在内隐记忆和外显记忆上的差异性。如郭力平探讨了内、外控者在内隐记忆和外显记忆上的表现，结果发现：对于具体图形，内控被试的意识性提取成绩均优于外控被试；对于抽象图形，外控被试的自动提取成绩优于内控被试。李力红等以大学生为被试，探讨了不同场认知方式与内隐、外显记忆的关系。认知风格（cognitive style）是指个体在加工信息（包括接受、贮存、转化、提取和使用信息）时习惯采用的不同方式。Kagan 经过一系列研究发现，有些个体知觉与思维的方式是以冲动为特征的，他们往往以很快的速度形成自己的看法，在回答问题时很快做出反应，即冲动型；有些个体则是以反思为特征的，他们不急于回答问题，而倾向于在做出回答前先评估各种可替代的答案，然后给出较有把握的答案，即反省型。以往对外显记忆和内隐记忆的研究大多是基于 Jacoby 等人提出的加工分离程序的模型或 Bcuhne 等人针对反应偏向的修正模型而进行的。自从 Gurppuso 等人提出其加工分离程序的简化程序后，目前还没有发现利用该简化程序进行两种形式记忆个体差异的研究。另外，不同认知风格的个体在加工信息（包括接受、贮存、转化、提取和使用信息）时习惯采用不同的方式，鉴于内隐记忆与外显记忆在个体差异的许多方面表现出不同特征，二者在个体的认知风格差异方面是否会同样表现出不同的效应？因此，本实验尝试采用 Gurppuso 等人提出的单一测验加工分离程序的范式，对这一问题进行初步探讨。

研究方法

被试及分组

选取两所小学三年级和五年级共 146 名学生作为被试。其中三年级组被试男生 38 名，女生 40 名，年龄范围为 8.3 岁至 10.4 岁，平均年龄为 9.1 ± 0.5 岁；五年级组被试男生 35 名，女生 33 名，年龄范围为 1.7 岁至 12.2 岁，平均年龄为 11.3 ± 0.4 岁。

实验材料

（1）"相似图形匹配测验"量表一份，量表选用北京师范大学儿童心理研究所申继亮和方晓义编制的《中小学生学习方式测验量表》。用于区分被试的反省型和冲动型认知风格。（2）具体图片和抽象图片各 75 张，具体图片选自《0～3 岁小小孩认物》，包括动物（如老虎、鸡、各种昆虫及鸟类等）、植物（如各种花草、蔬菜、水果等）、日常生活用品（如食品、衣物、日用工具等）、文具（如笔、书、文件夹等）、人体部位（如眼、耳、手、脚等）等。抽象图片主要选自《心理实验纲要》中实验 113 和实验 207 中提供的无意义图形。选取材料时主要考虑了图片的熟悉度、复杂性和类属等特点。根据图片的熟悉度、复杂性和类属等特点将图片均分为 3 组，每组 25 张，分别作为双学习项目列实验程序中两个学习阶段的学习项目列以及测验阶段的干扰材料。另外，在每个学习项目列中的首尾各插入一张图片作为启动项目和结束项目标志，不计入测验项目。

实验设计

实验采用2（年龄：三年级，五年级）×2（图片类型：具体图片，抽象图片）×2（认知风格：冲动型，反省型）混合设计。即自变量1为年龄变量，分为小学三年级和小学五年级两个水平，为被试间变量；自变量2为图片类型，分为具体图片和抽象图片两种类型，为被试内变量；自变量3为认知风格类型，分为冲动型和反省型两种，为被试间变量。包含和排除两种类型的测验条件是通过测验指导语的控制实现的。

实验程序

实验共分3个阶段。第一阶段，随机抽取3组图片中的1组作为学习项目列1，对这组图片进行学习。学习时图片的呈现通过计算机程序控制，学习开始，先呈现指导语，告诉被试在计算机屏幕的红色线框内将呈现一些图画，请被试记住这些图画，以便进行后面的记忆测验。红色线框处于计算机屏幕的中央，其大小为6cm×6cm，呈现图片的大小为5cm×5cm，被试的视角约为6.50°。图片的呈现时间为2000ms，相邻两张图片呈现的间隔时间为1500ms。25张图片呈现完毕后，计算机屏幕呈现新的指导语，告诉被试在计算机屏幕的蓝色线框内将呈现一些图画，请被试记住这些图画，以便进行后面的记忆测验。屏幕中央的红色线框变为蓝色线框，即开始第二阶段的学习。第二阶段是随机选取剩余两组图片中的一组作为学习项目列2，对这组图片进行学习。学习程序与第一阶段相同。将项目列2中的25张图片呈现完毕后，对被试进行简单的干扰，即利用计算机播放5min的动画片请被试观赏。干扰程序完毕后，开始进入实验的第三阶段——测验阶段。测验阶段是依次呈现75张图片，包括第一阶段学习过的项目列1中的25张图片、第二阶段学习过的项目列2中的25张图片以及没有学习过的25张干扰图片。图片的呈现顺序由计算机作随机化处理。

测验指导语有两种，一半被试采用第一种指导语：下面将逐一呈现一系列图片，这些图片有些是你先前见过的红色线框中的图片，有些是你先前见过的蓝色线框中的图片，有些是你没有见过的。如果你认为呈现的图片是你先前见过的蓝色线框中的图片，你就判断为"旧图片"，请你按下键盘上的"A"键。如果你认为呈现的图片是先前见过的红色线框中的图片，或者是先前没有见过的，你就判断为"新图片"，请你按下键盘上的"L"键。另一半被试采用第二种指导语：下面将逐一呈现一系列图片，这些图片有些是你先前见过的红色线框中的图片，有些是你先前见过的蓝色线框中的图片，有些是你没有见过的。如果你认为呈现的图片是你先前见过的红色线框中的图片，你就判断为"旧图片"，请你按下键盘上的"A"键。如果你认为呈现的图片是先前见过的蓝色线框中的图片，或者是先前没有见过的，你就判断为"新图片"，请你按下键盘上的"L"键。

测验阶段被试通过按键所做的判断反应由计算机程序自动记录。本实验中，在根据观测值计算包含测验和排除测验正确再认概率时，由于采用了两种指导语：同一组被试中，一半被试要求对项目列 1 进行排除，另一半被试要求对项目列 2 进行排除，以此来抵消可能由于学习顺序带来的顺序效应。因此，包含测验正确再认概率（P_i）应该为被试在第一种指导语条件下将项目列 2 中的项目判断为旧的概率与在第二种指导语条件下将项目列 1 中的项目判断为旧的概率的平均值；同理，排除测验正确再认概率（P_e）应该为被试在第一种指导语条件下将项目列 1 中的项目判断为旧的概率与在第二种指导语条件下将项目列 2 中的项目判断为旧的概率的平均值。根据 Jacoby 等人提出的加工分离程序模型，以及 Bcuhner 等人针对被试反应偏向的修正模型，计算意识性提取（R）和自动提取（A）成绩，但在 Gruppuso 等人的单一测验操作程序中，被试的反应偏向在包含和排除操作中是一致的，即 $g_i = g_e = g$（或 $FAI = FAE = FA$）。这样，意识性提取和自动提取可用公式（1）和公式（2）来计算。

$$R = P_t - P_e \qquad (1)$$

$$A = \frac{\dfrac{P_e}{1-R} - g}{1-g} \qquad (2)$$

结果

根据公式（1）和（2）分别计算意识性提取（R）和自动提取（A）的结果，见表 3-8。

表 3 – 8　意识性提取和自动提取的成绩（*M* ± *SD*）

年级	认知类型	实验材料类型			
		具体图片		抽象图片	
		意识性提取	自动提取	意识性提取	自动提取
三年级	冲动型	0.18 ± 0.21	0.50 ± 0.18	0.10 ± 0.14	0.33 ± 0.19
	反省型	0.17 ± 0.20	0.19 ± 1.19	0.01 ± 0.25	0.26 ± 0.22
五年级	冲动型	0.27 ± 0.29	0.19 ± 0.58	0.20 ± 0.18	0.01 ± 1.47
	反省型	0.32 ± 0.23	0.43 ± 0.24	0.29 ± 0.19	0.33 ± 0.16

（1）意识性提取。通过方差分析发现：①年龄的主效应非常显著，$F_{(1, 124)} = 16.272$，$P < 0.01$，从表中可知，五年级学生的意识性提取成绩要明显好于三年级学生的；②图片类型的主效应显著，$F_{(1, 124)} = 5.21$，$p < 0.05$。从表中可知，具体图片的意识性提取成绩要好于抽象图形的。经检验，对具体图片而言，五年级被试的意识性提取成绩好于三年级被试，$t_{(62)} = 2.014$，$P < 0.05$；对抽象图形而言，五年级被试的意识性提取成绩亦明显好于三年级被试，$t_{(62)} = 3.873$，$p < 0.01$。就三年级学生而言，对具体图片的意识性提取成绩显著好于对抽象图片的意识性提取成绩，$t_{(62)} = 2.426$，$P < 0.05$；但对五年级学生而言，对具体图片的意识性提取成绩与对抽象图片的意识性提取成绩却未表现出差异性，$t_{(62)} = 0.876$，$p > 0.05$；③年龄与图片类型对意识性提取无交互作用，$F_{(1, 124)} = 0.905$，$P > 0.05$；④认知类型的主效应不显著，$F_{(1, 124)} = 0.038$，$p > 0.05$；⑤年龄与认知类型对意识性提取的交互作用不显著，$F_{(1, 124)} = 2.410$，$P > 0.05$。

（2）自动提取。经方差分析发现：①年龄的主效应不显著，$F_{(1, 124)} = 1.462$，$P > 0.05$；②图片类型的主效应也不显著，$F_{(1, 124)} = 1.741$，$p > 0.05$；③年龄与图片类型对自动提取无交互作用，$F_{(1, 124)} = 0.852$，$p > 0.05$；④认知类型的主效应也不显著，$F_{(1, 124)} = 0.853$，$P > 0.05$；⑤年龄与认知类型对自动提取的交互作用显著，$F_{(1, 124)} = 5.871$，$P < 0.05$。通过简单效应分析，三年级学生中，冲动型被试与反省型被试的自动提取成绩差异不显著，$F_{(1, 62)} = 1.541$，$p > 0.05$；五年级学生中，冲动型被试与反省型被试的自动提取成绩差异显著，$F(1, 62) = 4.40$，$p < 0.05$。进一步检验，五年级学生中，反省型被试的自动提取成绩要好于冲动型被试的自动提取成绩，$t(62) = 2.099$，$p < 0.05$。

讨论

外显记忆与内隐记忆的发展趋势。本实验结果表明，意识性提取具有明显的年龄特征，无论是具体图片还是抽象图片，五年级学生的意识性提取成绩均明显优于三年级学生的意识性提取成绩；而自动提取则无明显的年龄特征。这与国内外相关研究的结论是一致的。郭力平等人的实验采用加工分离程序的修正模型考察了内隐记忆和外显记忆的发展特点，结果表明对具体图形的内隐记忆水平在9岁到18.5岁之间基本是保持不变的，而具体图形的外显记忆的发展在12岁左右达到高峰。本研究在实验材料上较郭力平等人的实验更加丰富，除了选取了具体图形材料外，还增加了抽象图形实验材料。从而进一步证实了内隐记忆是有别于外显记忆的一种记忆，有不同于传统的外显记忆的发展特点。本实验中，被试在学习项目时，项目呈现时所在线框的颜色为被试记忆的线索，是一种记忆的场合。

根据再认中场合效应的发展特点研究结果，随被试年龄增长，场合因素对记忆的影响减少。从这个意义上讲，对于不同年龄的被试在实验中采用线框作为记忆的线索，所产生的场合效应可能是不均等的。对本实验而言，场合效应的具体表现应是对呈现项目源的可辨别性，对于呈现的再认项目来源的可辨别性恰恰是本实验通过指导语控制被试进行意识性提取和自动提取成绩分离的关键。另外，根据宋耀武等人关于小学生有意遗忘中认知抑制能力发展的研究结果，小学生有意遗忘中的认知抑制能力随年级增长而增高。在本实验中，小学生根据指导语要求将学习过的两个项目列之一（一种指导语中为项目列1，另一种指导语中为项目列2）判断为"新"，类似于有意遗忘中的提取抑制。在本实验中的表现为，小学五年级被试的排除测验成绩低于三年级被试的排除测验成绩，$t(126) = 3.765$，$P < 0.01$。

不同认知风格小学生外显记忆和内隐记忆的差异。在本实验中发现，三年级学生中冲动型被试所占的比例要显著地高于五年级学生中冲动型被试所占的比例，或五年级学生中反省型被试所占的比例要显著地高于三年级学生中反省型被试所占的比例。可见，小学生的认知风格在三年级至五年级期间仍处于分化期。本实验中的认知类型因素对意识性提取未表现出显著的影响。这其中的原因，一方面可能与本实验中要求被试在再认时要迅速作答有关。因为冲动型被试本身就有一种迅速确认答案的欲望，他们往往急于作答，而反省型被试则惯常采取小心谨慎的态度，做出选择的速度要慢些，但在本实验中由于要求被试按指导语对图片迅速做出或"新"或"旧"的判断，使得反省型被试不得不改变惯常的认知策略，提高认知速度，从而降低了与冲动型被试的认知风格差异。另外，在比较两种认知风格的儿童的认知效果时，有研究人员认为两种学生在决策的质量和内容上没有实际的差别。对于自动提取，只是在平均数比较中发现，五年级反省型被试的自动提取成绩要显著地好于同年级冲动型被试的自动提取成绩。有人研究发现，反省型儿童在完成需要对细节做分析的学习任务时，学习成绩较好些；冲动型儿童在完成需要做整体型解释的学习任务时，成绩要好些。而对于本实验中的再认判断任务而言，由于指导语要求被试不仅要判断呈现项目是否是学习过的旧项目，而且要进一步区分出项目来源于两个学习项目列的哪一个项目列，显然该任务更接近于一个需要对细节做分析的学习任务，因此它更适合于反省型被试。为什么在三年级学生中反省型被试与冲动型被试的自动提取成绩未表现出这种差异性呢？有一项研究发现，幼儿园和二年级的儿童，如果驱使他们为更精确而努力时，二年级的学生能更容易地做出适当的改变，当强调速度时，也是二年级的学生会更灵活。可见，在小学低年级时，信息加工的方式是随情境的要求而改变的。因此，在本实验中，由于再认测验中间接地强调了再认的速度，从而导致了三年级学生较五年级学生更容易随测验情境而改变认知风格。9 岁的反省型和冲动型儿童，他们的作业结果中没有什么差别，但在 11 岁儿童中，反省型的儿童在加工任务信息方面比起冲动型的儿童更有效，并且采用更为系统和成熟的策略。可见，实验结果的个别偏差可能是由于低年级学生认知风格的不稳定性造成的。

结论

本实验条件下，发现外显记忆（意识性提取）具有明显的年龄特征，无论是具体图片还是抽象图片，五年级学生的外显记忆成绩均明显地优于三年级学生的外显记忆成绩；而内隐记忆（自动提取）则无明显的年龄特征。认知风格因素对外显记忆未能表现出显著的影响。对于内隐记忆，只有五年级反省型被试的内隐记忆成绩显著好于同年级冲动型被试的内隐记忆成绩；而在三年级学生中反省型被试与冲动型被试在内隐记忆成绩上未表现出这种差异性。

研究二 聋童和正常儿童在内隐和外显记忆上的发展差异研究

周颖（2004）采用自行编制计算机化的加工分离程序（PDP），旨在探讨聋童和正常儿童是否在内隐记忆和外显记忆上存在不同的发展模式。结果显示：（1）人群和年龄对内隐记忆没有显著影响，而外显记忆存在显著的人群差异和年龄差异；（2）外显记忆的人群和年龄特征存在显著的交互作用，聋童随年龄增长，其外显记忆存在显著的发展，而正常儿童的外显记忆有略微的下降。本研究结果支持意识和无意识的权衡理论，并为聋童教育提供了一些启示。

研究背景

认知心理学认为，短时记忆和长时记忆主要借助听觉编码，因此聋人在听觉通道上的缺失，势必影响到他们利用听觉编码进行记忆的能力。许多实验也证明了这一观点，例如 King 和 Quigley（1985）的研究表明，由于语言上的缺陷，聋人在语言的理解和生成方面显得呆板和不灵活。袁文纲（2000）对听力正常人与聋人的汉字短时记忆容量及编码方式进行了比较，发现聋人对低频复杂汉字的短时记忆容量小于听力正常人。上面所提到的都是传统的外显记忆研究，实际上在传统的外显记忆之外，还存在一种截然不同的记忆类型——内隐记忆。和外显记忆不同的是，内隐记忆是一种无意识、自动化的记忆。根据 Reber 的理论，与外显系统相比，内隐系统更为强健，更为稳定，更加不易受到被试变量（如年龄、智力、疾病等）和任务变量（如加工水平、刺激类型等）的影响。假如这一理论也适用于聋人，我们就可以利用内隐系统的稳定性，来提高感知缺陷和认知缺陷人群的记忆能力。那么聋人是否能利用内隐记忆，来弥补他们由于听觉缺陷而导致的外显记忆劣势呢？国内这方面的研究很少，仅有孙国仁（2000）运用词干补笔比较过聋人与正常人的内隐记忆，结果表明，聋人在内隐记忆方面与正常人没有显著的差异，而其外显记忆的成绩无论是质与量都低于正常人。但是该实验仅仅基于日益受到质疑的内隐记忆测量工具——词干补笔。因此，该结论的可推广性值得商榷。鉴于以往研究中可能存在着外显记忆与内隐记忆的相互"污染"，如线索回忆成绩可能受到内隐记忆的影响，同时词干补笔成绩受到外显记忆的影响，本研究将采用加工分离程序（PDP），分离记忆再认中的内隐记忆和外显记忆成分。加工分离程序又称为过程分离程序（Process dissociation procedure，PDP），是心理学家 Jacoby 针对任务分离中所测得的内隐记忆与外显记忆数据不纯净的问题于 20 世纪 90 年代初提出的，它通过包含测验和排除测验，成功地使得意识和无意识加工成分得以在一个简单的记忆任务中分离。基于以上考虑，本实验拟采用自行编制计算机化的加工分离程序（PDP），探讨聋童和正常儿童是否在内隐记忆和外显记忆上存在不同的发展模式，以期为聋童教育提供一些指导。

研究方法

被试

从上海市第四聋校和当代中学共选取有效被试 81 人，分别含聋童 35 人，正常儿童 46 人。其中男生 43 人，女生 38 人；低年龄 42 人（$M = 11$ 岁），高年龄 39 人（$M = 15$ 岁）。其中聋童的听力损失程度均在 70 分贝以上，均为后天药物或疾病致聋，智力水平正常。

仪器和材料

实验共使用 100 张图片和词语，其中 20 张作为学习材料。采用计算机和投影仪呈现刺激材料。

程序

首先呈现 20 张学习材料，要求被试尽量记住所看图片。然后进行包含测验，共 20 道测题，每道测题呈现 5 张图片，要求被试从中挑选出"旧的"图片（看到过的图片即为"旧的"）。最后进行排除测验，仍然要求被试挑选出"旧的"图片（但是没看到过的图片才是"旧的"）。

结果

按照 Jacoby 等人提出的计算公式，依据被试在包含测验和排除测验的得分，计算出意识和无意识的贡献比例（见表 3-9 和图 3-3）。

表 3-9 聋童和正常儿童的意识贡献和无意识贡献

		正常儿童		聋童	
		均值	标准差	均值	标准差
意识贡献	低年龄	0.9050	0.5356	0.1409	0.1913
	高年龄	0.9019	0.7277	0.5885	0.3759
无意识贡献	低年龄	0.1883	0.3513	0.1877	0.0794
	高年龄	0.2596	0.3946	0.2015	0.2871

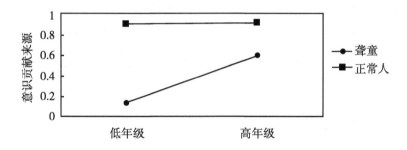

图 3-3 不同人群和年龄的意识和无意识贡献柱状图

对意识贡献的方差分析结果表明，人群差异极其显著，$F(1, 81) = 138.23$，$p = 0.000$，说明正常儿童的意识贡献水平极其显著地高于聋童。年龄差异极其显著，$F(1, 81) = 30.15$，$p = 0.000$；性别差异不显著，$F(1, 81) = 1.112$，$p = 0.295$。在各因素的交互作用中，人群和年龄的交互作用极其显著，$F(1, 102) = 30.358$，$p = 0.000$；其余交互作用均不显著。

由图 3-4 可知，高年龄聋童的外显记忆显著高于低年龄聋童；正常儿童的外显记忆在高年龄和低年龄之间则没有显著的差异。对无意识贡献的方差分析则未发现任何显著的主效应和交互作用。

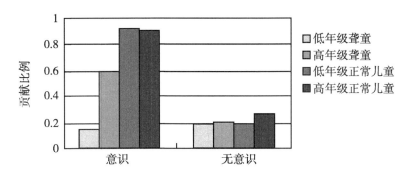

图 3 - 4 聋童和正常儿童的外显记忆发展曲线

讨论

聋童和正常儿童的外显记忆。本研究的结果表明，意识贡献存在显著的人群主效应和年龄主效应，借助图 3 - 7，我们可以清楚地看出正常儿童的意识贡献折线始终在聋童的折线之上，这就说明正常儿童的外显记忆优于聋童。结合前人的研究结果，我们认为正是因为听觉通道的缺失，影响到记忆的听觉编码，因此他们的外显记忆能力不如听力正常的人。本研究还发现，外显记忆存在显著的人群和年龄的交互作用，结合图 3 - 3 可以看出，虽然聋童的外显记忆始终劣于正常儿童，但是他们之间的差异在逐渐减小。正常儿童从11 岁到 15 岁似乎没有经历很大的发展，但聋童的外显记忆在这两个年龄段之间发生了显著的提高。本实验中的低年龄聋童抽取自刚入学两三年的儿童，他们在入学前大多未接受过系统的手语教育和识字训练，而高年龄聋童则抽取已经入学六七年的儿童，他们已经逐渐掌握手语和较好的书写能力，因此他们的言语理解能力和生成能力已经得到较好的发展。因此我们认为，聋童在外显记忆上的显著发展很可能源自他们对手语的逐渐掌握。这也启示我们，特殊教育领域可以利用手语这种外部语言，帮助聋童直接进行形象思维，弥补聋童听觉编码的劣势，更好地促进聋童在外显记忆层面的发展。

聋童和正常儿童的内隐记忆。本实验在对无意识贡献进行方差分析时，没有发现任何显著的主效应和交互作用。结合图 3 - 4 中的四个无意识贡献柱面，我们可以很清楚地看到，低龄正常儿童、高龄正常儿童、低龄聋童和高龄聋童的内隐记忆几乎在同一个水平上。Metchell 曾经于 1993 年通过比较九项研究中儿童、青少年和中老年人内隐记忆和外显记忆的操作，对这两种记忆的发展曲线进行描述。他的研究表明，儿童和老年人的有意识回忆成绩较差，青年期记忆的保持达到顶峰，相比之下，从3岁到83岁期间，他们的内隐记忆却保持平稳发展。杨治良和周颖（2003）也曾经采用文字、具体图片等不同材料验证了内隐记忆在发展上的稳定性。本研究中的内隐记忆不存在显著的年龄效应，就再次证明内隐记忆在发展上的稳定性。同时，本研究还发现内隐记忆也不存在显著的人群差异。这就说明，虽然聋童的外显记忆劣于正常儿童，但是他们的内隐记忆丝毫不差于正常儿童。这一方面说明内隐记忆不受听觉编码缺失的影响，换言之，内隐记忆无须借助听觉编码；另一方面，也启示我们可以通过创设较好的内隐学习环境，激发聋童的内隐记忆能力，这样就可以更好地弥补聋童在生理上的缺陷。

内隐记忆和外显记忆的差异。将外显记忆和内隐记忆进行比较就可以发现，前者存在显著的人群差异和年龄差异；而后者却始终保持稳定，既不受年龄的影响，也不受听力损失的影响。多重记忆系统理论可以为这两种记忆的分离提供良好的理论依据：由于内隐记忆和外显记忆是两个不同的记忆系统，并且有各自特定的神经机制与行为指标，因此本实验中出现的分离也就自然得到了解释。此外对正常儿童而言，本研究中的内隐记忆和外显记忆均未表现出显著的年龄差异，但是随着年龄的增长，内隐记忆体现出略微的上升，外显记忆表现出略微的下降。这些略微的趋势虽然未达到显著水平，但仍然与我们此前的研究结果不谋而合。我们曾经采用加工分离程序，分别以文字、具体图片和抽象图片为记忆材料，对内隐记忆和外显记忆的发展模式进行了考察。结果发现在高小、初三、大学生、中年人以及老年人这五个年龄段中，内隐记忆不存在显著的年龄差异，而外显记忆则以高小（10岁左右）最佳，总体仍然为下降的趋势。据此，我们提出了意识和无意识的权衡理论。意识和无意识的权衡理论认为在人的认知系统中存在着意识和无意识两个子系统，这两个系统之间会产生协同作用，使系统形成具有一定功能的结构，并具有相互独立、相互作用、互为主次、互相依存四个特征。

结论

本研究自行编制计算机化的加工分离程序（PDP），旨在探讨聋童和正常儿童是否在内隐记忆和外显记忆上存在不同的发展模式。结果显示：（1）人群和年龄对内隐记忆没有显著影响，而外显记忆存在显著的人群差异和年龄差异；（2）外显记忆的人群和年龄存在显著的交互作用，聋童随年龄增长，其外显记忆存在显著的发展，而正常儿童的外显记忆有略微的下降。本研究结果支持意识和无意识的权衡理论，并为聋童教育提出了一些指导思想。

研究三 **内隐重复效应影响外显工作记忆的年龄差异研究**

刘英杰（2014）采用延迟样本匹配任务并控制被试对部分项目的有意识学习经验，研究考察了老年被试与青年被试在追逐靶、排除分心物的过程中，重复启动效应如何受到项目外显学习经验的影响。老年被试和青年被试首先学习一些物体图片，这些熟悉的图片与一些新图片作为之后工作记忆任务的靶或分心物。结果发现，老年被试与青年被试在追逐靶和排除分心物的过程中均受到项目之前学习经验的影响。无论是老年被试还是青年被试，对靶的反应时均快于对分心物的反应时，对外显学习过的靶（熟悉靶）的反应时快于对未学习过的靶（新靶）的反应时，而拒绝熟悉的分心物需要的时间长于拒绝新分心物的时间。其次，老年被试与青年被试均表现出对靶的重复效应，即当靶（无论是熟悉的还是新的）在任务中重复出现时，对其的反应时加快；然而，对分心物的重复效应显著减小。随着项目多次重复，重复效应整体上减小，但该效应的变化受到项目属性（靶或分心物）以及项目之前学习经验的影响。重要的是，当熟悉的分心物反复出现时，老年被试不但没有出现重复效应，反而在拒绝该熟悉分心物上表现出困难，反应时显著延长，而在青年被试上没有该表现。这些结果说明，老年被试的工作记忆任务成绩容易受到内隐熟悉性的干扰，重复出现的干扰项产生的熟悉性使得老年被试难以拒绝。

研究背景

工作记忆是对有限容量的信息进行暂时贮存和保持，并对此信息进行操作加工和执行控制的系统。先前经验对记忆测验成绩的影响可以是有意识的，也可以是无意识的，表现为记忆的外显或内隐类型。在过去几十年里，大量来自实验心理学、神经心理学和认知神经科学的研究关注两种记忆类型的神经基础和相互作用。相对一致的结论认为，外显记忆与内隐记忆依赖于不同的脑内记忆系统（Gazzaniga，1998；Grill-Spector et al.，2006；Grill-Spector et al.，2001；Jiang et al.，2000；Markowitsch，2008；Meng et al.，2007a；Paller，Voss 和 Boehm，2007；Voss 和 Paller，2008）。但是，两种记忆系统随年龄变化而发生发展的机制仍不清楚。近期一些研究报告了人类有意识的记忆过程或外显记忆的年龄差异（Fabiani et al.，2005；Fleischman et al.，1998；Reuter-Lorenz，2000），但是，对于内隐记忆与外显记忆的关系如何受到年龄变化的影响的研究较少，得到的结论也不一致。

一些研究发现，重复启动任务存在年龄差异（Cherry et al.，1998；Fleischman et al.，1998；La Voie et al.，1994；Lawson et al.，2007；Liu et al.，2006），老年被试的重复启动效应减小。重复启动效应指的是，被试对重复出现的刺激加工得更快、更好，对重复刺激的反应时加快、错误率降低，这体现了被试对该刺激的内隐学习和记忆。这种效应在遗忘症病人身上也存在，虽然病人并没有意识到这一点（Gabrieli，1998）。所以，重复启动效应被认为是一种不需要意识觉知的自动学习过程，不同于有意识的记忆或外显记忆。老年被试对三维物体（Jiang et al.，1999；Jiang et al.，2002，2009）、情绪性刺激（Jiang et al.，2007）等的重复启动效应均较年轻被试明显降低，体现了老年人内隐学习能力一定程度的下降。Jiang 等人（2009）使用事件相关电位技术（Event-Related Potential，ERP）证明，当启动刺激和目标刺激相隔时间短于400ms时，老年被试对目标刺激脑电信号反应强度减弱、时间进程减慢是导致老年被试启动效应降低的主要原因。但是，也有一些研究发现，老年被试只是在整体反应时上慢于年轻被试，但仍存在与年轻被试相当的重复启动效应量（Pfutze，Sommer 和 Schweinberger，2002）。

这类研究多数使用了视觉启动范式，在这类范式中，被试只需被动地观察启动刺激而不进行反应，只对随后呈现的目标刺激进行判断。有研究者认为，这类范式可能导致外显记忆对内隐重复启动效应的污染（Mitchell et al.，2003），其也是导致研究结果不一致的主要原因。采用延迟样本匹配任务（delayed-matching-to-sample task）并操纵被试对实验部分项目的有意识学习经验，则可以直接考察外显的学习经验对重复启动效应的影响（Guo et al.，2007；Guo et al.，2008；Lawson，2007）。被试首先对一些项目或图片进行有意识的学习。在之后的工作记忆任务中，这些学习过的图片和一些新图片作为工作记忆任务的靶或分心物。在一个试次（trial）中，首先呈现样本图片（学习过的或新的），之后呈现一系列需要判断的图片测验，包含靶、学习过的分心物、新的分心物等，这些图片可多次出现。被试需要判断每个测验图片是否是样本图片，即是不是靶刺激。在工作记忆中保持靶、排除分心物的过程中，多次出现的刺激会导致被试更快的加工，出现启动效应。Lawson 等人（Lawson et al.，2007）使用该范式并采用事件相关电位技术发现，年轻被试拒绝干扰项的早期启动效应（200～550ms）在脑电反应上显著受到之前外显学习经验的影响，而老年被试的该效应则不受影响。也就是说，年轻被试在脑电反应上区分出了学习过的分心物和新的分心物。在行为反应上，老年被试对学习过的分心物的反应时短于对新分心物的反应时，但仅限于首次呈现时。随着刺激重复出现，学习过的分心物可能逐渐建立起内隐的熟悉性，导致老年被试对其拒绝困难。而在年轻被试上，则不存在该效应。但是，老年被试在整体的重复启动效应（包括对靶的重复效应和对干扰项的启动效应）上并不比年轻被试小，甚至表现出了更大的启动受益。这说明，单纯考察重复效应不能全面考察老年被试的工作记忆加工特点，老年被试可能更难区分外显学习过的知识和内隐的熟悉性。

另外，虽然有多种方法可以对执行功能（executive function）进行分类，认知老龄化的研究一般将老年被试在工作记忆任务上的困难归结为加工资源不足和对分心物的抑制困难（Miyake et al.，2000）。例如，采用双任务范式，年轻被试在加工资源短缺情况下表现出与老年被试在单任务条件下类似的行为模式（Anderson et al.，1998）。老年被试对分心物的抑制困难则表现在多种范式中，如负启动、视觉搜索或重复启动任务（Andrés et al.，2008；Connelly et al.，1993；Darowski et al.，2008），难以拒绝分心物可能导致过多的无关信息存储在工作记忆中，从而降低了整体的加工效率。但是到目前为止，还没有研究采用延迟样本匹配任务考察较大工作记忆负荷下，老年被试和青年被试对工作记忆的重复效应如何受到项目先前学习经验的影响。过去研究采用延迟样本匹配任务时均使用一个靶刺激，被试在工作记忆中只要保持该靶刺激并拒绝所有其他的刺激即可，不容易观察到老年被试的加工局限。其次，重复出现的分心物将建立起内隐的熟悉性，这种熟悉性容易跟工作记忆中持续保持的靶刺激产生混淆，老年被试抑制干扰刺激的能力更弱，更容易表现出对分心物（尤其是学习过的分心物）的拒绝困难。基于以上的假设，在当前的研究中，我们采用延迟样本匹配任务，考察老年被试的重复启动效应如何受到外显记忆的影响。在前期研究基础上进行了如下新的操纵。其一，增加了工作记忆中追逐靶的难度，将样本图片的数量从 1 个增加到 2 个。随着工作记忆中需要保持的靶刺激增多，提高了工作记忆的负载，老年被试的加工资源可能不足，保持靶和排除分心物更加困难，此时更利于考察老年被试和青年被试在外显工作记忆任务上和内隐启动效应上的差异；其二，考察靶和分心物的重复效应如何受到外显学习经验的影响。在对重复效应的考察上，除考察被试对测验项目第 1 次呈现和第 2 次呈现的反应，增加对第 3 次呈现和第 4 次呈现的反应时考察，被试对反复呈现的分心物建立起内隐的熟悉性，我们预测，由于老年被试无关信息抑制能力下降，可能更容易表现出对分心物的拒绝困难。

研究方法

被试

20 名在校大学生或研究生（14 名女生，6 名男生，19 ~ 26 岁，$M = 21$ 岁，$SD = 1.85$）以及 20 名老年被试（12 名女性，8 名男性，64 ~ 76 岁，$M = 68$ 岁，$SD = 3.43$）参加了实验。被试均为右利手，视力或矫正视力正常，无色盲色弱。老年被试中 2 人为中专学历，1 人为大专学历，其余均为本科学历，与青年被试在受教育程度上匹配。所有被试均自愿参加实验，实验后获得一定的报酬。

刺激材料

实验材料选用了 Snodgrass 和 Vanderwart（1980）设计的线条图片，共 144 张。图片大小为 8.3cm × 5.8cm，视距 65cm，视角为 7.1° × 5.1°。实验前先让被试学习 36 张图片，在工作记忆任务阶段该 36 张图片作为熟悉靶图片或熟悉分心物图片。另 108 张未学习过的新图片中，36 张用作新靶图片，72 张用作新分心物图片。旧靶图片和新旧分心物图片在相似性和复杂性上均进行了匹配。

实验设计和程序

被试坐在照明柔和适度的电磁屏蔽室内完成整个实验程序。实验分为学习阶段和工作记忆任务阶段（实验程序见图 3 - 5）。

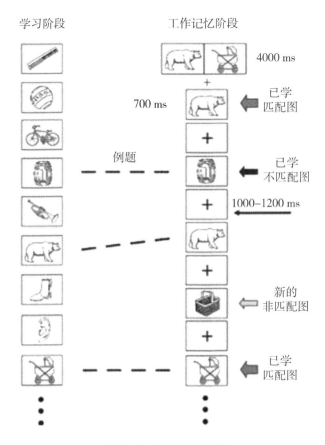

图 3 - 5 实验流程示例

在学习阶段，被试学习并记住 36 张图片，每张图片呈现 10s。之后，被试对学习过的 36 个图片以及另外 36 个新图片（这些新图片在工作记忆任务中不再使用）进行再认任务，对旧图片的再认正确率在 94% 以上，保证这些图片在接下来的工作记忆阶段作为熟悉客体（熟悉靶或者熟悉分心物）。

在工作记忆任务阶段，采用延迟样本匹配任务范式。一个序列（trial）由 2 个靶和 12 个测验图片组成。两个靶并排呈现在屏幕中央，靶图片的外框用绿色标记，呈现时间为 4000ms。这两个靶或者都是新靶，或者都是熟悉靶。测验图片有 3 种：靶、已学习过的熟悉分心物、未学习过的新分心物。每次呈现一张测验图片，每个测验图片呈现时间在 700ms，随后呈现注视加号，时间在 1000~1200ms 随机变化，每种测验图片重复出现 3~4 次。要求被试对测验图片进行又快又准的按键反应，一半的被试对"靶"用左手食指按键，对"分心物"用右手食指按键，另一半被试相反。8 个序列构成一个区组（block），共有 9 个区组。使用新靶的序列和使用熟悉靶的序列在区组内以"ABBAAB■□□"的方式平衡。在每个区组之间，被试有 2~3min 的休息时间。

结果

对每个被试按照实验条件分别计算了平均反应时和正确率，熟悉靶、熟悉分心物、新靶、新分心物在第 1 次呈现、第 2 次呈现、第 3 次呈现和第 4 次呈现的平均值见表 3-10 和图 3-6。

表 3-10　老年被试和青年被试在各个实验条件下的反应时±
标准误以及正确率（%）±标准误

被试	目标属性	目标经验	呈现次数					
			第 1 次		第 2 次		第 3 次和第 4 次	
			反应时	正确率	反应时	正确率	反应时	正确率
老年被试	靶	熟悉的	598±14	96.6±0.5	584±15	96.5±0.8	576±15	97.7±0.5
		新的	624±12	96.7±0.7	593±14	97.9±0.4	589±14	97.3±0.6
	分心物	熟悉的	647±12	98.8±0.3	638±12	95.1±0.9	653±12	96.0±0.6
		新的	640±11	99.1±0.3	637±13	97.5±0.4	635±13	97.6±0.5
青年被试	靶	熟悉的	499±11	95.8±0.7	484±8	94.6±0.8	479±10	96.9±0.7
		新的	517±10	95.1±0.9	494±9	96.8±0.7	487±8	97.3±0.7
	分心物	熟悉的	541±11	98.5±0.6	536±10	94.7±1.0	538±8	94.8±1.1
		新的	534±9	99.2±0.3	527±9	96.9±0.7	529±8	97.0±0.8

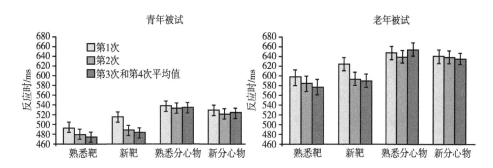

**图 3 - 6 两组被试在不同刺激条件下（熟悉靶、熟悉
分心物、新靶、新分心物）的反应时和标准误差**

反应时：以被试（青年被试、老年被试）为组间变量，以目标属性
（靶、分心物）、是否学习过（熟悉的、新的）、重复次数（第 1 次、第 2 次、
第 3 次和第 4 次的平均值）为组内变量对被试的反应时进行重复测量方差分
析。结果发现，被试的主效应显著，F（1，38）= 47.18，$p < 0.001$，
$partial\eta^2 = 0.993$（关于 η^2、$partial\eta^2$ 的区别请见 Levine et al.，2002），青年
被试的反应时显著快于老年被试的反应时（514ms vs. 618ms）。目标属性的
主效应显著，F（1，38）= 195.74，$p < 0.001$，$partial\eta^2 = 0.837$，被试对靶
的反应时快于对分心物的反应时（544ms vs. 588ms）；是否学习过的主效应
显著，F（1，38）= 4.05，$p = 0.051$，$partial\eta^2 = 0.096$，被试对熟悉的图片
的反应时快于对新图片的反应时（564ms vs. 567ms）；重复次数的主效应显
著，F（2，76）= 29.54，$p < 0.001$，$partial\eta^2 = 0.437$，被试对图片第 1 次
出现时的反应时显著慢于对第 2 次出现的反应时以及第 3 和第 4 次的平均
值（574ms vs. 562ms vs. 561ms），$p < 0.001$。目标属性与是否学习过的交
互作用显著，F（1，38）= 104.18，$p < 0.001$，$partial\eta^2 = 0.733$。事后检验
表明，对熟悉靶的反应时快于对新靶的反应时（536ms vs. 550ms），$p <$
0.001，但是，对熟悉分心物的反应时慢于对新分心物的反应时（592ms vs.
584ms），$p < 0.001$。目标属性与重复次数的交互作用显著，F（2，76）=
25.07，$p < 0.001$，$partial\eta^2 = 0.397$，是否学习过与重复次数的交互作用也
显著，F（2，76）= 7.90，$p < 0.005$，$partial\eta^2 = 0.172$，这说明，被试对熟
悉靶、新靶、熟悉分心物、新分心物等的反应时受重复次数的影响有差异。

这个差异进一步由三重交互作用证实，$F_{(2, 76)} = 5.30$，$p < 0.01$，$partial\eta^2 = 0.122$。重要的是，组间变量与上述因素或因素的二重交互作用没有交互，但是与三因素的交互作用显著，$F_{(2, 76)} = 3.54$，$p < 0.05$，$partial\eta^2 = 0.085$，说明青年被试和老年被试对熟悉靶、新靶、熟悉分心物、新分心物的重复效应模式上有差异。

为进一步分析青年被试与老年被试在不同条件下重复效应的差异，对青年被试或老年被试在熟悉靶、新靶、熟悉分心物、新分心物的不同呈现次数上反应时进行部分方差分析。以被试为组间变量、重复次数为组内变量，对被试对熟悉靶的反应时进行方差分析显示，重复次数的主效应显著，$F_{(2, 76)} = 27.00$，$p < 0.001$，$partial\eta^2 = 0.415$。Bonferroni 矫正的事后检验表明，被试对第 1 次出现的图片的反应时显著快于对第 2 次的反应时，也快于第 3 次和第 4 次的平均值（548ms vs. 534ms vs. 527ms），$p < 0.001$，被试对图片第 2 次出现的反应时显著快于对第 3 次和第 4 次出现的反应时，$p = 0.051$。组间变量与重复次数没有交互作用，$F_{(2, 76)} < 1$，这说明两组被试对熟悉靶的重复效应的模式相同。对新靶做同样的方差分析，结果显示，重复次数的主效应显著，$F_{(2, 76)} = 55.64$，$p < 0.001$，$partial\eta^2 = 0.594$，被试对图片第 1 次呈现的反应时显著慢于重复出现的反应时（571ms vs. 543ms vs. 538ms），$p < 0.001$，对第 2 次和第 3 次、第 4 次的反应时没有差异。组间变量与该因素的交互作用也不显著，说明两组被试对新靶的重复效应模式没有差异。对熟悉分心物做同样的方差分析，结果显示，重复次数的主效应显著，$F_{(2, 76)} = 3.04$，$p = 0.054$，$partial\eta^2 = 0.074$，对图片第 1 次呈现的反应时与第 2 次、第 3 次和第 4 次的没有差异，$p > 0.1$，但是被试对第 3 次和第 4 次呈现的反应时显著慢于对第 2 次呈现的反应时，$p = 0.05$。同时，组间变量虽与重复次数的交互作用不显著，$F_{(2, 76)} = 1.74$，$p > 0.05$，$partial\eta^2 = 0.044$，但是，组间变量与重复次数的组内比较（within-subjects contrasts）交互显著，$F_{(1, 38)} = 3.28$，$p = 0.078$，$partial\eta^2 = 0.323$，即两组被试在重复效应上的模式变化有差异。后续分析显示，青年被试在不同呈现次数上的反应时没有差异（541ms vs. 536ms vs. 538ms），$F_{(2, 38)} < 1$;而老年被试在不同呈现次数上的反应时有差异，$F_{(2, 38)} =$

3.55，$p < 0.05$，Bonferroni 矫正的事后检验表明，老年被试在第 1 次和第 2 次呈现的反应时没有差异（647ms vs. 638ms），$p > 0.1$，但是第 3 次、第 4 次呈现的反应时显著慢于对第 2 次呈现的反应时（653ms vs. 638ms），$p < 0.05$。对新分心物的同样检验发现，重复次数的主效应不显著，$F(2, 76) = 2.05$，$p > 0.1$，$partial \eta^2 = 0.051$，组间变量与该因素也没有交互作用，$F(2, 76) < 1, p > 0.1$，$partial \eta^2 = 0.013$，说明两组被试对新分心物均没有重复效应。

接着，我们分析了两组被试在重复效应变化趋势上的差异。将重复效应 I（项目第 1 次呈现时被试的反应时减第 2 次呈现时被试的反应时）和重复效应 II（项目第 2 次呈现时被试的反应时减第 3 次、第 4 次呈现时的反应时）进行以被试（青年被试、老年被试）为组间变量，以目标属性（靶、分心物）、是否学习过（熟悉的、新的）、重复效应次数（重复效应 I、重复效应 II）为组内变量的重复测量方差分析。结果显示，目标属性的主效应显著，$F(1, 38) = 29.16$，$p < 0.001$，$partial \eta^2 = 0.434$，被试对靶的重复效应显著大于对分心物的重复效应（13ms vs. 1ms）；是否学习过的主效应显著，$F(1, 38) = 16.90$，$p < 0.001$，$partial \eta^2 = 0.308$，被试对熟悉的图片的重复效应小于对新图片的重复效应（5ms vs. 9ms）；重复效应次数的主效应显著，$F(1, 38) = 26.80$，$p < 0.001$，$partial \eta^2 = 0.414$，重复效应 I 显著大于重复效应 II（13ms vs. 1ms）。上述因素的两两交互作用均不显著，$p > 0.1$，同时，组间变量与上述单个因素或两因素交互作用的交互作用不显著。但是，目标属性、项目是否学习过、重复效应次数的三重交互作用显著，$F(1, 38) = 15.77$，$p < 0.001$，$partial \eta^2 = 0.293$。更重要的是，组间变量与该三重交互作用的交互作用显著，$F(1, 38) = 4.57$，$p < 0.05$，$partial \eta^2 = 0.107$。这说明，是否学习过对靶或分心物两次重复效应的影响在两组被试间存在差异。

为进一步分析两组被试对靶或分心物的重复效应（见图 3 - 7）的差异如何受到项目先前学习经验的差异性影响，对青年被试或老年被试在熟悉靶、新靶、熟悉分心物、新分心物上的两次重复效应变化进行了部分方差分析。

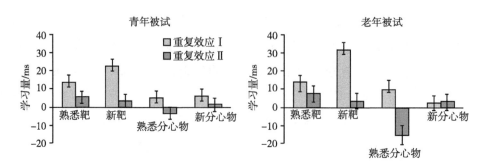

图3-7 两组被试在不同刺激条件下（熟悉靶、熟悉
分心物、新靶、新分心物）的重复效应和标准误差

以被试为组间变量、重复效应次数为组内变量，对两组被试对熟悉靶的重复效应进行方差分析显示，重复效应次数的主效应边缘显著，$F_{(1, 38)} = 3.55$，$p = 0.06$，$partial\eta^2 = 0.085$，被试的重复效应Ⅰ显著大于重复效应Ⅱ（14ms vs. 6ms）。但是，组间变量与该因素的交互作用不显著，$F_{(1, 38)} < 1$，即两种被试对熟悉靶的重复效应变化趋势相同。对新靶的相同分析显示，重复效应次数的主效应显著，$F_{(1, 38)} = 49.53$，$p < 0.001$，$partial\eta^2 = 0.566$，被试的重复效应Ⅰ显著大于重复效应Ⅱ（27ms vs. 4ms）。类似地，组间变量与该因素的交互作用也不显著，$F_{(1, 38)} = 1.81$，$p > 0.1$，$partial\eta^2 = 0.045$，即两种被试对新靶的重复效应变化趋势相同。对熟悉分析物做同样的方差分析，结果显示，重复效应次数的主效应显著，$F_{(1, 38)} = 11.86$，$p < 0.005$，$partial\eta^2 = 0.238$，被试的重复效应Ⅰ显著大于重复效应Ⅱ（7ms vs. -9ms）。同时，组间变量与重复效应次数的交互作用边缘显著，$F_{(1, 38)} = 2.92$，$p = 0.09$，$partial\eta^2 = 0.071$，说明两组被试对熟悉分心物的重复效应变化趋势有差异。进一步的独立样本 T 检验显示，老年被试和青年被试在熟悉分心物的重复效应Ⅰ上没有差异（9ms vs. 5ms），$t_{(38)} < 1$，但是，老年被试对熟悉分心物的重复效应Ⅱ显著小于青年被试的该效应（-15ms vs. -3ms），$t_{(38)} = -1.8$，$p = 0.08$。对新分心物做同样的方差分析，结果显示，重复效应次数的主效应不显著，$F_{(1, 38)} < 1$，重复效应Ⅰ和重复效应Ⅱ的量没有差异（4ms vs. 2ms）；此外，组间变量与重复效应次数的交互作用不显著，$F_{(1, 38)} < 1$，两组被试在两次重复效

应上的模式没有差异。

正确率：以被试（青年被试、老年被试）为组间变量，以目标属性（靶、分心物）、是否学习过（熟悉的、新的）、重复次数（第 1 次、第 2 次、第 3 次和第 4 次的平均值）为组内变量对被试的正确率进行重复测量方差分析。结果显示，组间变量的主效应显著，$F(1, 38) = 1.34$，$p > 0.1$，$partial\eta^2 = 0.034$，老年被试与青年被试的正确率没有差异（97.2% vs. 96.5%）；是否学习过的主效应显著，$F(1, 38) = 28.16$，$p < 0.001$，$partial\eta^2 = 0.426$，被试对熟悉图片的正确率低于对新图片的正确率（96.4% vs. 97.4%）；重复次数的主效应显著，$F(2, 76) = 9.74$，$p < 0.001$，$partial\eta^2 = 0.204$。Bonferroni 矫正的事后检验表明，被试对第 1 次出现的图片的正确率显著高于第 2 次呈现的正确率（97.5% vs. 96.3%），$p < 0.001$，第 2 次呈现与第 3 次、第 4 次呈现的正确率没有差异（96.3% vs. 96.8%），$p > 0.1$。目标属性与是否学习过的交互作用显著，$F(1, 38) = 5.95$，$p < 0.05$，$partial\eta^2 = 0.135$。后续检验表明，对熟悉靶和新靶的正确率没有差异（96.4% vs. 96.8%），$p > 0.1$，但是对新分心物的正确率显著高于对熟悉分心物的正确率（97.9% vs. 96.3%），$p < 0.001$。目标属性与重复次数的交互作用显著，$F(2, 76) = 26.94$，$p < 0.001$，对目标的正确率随重复逐渐上升（96.0% vs. 96.4% vs. 97.3%），$p < 0.01$，而对分心物的正确率随重复逐渐下降（98.9% vs. 96.1% vs. 96.4%），$p < 0.001$。是否学习过与重复次数的交互作用也显著，$F(2, 76) = 12.04$，$p < 0.001$，对熟悉项目的正确率先降再升（97.4% vs. 95.2% vs. 96.4%），$p = 0.005$，而对新项目的正确率保持不变（97.5% vs. 97.3% vs. 97.3%），$p > 0.1$。以上结果说明正确率随重复次数的变化在靶与分心物之间以及在熟悉图片和新图片间存在差异。但是三重交互作用不显著，$F(2, 76) = 1.50$，$p > 0.1$，$partial\eta^2 = 0.038$。组间因素与上述任何因素或因素的交互作用均不显著，这说明两组被试正确率的模式没有差异。

讨论

采用延迟样本匹配任务并控制被试对部分项目的有意识学习经验，当前研究考察了老年被试与青年被试在追逐靶、排除分心物的过程中，重复启动效应如何受到项目外显学习经验的影响。

首先，老年被试与青年被试追逐靶和排除分心物的过程均受到项目之前学习经验的影响。无论是老年被试还是青年被试，对靶的反应时均快于对分心物的反应时，对外显学习过的靶（熟悉靶）的反应时快于对未学习过的靶（新靶）的反应时，而拒绝熟悉的分心物需要的时间长于拒绝新分心物的时间。

其次，老年被试与青年被试均表现出对靶的重复效应，即当靶（无论是熟悉的还是新的）在任务中重复出现时，对其的反应时加快；对分心物的重复效应小于对靶的重复效应。随着项目多次重复，重复效应整体上减小，但该效应的变化受到项目属性（靶或分心物）以及项目之前学习经验的影响。重要的是，当熟悉的分心物多次出现时，老年被试不但没有出现重复效应，反而在拒绝该熟悉分心物上表现出困难，反应时显著延长，而在青年被试上没有该表现。该研究结果首先说明，工作记忆任务中追逐靶和排除分心物的效率存在差异。无论是老年被试或青年被试，对靶的反应时快于对分心物的反应时。随着靶或分心物多次呈现，反应内隐学习与记忆的重复效应在靶和分心物之间也存在差异。对靶来讲，无论是熟悉靶还是新靶，无论是老年被试还是青年被试，均表现出重复效应，即对多次出现的靶刺激反应时加快。但是，分心物的重复效应显著减小甚至无重复效应。而在反应正确率上，对多次重复出现的靶的正确率提高，但是对多次重复出现的分心物的正确率下降。这些结果与前人的相关研究一致。例如，Caggiano，Jiang 和 Parasuraman（2006）采用单靶延迟样本匹配任务（但是没有控制项目的前期学习经验），让被试判断测试项目是否是靶刺激。靶和分心物可能重复多次出现（最多 5 次）。结果发现，随着项目多次出现，被试对靶的反应时逐渐加快，而对分心物的正确率逐渐下降。对靶的反应加快反映了内隐熟悉性造成的促进效应，而重复出现引起的熟悉性则干扰了拒绝分心物的过程。与过去研究有所不同的是，Caggiano 等人（2006）以及 Guo 等人（2007，2008）均发现被试对靶的反应时慢于对分心物的反应时，而当前研究中两组被试对靶的反应时均快于对分心物的反应时。这可能与实验中使用的样本图片数量有关。上述提到的前人研究均使用单样本刺激，被试在进行匹配任务时可能采用排除法，只要测试图片与样本刺激有不同，即可快速判定为分心物，而当遇到靶图片时则需要与样本图片进行匹配。当前研究采用双样本图片，对分心物的拒绝要完成与两个样本的对比才能拒绝，而对靶图片的确认只要与其中一个样本匹配即可。这个研究结果可能与视觉搜索过程中的双目标搜索过程类似（Menneer et al.，2012），当需要在视觉工作记忆中保持多个目标时，对分心物的排除效率显著低于只在工作记忆中保持一个项目时。其次，工作记忆任务中追逐靶和排除分心物的效率受到了项目之前学习经验的影响。一方面，在确认靶的过程中，无论是老年被试还是青年被试，对熟悉靶的反应时均快于对新靶的反应时。另一方面，在排除分心物的过程中，老年被试与青年被试均对熟悉分心物比对新分心物反应更慢。学习过的客体图片具有较高的熟悉性，作为靶时更容易被确认，而作为分心物时则更容易引起混淆，造成对其的反应时减慢。过去研究发现，老年被试对面孔（Bartlett et al.，1991；Bastin et al.，2003）或文字的记忆（Balota et al.，2002；Jennings et al.，1997）更依赖于熟悉性（该项目是不是刚刚出现过），而在特定的回忆任务中容易出现行为缺陷。而青年被试，虽然整体的反应时快于老年被试，但是在目标属性（靶、分心物）与项目学习经验的交互作用模式上与老年被试相似。这暗示，这种外显学习经验导致的熟悉性对老年被试和青年被试的影响是存在相似性的。

再次，当前研究发现，对靶或分心物的内隐重复启动效应也受到项目之前外显学习经验的影响。两组被试对靶，无论是新靶还是熟悉靶，均产生显著的重复效应，并且重复效应 II 要小于重复效应 I，即项目第 2 次呈现时相对于首次呈现时的重复效应大于第 3 次、第 4 次呈现时相对于第 2 次的重复效应。而当分心物多次呈现时，青年被试在熟悉分心物和新分心物上均没有出现显著的重复效应，老年被试对熟悉分心物非但没有重复效应，反而在其多次出现时反应时显著变慢。当前研究首次报告了老年被试对熟悉分心物的拒绝困难。Lawson 等人（2007）采用了类似的实验范式，但是被试只需在工作记忆任务中追逐一个靶刺激，结果并没有发现老年被试对重复出现的熟悉分心物的拒绝困难，老年被试在熟悉的分心物第 2 次出现和第 3 次出现的反应时相当，并显著快于第 1 次呈现的反应时，重复效应显著。而在当前研究中，被试需要在工作记忆中保持两个靶刺激，熟悉的分心物在第 2 次呈现时的反应时即与第 1 次的反应时相当，没有重复效应；而当熟悉的分心物多次呈现时，老年被试对其的拒绝更加困难。当前结果与 Lawson 等人（2007）的结果说明两个问题：一方面，青年被试在工作记忆任务中对靶的保持优于老年被试。当工作记忆的负荷较低时，老年被试对靶的保持不存在困难，此时拒绝分心物只需与靶进行一次对比即可完成。即使分心物曾经学习过，具有较高的熟悉性，但是对靶的清晰保持保证了对分心物的快速拒绝。但是，当工作记忆的负荷变高时，对靶的保持难度增加，拒绝分心物需要完成与两个靶的对比才能正确拒绝。此时学习过的分心物因具有较高的熟悉性而干扰了老年被试，尤其是在该分心物多次出现时。另一方面，重复启动效应受到工作记忆负荷的调控。当工作记忆的负荷低时，Lawson 等人（2007）发现了对熟悉分心物的重复效应；而当前研究的工作记忆负荷较高，老年被试和青年被试对熟悉分心物的重复效应均消失。但是，目前还没有研究在延迟样本匹配任务中直接操纵和比较不同记忆负荷条件下重复效应如何受到项目外显学习经验的影响。孟迎芳和郭春彦（2007b）采用学习—再认范式，报告了学习阶段的加工负荷对再认阶段内隐记忆效应的影响，只有在学习阶段处于低负荷的面孔刺激才在再认阶段的事件相关电位上表现出了内隐记忆效应，说明内隐记忆效应确实可以受到编码阶段加工负荷的调控。今后研究可直接控制再认阶段的工作记忆负荷，来进一步探讨内隐记忆与外显工作记忆任务负荷的关系。增加记忆负荷显著影响老年被试的工作记忆表现的根本原因是，工作记忆的容量随年龄显著下降（Myerson et al., 2003；Chen et al., 2003）。但是，这种下降的具体机制还需要进一步的证据。一种可能是老年被试对靶的保持出现困难，另一种可能则是老年被试更难抑制分心物的干扰。采用事件相关电位技术，Gazzaley 等人（2008）发现，老年被试在工作记忆的编码（encoding）阶段难以抑制任务无关信息；而 Vogel 等人（2005）则发现，低工作记忆容量的被试（老年被试）比高工作记忆容量的被试（青年被试）在延迟阶段（delay period）表征了更多的任务无关信息。虽然抑制任务无关信息的关键阶段的早晚还存在争议，这些研究和当前研究均说明，排除分心物的效率可能是决定个体工作记忆容量和在工作记忆任务中的行为表现的关键因素（Gazzaley et al.，2008；Jost et al.，2011；Vogel et al.，2005）。但是，需要注意的是，当前研究与上述研究采用了不同的范式。Vogel 等人（Vogel et al.，2005；Jost et al.，2011）的研究采用了变化探测任务（change detection task），被试在编码阶段需要记住红色项目的朝向，并忽略绿色或蓝色项目的朝向，在之后的测验阶段判断红色项目的朝向是否发生了变化。ERP 结果显示，在项目被编码后的延迟阶段，青年被试能够更好更快地集中在任务相关的红色项目上，而老年被试则对任务无关的绿色或蓝色项目也进行了表征，对分心物的抑制晚于青年被试。而在当前研究中，被试的任务是保持靶刺激并拒绝分心物刺激，对靶或非靶进行辨别判断。此时的分心物也可以说是任务相关的。换句话说，正确地拒绝分心物也是成功保持靶刺激的一种表现。此时，分心物，尤其是重复出现的熟悉分心物在老年被试与青年被试脑内的反应可能存在差异，值得采用脑电技术和功能磁共振成像技术进行进一步的研究。老年被试可能需要较多的前额叶活动来补偿抑制分心物能力下降带来的干扰（近期关于认知老龄化与前额叶功能的综述请见 Cabeza 和 Dennis，2012）。另外，在当前的研究范式中，青年被试对多次出现的熟悉分心物虽没有反应减慢，但是也没有显著的重复效应，这说明青年被试在拒绝多次出现的熟悉分心物上也并没有显示出来自内隐学习的加工优势。在正确率的模式上，老年被试和青年被试均对多次重复出现的靶的正确率提高，但是对多次重复出现的分心物的正确率下降。这说明青年被试对重复出现的分心物的加工效果也逐渐变差。未来研究可采用 ERP 技术来考察青年被试和老年被试在拒绝熟悉的分心物过程中的脑电差异只是量的不同，还是具有时程早晚和头皮分布等的差异。此外，当前研究表明，老年被试虽然在拒绝熟悉分心物时效率下降，但是正确率并不低。整体来讲，虽未达到显著水平，老年被试的正确率略高于青年被试（97.2% vs. 96.5%）。同时，老年被试与青年被试在整体的正确率模式上相同。这可能说明，老年被试在反应策略上更慎重、更保守，努力保证能够做到更高的正确率。此时，在遇到重复出现的熟悉分心物上表现出的迟疑确实体现了老年被试对该项目的加工困难。当然，当前研究采用的老年被试虽年纪较大，但认知功能仍属正常范围。将来研究可考虑采用轻度认知障碍（Mild Cognitive Impairment，MCI）的老年被试或老年痴呆症（Alzheimer's Disease，AD）患者来进一步检验其拒绝重复出现的分心物如何受到项目先前学习经验的影响。由于认知功能的损害和工作记忆容量的进一步降低，这些人群则可能在反应时和正确率上均表现出困难。

第四章

无意识思维

　　无意识思维（unconscious thought）指缺少注意的思维，即个体在思考时，注意力不是指向思考的内容，而是指向其他无关事物。自德国哲学家莱布尼茨首次提出"无意识"概念、弗洛伊德集无意识研究之大成的精神分析理论，到20世纪50年代认知心理学兴起前，尽管对无意识的研究层出不穷，但研究者一般都以思辨的方式，认为无意识独立于意识之外，具有非理性和消极被动性。认知心理学兴起后，心理学家开始通过严谨的实证方法研究无意识。在对内隐学习、内隐记忆和阈下知觉等现象的一系列研究中发现，无意识和意识是两个即相互独立又密切联系的系统。决策理论学家通过实证研究发现，决策者只能运用意识的有限资源。Simon 在其有限理性模型中指出，由于人的加工资源有限，决策时不可能考虑所有有用信息。Kahneman 等人发现，由于可获得性的制约，意识会干扰原本有助决策的启发式策略，产生决策偏见。Wilson 和 Schooler（1991）用最精确的实验证明，意识的低容量会产生不良的决定和选择。在这个实验的影响下，荷兰阿姆斯特丹大学教授 Dijksterhuis 转而从积极的角度研究无意识思维对决策的影响。他与同事经过一系列针对无意识思维的实验研究，于最近系统地提出了无意识思维理论（Unconscious Thought Theory，UTT）。该理论修正了在信息过量的情况下，决策者"精心思考会有好决定"的世俗观念，提出应主动避免意识思维，积极调动无意识思维的思想，具有重要的理论和应用价值。

第一节　无意识思维的一般问题

人们在遇到复杂问题时（比较重大的选择，或要综合考虑多个方面情况），总是倾向于经过反复思考后再做出决定，而对于简单的问题则不假思索就回答。相关的理论研究也都强调意识在决策过程中的重要性，认为意识思维是解决问题的理想方式，而把无意识思维看作是很难通过研究揭示的"民间智慧"。但是，随着研究的逐渐深入，无论是现实生活，还是再实验条件下，人们发现，无意识思维是可以加以研究的。更有发现证明，在某些条件下，无意识思维具有意识思维不可比拟的优越性。

一、无意识思维的基本理论

1. 无意识思维原理（Unconscious-Thought Principle）

Dijksterhuis 认为，人类有两种思维模式——意识思维和无意识思维，它们具有不同的特征，分别适用于不同的情景。意识思维（conscious thought）是指个体在思考时，注意集中于目标或任务时所发生的与目标或任务相关的认知或情感思维过程，而无意识思维（unconscious thought）则是指当注意指向其他无关事物时所发生的与目标或任务相关的认知或情感思维过程。如一个人认真地比较了两个度假胜地 Florida 和 Tuscany，他认为 Tuscany 有令人陶醉的食物和红酒，所以决定去 Tuscany，这就是意识思维过程。可当他比较了两个度假胜地后却不知如何选择，于是决定暂时不去想这件事。在 24 小时后，他突然想到"去 Tuscany"！尽管这个想法本身是有意识的，但从拿不定主意到决定去 Tuscany 的改变却是无意识思维的结果。注意是区分意识思维和无意识思维的关键。意识是伴随注意的思维，而无意识思维则不需要注意的参与（或者说注意指向其他无关事物）。但这并不是说意识思维和无意识思维是相互隔离的，二者也有联系。如在演讲活动中，演讲是有意识、有目的的，但许多活动，如词语的组织或句式的选择则是无意识的。

2. 容量原理（Capacity Principle）

该原理认为意识思维的容量有限，而无意识思维则较意识思维具有更大的容量。因此，意识思维只能考虑到可利用信息的一个子集，而无意识思维则可以关注更广的范围，对目标做出更全面的评价。早在 20 世纪 50 年代，研究就发现意识的加工能力是每秒 10 ~ 60 比特，而人类总的认知加工系统可以达到每秒 11 200 000 比特。由此可见，意识的加工容量只占人类认知加工资源总量的很小一部分。无意识思维的容量要大于意识思维，因此加工过程中能处理更多的信息单元。Dijksterhuis 的实验为此提供了证据。实验中给被试呈现 4 所公寓的信息，要求被试基于这些信息从中选出最好的公寓。被试被分成 3 组：立即决定组，看完信息后立即做出决定；意识思维组，进行短暂的思考后再做出决定；无意识思维组，要求完成一个分心任务后再做出决定。结果表明，无意识思维组做出正确判断的人最多（59%），意识思维组次之（47%），立即决定者做出正确判断的人最少（36%）。Dijksterhuis 还考察了实验中被试的选择标准，即被试是基于整体判断还是依据个别属性做出决策。结果表明意识思维组只有 27% 的被试采用整体判断的方式，而无意识思维组中采用整体判断的被试达到了 56%。

3. 自下而上对自上而下加工原理（Bottom-Up Versus Top-Down Principle）

该原理认为意识思维过程受到对结果的预期和头脑内部图式的影响，是一种自上而下的加工过程，而无意识思维将信息慢慢整合并依据总体作出判断，是一种自下而上的加工过程。社会认知对刻板印象的研究表明，在认知资源受到限制时被试更容易使用刻板印象或图式，也就是说在信息解码过程中认知资源的限制会导致更多图式的运用。于是 Dijksterhuis 推论由于认知资源限制，在信息解码之后人们同样会更多地运用图式，并且意识思维的个体会比无意识思维的个体更容易产生刻板印象。这看似与常理相矛盾，因为人们总是习惯于将刻板印象和自动化或无意识相联系，但 Dijksterhuis 和 Bargh 已通过大量记忆范式研究证实了此假设。实验中被试会得到一种刻板期望（"你将读到一个名叫 Hamoudi 的摩洛哥人的信息"），然后给被试呈现具体的行为信息，一半信息与激活的刻板印象一致，另一半则与刻板印象不一致。最后测量被试对目标人物的印象判断并回忆目标人物的相关行为信息。被试被分为两部分，一半被试要求对目标人物的印象进行有意识的思考，另一半被试进行相同时间的分心任务，即进行无意识思维。结果表明，意识思维组的被试比无意识思维组的被试更多运用刻板印象，并且回忆的信息中与刻板印象一致的信息要比不一致的信息多，而无意识思维组对目标人物的评价更客观，且回忆的信息总量也更多。这表明尽管刻板印象是自动激活或无意识的，但由于意识思维是自上而下的加工方式，因此有意识思考的特定组织或个体便会自动地应用刻板印象。虽然目前对无意识思维的本质及其加工机制尚不明了，但研究已证实无意识思维是一个自下而上的加工过程，它可以有效地整合信息以形成相对客观的总体判断。Dijksterhuis 在实验中给被试随机呈现某个体（Jeroen）的 18 个行为信息，其中 6 个行为信息表明 Jeroen 是聪明的，6 个行为信息表明 Jeroen 是个理想主义者，6 个行为信息表明 Jeroen 是外向的（被试并不知道这些行为信息实际上代表三种潜在的特征结构）。被试的任务是尽可能多地回忆相关行为信息。结果表明，只有无意识思维组被试呈现出对信息的有效组织，他们能自觉地把同类信息串联起来分类记忆和报告，回忆的信息量也较多。

4. 权重原理（Weighting Principle）

该原理认为无意识思维能对事物各属性的自然权重（Naturally Weights）加以把握并做出最优决策，而意识思维会破坏了这种自然权重，影响决策质量。以上所探讨的决策都是从标准化视角出发，如一个公寓的积极属性比另一个公寓多就被认为是人们所期望的正确选择。但事实上决策质量是主观的，每个人都有自己的选择偏好，对于主观最优化决策，意识思维和无意识思维哪种思维策略更好呢？Dijksterhuis 等考察被试从五张不同明信片中选出自己喜欢的明信片后的满意度。他把被试安排在三种不同的情境下做出选择：（1）粗略浏览明信片；（2）进行 9min 的仔细思考；（3）完成一个 9min 的分心任务。几周后电话询问被试对所选明信片的满意分数并要求对明信片进行估价。结果发现无意识思维组的被试打分最高，即更喜欢所选的明信片。同时，他们的出价也是意识思维组的两倍。Dijksterhuis 认为这是因为当进行意识思考时，人们会关注那些不是最重要的、之前没有引起关注的但可以用语言解释的信息，这种转变破坏了原来合理的权重方式，因而导致不当的判断。

Dijksterhuis 还考察了人们权衡信息时的一致性问题。他发现意识思维的结果呈现出多样化，判断前后对信息评价不一致的现象更为明显。Levine 和 Dijksterhuis 把这种意识思维的权重随时间不一致的现象称为"决策噪声"（decision noise）。他们推断，有可能正是这种决策噪声增加了意识思维的任务难度，导致了不良权重结构。但是尚未有实验证实这种推断的合理性，对"决策噪声"本质的认识仍然模糊不清。

5. 规则原理（Rule Principle）

该原理认为意识思维过程遵循严格的规则，思维的结果也更加精确，而无意识思维只能给出大概的估计结果。13×14 等于多少？只有经过认真思考后才能得出答案，如果没有计算器，即使花两周时间进行无意识思考，也仍然不会有结果。无意识思维不能解决代数问题的关键在于它只能遵守规则而不能执行规则。Claxton 在他的书中把意识与无意识的区别用基于规则和联想思考来加以说明，他认为意识和无意识是对规则的两种不同处理方式：意识是套用规则的过程，只要掌握了规则并执行它就能解决所对应的问题，而且这个过程具有高精确性。而无意识善于发现现象背后的规律并自觉加以提取运用，它能自觉形成规则，但不能进行精确的计算。意识和无意识在精细程度上的不同决定了它们是两种不同的问题解决方式，有其各自的适用情境。

6. 聚合对发散原理（Convergence Versus Divergence Principle）

该原理认为意识思维及其记忆搜索过程是聚合式的，而无意识思维则倾向于发散式。聚合对发散原理更突出的体现在创造性活动中。创造力一直与酝酿相联系，酝酿效应常用"定式转换"来解释，即酝酿是由于分心或者遗忘导致原有的心向发生了改变，从而找到了解决问题的方法。比如棋手不能解决棋盘问题是因为他们固着于一种错误的思考方向，当一段时间的分心使他们忘记了原本错误的方向，用一种"全新的视角"看待问题，问题就能顺利解决。但是"定式转换"说并不能完整地解释创造性思维和问题解决，因为一些有价值的想法仅靠分心是不够的，必须经过一定的认知加工才有可能产生。Dijksterhuis 认为人类产生想法或观念的过程，意识思维是以聚焦的方式进行，无意识思维则以发散的方式进行，而发散的方式更容易产生创造性和独特的观念。他要求被试给意大利通心粉取名（需要以 A 开头），并且被试会得到5个都以i结尾的样本。实验分别在三种情况下进行：立即报告、认真考虑后报告、完成分心作业后报告。结果显示，意识思维的被试沿用了这条线索，列出的大多数名字都以i结尾，而无意识思维被试能列出更多以其他字母结尾的名字。另外，无意识思维被试报告的数目也要比立即报告的被试多，即在分心活动中，被试确实产生了新的有价值的名字。由此可见，创造性、新颖性的想法更多是由于无意识思维的结果，而不是所谓的"定式转换"。Dijksterhuis做了一个很生动的比喻："意识思维总是待在探照灯下，无意识思维敢于冒险进入大脑中又黑又乱的密处和角落。"

二、无意识思维理论分析

无意识思维理论打破了"努力思考就会有好结果"的世俗观念，在决策、问题解决、创造性、态度和印象形成等领域均具有重要的理论和应用价值。该理论与其他双重加工模型一样，都认为个体在态度和印象形成过程中主要有两条通道：一条通道需要付出较多的意志努力；另一条通道付出的意志努力相对较小。

1. 无意识理论的主要特点

UTT与这些模型相比，主要有两大特点：一是对通道及图式的作用理解不同。已有模型一般都认为需要付出较多意志努力的通道比需要付出较少努力的通道会产生更令人满意的结果（如更稳定的态度、较少的刻板印象等），而且认为图式总是在不需要努力思考时才应用。而UTT否定了"努力思考就会有好结果"，认为意识思维（较多意志努力的通道）更善于做简单决定，而无意识思维（较少意志努力的通道）对复杂问题能做出更好的决策，并认为意识思维比无意识思维更容易运用图式，产生刻板印象。二是UTT只是描述了两种加工过程，而不是两个系统或模块。已有模型大都把思维分为基于规则和基于联想的两个系统，尽管这两个系统与UTT密切相关，但并非完全匹配。也就是说，无意识思维并不是简单地按照联想模型工作，而意识思维也不是基于规则的系统。首先，大多数"系统模型"都认为两个系统的信息输入不同，而UTT则认为意识和无意识思维两种思维过程的绝大部分信息输入都是相同的。其次，大多数模型都认为图式或启发式是基于联想模型，而

UTT 则认为他们主要运用于意识思维。最后，已有模型基本都认为联想模型是消极的、被动的，而 UTT 则认为无意识思维是活跃的、主动的、创造性的思维模式。

2. 理论模型的不足

UTT 作为一个新生的理论模型，尽管取得了巨大成就，但仍存在许多不足，主要表现在以下三个方面：第一，信息编码或信息输入在 UTT 中的机制。在无意识思维理论所涉及的实验中，所有被试对信息的编码都是在充足的时间和意识状态下进行的。也就是说，只有在意识状态下对信息进行充分编码后，UTT 理论才是适用的。一旦信息没有被完全加工（呈现速度较快或持续时间较短）时，无意识思维的优势还能否保证就不得而知。第二，目的或目标在 UTT 中的作用。尽管上面的研究表明意识思维和无意识思维都受目标的影响，但在实验中要求被试做出最优决策的目标，只是一般目标或主要目标，当目标的指向性更明确时，如要求被试为自己的父母选择房子时，无意识思维还会优于意识思维吗？第三，无意识思维的工作机制。至今，对无意识思维深层加工机制的了解只是冰山一角，如认知和情感因素在无意识思维过程中起什么作用；是否无意识思维更善于权衡信息的情感因素；无意识思维是如何工作的；当无意识思维找到解决问题的办法时，无意识思维的结果如何转化到意识层面……这些都是今后研究的主要方向。

三、无意识思维研究的历史与现状

无意识思维作为当前社会认知研究领域的前沿课题，受到研究者的广泛关注。尽管对无意识思维的研究只有很短的时间，但哲学上对无意识问题的探讨则由来已久。哲学家莱布尼茨最早提出了无意识概念；精神分析学派的创始人弗洛伊德首次提出了无意识的理论；符茨堡学派通过系统实验内省法发现了人类思维的无意象特征。此后，随着行为主义的兴起，无意识研究陷入了低谷。一直到 20 世纪后期，以耶鲁大学 Bargh 为代表的研究者发现，目标追求、动机和社会行为等高级心理加工过程均可以在无意识层面发生，进而掀起了无意识心理加工研究的热潮（Bargh，Chen 和 Burrows，1996；Chartrand 和 Bargh，1999；Dijksterhuis 和 VanKnippenberg，1998）。特别是荷兰心理学家 Dijksterhuis 等人进一步把无意识的研究领域拓展到了有意识领域的最后堡垒——决策和判断（Dijksterhuis，2004；Dijksterhuis 和 Nordgren，2006）。他们发现，思维过程不仅可以在没有有意识参与的条件下进行，而且对某些复杂问题的解决，没有意识参与的思维结果还优于有意识思维。据此，Dijksterhuis 和 Nordgren（2006）提出了无意识思维理论（Unconscious Thought Theory）。该理论打破了"努力思考就会有好结果"的传统观念，开创了一个崭新的研究领域——无意识思维，为揭示人类思维的内部加工机制、意识与无意识的关系等重大科学问题提供了新的视角。

1. 无意识思维的基本实验证据

无意识思维理论提出之后，研究者在决策任务及其他领域中均发现了无意识思维相对于意识思维的优势效应。例如，无意识思维有利于创造性问题解决（Yangetal，2012；Zhong et al.，2008），能做出更公正的判断（Ham，vanDenbos 和 vanDoorn，2009），容易做出功利主义决策（Ham 和 vandenBos，2010a），能提高对足球比赛结果预测的正确率（Dijksterhuis，Bos，vanderLeij 和 vanBaaren，2009；González-Vallejo 和 Phillips，2010），有利于可以直接获得信息的决策任务（Ham 和 vandenBos，2010b），有利于人员选拔（Messner，Wänke 和 Weibel，2011），有利于说服（Handley 和 Runnion，2011），有利于规则的发现（Mealor 和 Dienes，2012；Li，Zhu 和 Yang，2014），能依据各段信息的整体特征对分段信息进行整合（Lietal，2014）。

2. 无意识思维的争议性研究

尽管上述诸多研究都发现了无意识思维效应，但也有部分学者并未重复出该实验效应（邢强、王菁，2014；张凤华、张华、曾建敏和张庆林，2011；González et al.，2013；Lassiter et al.，2009；Newell et al.，2014；Payne et al.，2008），并对其提出了质疑。这些研究概括起来主要持以下观点：第一，承认无意识思维的存在，但认为在已有研究中发现的无意识思维效应，主要原因是意识思维受到了限制，而非无意识思维真的比意识思维擅长处理复杂问题（Payneetal，2008）。Payne 等人认为，在日常生活中，意识思维的思考时间并不受限制。但在 Dijksterhuis 等人的研究中，研究者固定了意识思维的思考时间（如 3 分钟），这样会破坏意识思维的正常思考过程，从而导致决策质量下降。在该实验中，Payne 及其同事给被试呈现一个赌博任务。对于意识思维，一半被试的思考时间固定为 4 分钟（固定时间的意识思维组），另外一半被试则不受时间限制（自定步调的意识思维组）。实验结果发现，固定时间的意识思维组被试的成绩显著低于无意识思维组被试，但是自定步调的意识思维组与无意识思维组被试的表现一样好。第二，否认无意识思维的存在，认为无意识思维其实是基于在线判断的意识思维（Lassiter et al.，2009）。Hastie 和 Park（1986）认为有两种判断：基于记忆的判断（memory-based judgment）和基于在线的判断（on-line judgment）。基于记忆的判断是指当决策信息无法从环境中直接获得时，个体从长时记忆中提取相关信息做出的判断。基于在线的判断则是指当决策信息仍然可以从环境中获得时，工作记忆首先依据最初获得的信息做出判断，然后根据新获得的信息不断对前面的判断结果进行更新，直到无法再从环境中获得新信息时的判断。Lassiter 等人认为在信息呈现过程中，意识思维和无意识思维两组被试都会形成在线判断。但是对于意识思维组被试，实验指导语要求他们依据前面呈现的信息仔细思考，这时被试会以为是让他们从长时记忆中提取相关信息进行思考，从而做出基于记忆的判断。对于无意识思维组被试，在完成一段时间的分心任务后，已经无法从记忆中很好地提取在信息呈现阶段获得的信息细节，这时他们就会直接从长时记忆中提取在线判断的结果。在无意识思维研究中，实验任务往往相对比较复杂，使得基于在线判断的结果优于基于记忆的判断结果，所以才会出现所谓的无意识思维效应。第三，否认无意识思维的存在，认为已有研究发现的无意识思维效应是由于样本量太小而导致的虚假结果。Nieuwenstein 及其同事采用大样本（$N = 399$）对无意识思维经典实验进行了重复（Nieuwenstein，2015）。结果并未发现无意识思维相对意识思维的优势效应。他们还进一步对 2014 年 4 月之前发表的 32 篇论文进行了元分析。这些文章涉及 81 个实验，他们选择了其中 60 个实验的数据进行了分析。数据分析结果仍然没有发现无意识思维的优势效应。因此，他们认为已有研究发现的无意识思维效应是由于样本量太小而导致的有偏结果。但是，无意识思维理论的提出者 Dijksterhuis 并不认同元分析结果。他认为如果研究者把所有的研究都囊括进来，而不是"有选择"地剔除一些研究，那么就会得到不一样的结果。

3. 无意识思维的支持性研究

针对上述观点，研究者一方面将目光转向寻找影响无意识思维效应的中介变量，另一方面试图进一步揭示无意识思维的加工机制。第一，无意识思维效应的中介变量研究。Strick 等人采用元分析发现，决策任务的难度、思维定式、目标类型、信息呈现方式和任务情境的真实性等变量会影响无意识思维效应（Strick，2011）。（1）决策任务的难度。相对于简单决策任务，复杂决策任务更有利于无意识思维的发挥。（2）思维定式。相对于局部思维定式，整体思维定式更有利于无意识思维效应的出现。（3）目标。在分心任务之前，最好给被试提供印象形成的目标。（4）信息呈现方式。相对于将所有客体的信息逐条随机呈现，采用将信息按客体分类呈现的方式，即呈现完一个客体的所有信息后，再呈现另外一个客体的信息，更有利于无意识思维效应。（5）任务情境的真实性。任务的生态效度越高，越能激发被试的兴趣，越有利于无意识思维加工信息。

除上述变量外，研究者还发现思维时间和分心任务的难度也会影响无意识思维效应。（1）思维时间。思维时间的长短会影响无意识思维效应（Yang，2012）。Yang 等人首先给被试提供一个创造性任务，例如，曲别针有什么用途。然后将被试分为意识思维组和无意识思维组。对于意识思维组被试，分别给1min、3min 或5min 的时间仔细思考；对于无意识思维组被试，则分别完成1min、3min 或5min 的 2 - back 分心任务。实验最后，要求所有被试在 2min 的时间内尽可能多地写出答案。实验结果发现，只有在思维时间为 3 分钟时，无意识思维组被试在创造性任务上的表现才优于有意识思维。Yang 等人认为，思维时间过短，无意识思维还没加工完信息；思维时间过长，无意识思维活动衰减，导致加工结果无法上升到意识层面。（2）分心任务的难度。研究发现，相对于困难的分心任务，容易的分心任务更有利于无意识思维效应（McMahon et al.，2011）。McMahon 等人对分心任务进行了操作，要求一部分被试听歌，一部分被试完成字词搜索任务，还有一部分被试完成字谜任务。实验结果发现，当分心任务为听歌和字词搜索任务时，无意识思维的成绩显著优于意识思维和立即决策组。但在字谜分心任务条件下，无意识思维的成绩与意识思维和立即决策组并没有差别。McMahon 等人认为导致该实验结果的原因可能是分心任务的难度。分心任务越难，占用的认知资源越多，无意识思维可利用的认知资源就越少。相对于字谜任务，听歌和字词搜索任务难度相对要小。所以在后两者条件下，无意识思维可利用的认知资源多，加工的结果自然好。

4. 无意识思维的加工机制

针对 Lassiter 等人认为无意识思维是基于在线判断的意识思维的观点，Strick 等人进行了反击（Strick et al.，2010）。他们在实验中，不止要求被试做出选择，而且还要求被试报告选择基于在线判断，还是离线判断。实验结果发现，在报告选择基于离线判断的被试中，有83%的被试选择出最佳舍友，而在报告选择基于在线判断的被试中，只有53%被试选择正确。因此，Strick 等人认为无意识思维是离线判断，而非在线判断。更重要的是，研究还发现，无意识思维受目标导向。如果没有目标，无意识思维就无法进行（Bos et al.，2008）。Bos 等人在研究中，给被试呈现4辆汽车的信息。对于无意识思维被试，一半的人在分心任务前被告知，在分心任务之后需要完成相关任务（设定目标）；另一半被试则被告知，刚才的实验已经结束，现在需要完成另外一个实验任务（单纯干扰）。实验结果发现，只有在分心任务前设定目标时，无意识思维组被试的成绩才优于有意识思维。此外，无意识思维会导致记忆表征改变的实验结果也无法用基于在线判断的观点解释（Dijksterhuis，2004；Abadie et al.，2013；Hasford，2014）。Dijksterhuis 发现，无意识思维组被试的记忆表征更加极化，即客观上较好选项的记忆表征会存储更多的积极属性，而客观上较差选项的记忆表征会存储更多的消极属性。无意识思维还会形成更加整合的记忆表征，即无意识思维会将记忆中的信息进行归类。Abadie 等人进一步发现，无意识思维是基于要旨记忆的加工过程（gist-based process）。它在加工信息时会忽视信息的细节，更侧重对信息整体属性的加工。最近，认知神经科学的研究更为无意识思维的存在提供了坚实的证据（creswell et al.，2013）。Creswell 等人采用 fMRI 比较了意识思维组、无意识思维组和立即决策组被试的脑区激活状况。实验结果发现，在信息呈现过程中，被试的右背外侧前额叶皮层和左中间视觉皮层被激活。这些区域在信息呈现结束后的 2 - back 分心任务阶段，仍然被激活。

综上所述，无意识思维效应已在决策、人员选拔和创造性问题解决等诸多领域得到证实，并且研究还表明无意识思维在容量、权重、规则、聚合与发散等方面与意识思维具有不同的加工特点，且存在不同于意识思维的神经机制。当前该领域研究的重点已由争论无意识思维是否存在，以及其与意识思维孰优孰劣等问题，转向探讨无意识思维的加工机制。但是，无意识思维作为一个新兴的研究领域，尚有许多重要问题有待进一步探索。第一，改进无意识思维研究范式和寻找更多影响无意识思维效应的中介变量。当前无意识思维研究面临的一个现实问题是可重复性。反对者采用无意识思维范式，没有发现分心任务组被试的成绩优于有意识思维组，从而否定无意识思维研究。可是在该类研究中，也并没有发现意识思维的成绩优于分心任务组被试。这说明无意识思维研究范式比较敏感，会受到一些中介变量的影响。今后研究一方面应进一步改进无意识思维研究范式。例如，采用组内设计，排除被试间因素的影响；因变量测量指标采用更敏感和多样化的测量方式，将内隐和外显、判断和选择任务等相结合。另一方面应寻找其他影响无意识思维效应的中间变量。最近，Abadie 等人（2015）、Waroquier 和 Terrier 采用大样本（$N = 377$）探讨了信息呈现方式对无意识思维效应的影响。结果发现，将信息按客体分类呈现有利于无意识思维，但是将信息按属性分类呈现则有利于意识思维。今后研究应重点寻找更多影响无意识思维效应的中介变量，尤其是核心中介变量。第二，无意识思维的加工结果如何上升到意识层面。无意识思维包括信息输入、思维过程和结果输出三个阶段。Dijksterhuis 认为无意识思维的信息输入和结果输出都是有意识的，只是中间的思维过程是无意识的。那么，当无意识思维加工出结果时，它是如何上升到意识层面的呢？已有研究表明，思维时间会影响无意识加工结果浮现到意识层面（Yang，2012）。当思维时间过长或过短时，都不利于无意识思维加工结果上升到意识层面，只有中等长度的时间最好。那么到底多长时间属于中等长度的思维时间？对于不同类型的复杂任务，是否需要同样中等长度的思维时间？随着问题复杂度的提高，中等长度的时间还是最佳思维时间吗？此外，除了思维时间以外，其他因素，如动机、兴趣、原有知识背景等变量是否也会影响无意识思维加工结果上升到意识层面？对于这些问题的回答将是今后无意识思维研究的重点工作之一。第三，无意识思维的加工方式。整体加工与局部加工作为两种基本的信息加工方式，它们对人的信息加工过程具有重要影响。研究表明，意识思维倾向于采用局部加工方式加工信息，而无意识思维则倾向于整体加工方式（李建升，2014）。今后研究应一方面收集更多的证据来进一步检验无意识思维倾向于整体加工方式的观点，另一方面可以通过整体—分析型认知风格测验（Riding，1997），挑选出典型的整体型认知风格被试和典型的分析型认知风格被试，进一步考察个体的认知风格对无意识思维加工方式的影响。第四，选择真实和高风险任务情境，进一步检验无意识思维效应的生态效度。在已有无意识思维实验中，实验任务一般为购买汽车、手机和选择舍友等虚拟情境。与虚拟任务情境相比，真实和高风险任务情境会导致被试更高的情绪体验。那么在真实和高风险任务情境中（如买房子、买股票和找工作等），无意识思维还会表现出相对于意识思维的优势效应吗？对该问题的研究，不仅可以提高无意识思维研究的生态效度，而且将是今后无意识思维的一个重要应用方向。

四、基于酝酿现象的无意识思维心理加工机制

酝酿是问题解决中的一种心理现象。研究酝酿的心理机制和酝酿效应的影响因素有助于人们有效利用该策略来解决复杂问题。目前对酝酿效应机制的解释主要有三种：一是对错误线索的遗忘；二是思维定式的改变；三是无意识心理加工。近年来越来越多研究者倾向于第三种解释。无意识心理加工理论模型认为酝酿中信息加工主要包括意向符号的形成、相互作用以及转换为稳定意识信息三个阶段；基于实验的无意识思维理论认为当人们的意识思维从当前任务离开时，无意识思维对问题的解决起到了关键性作用。

酝酿效应是当今决策、判断领域中一种特殊的心理现象。基于酝酿可以使复杂问题在脱离意识思考后顺利得以解决的事实，越来越多的研究者开始探究酝酿的内部心理机制以及酝酿效应的影响因素，以期有效利用这一新的问题解决策略。

1. 酝酿和酝酿效应

探索一个问题很久还无法做决策的时候，把问题暂时搁置一边，转向其他与此问题无关的活动，此间，由于某种特殊机制的作用，突然顿悟，使问题迎刃而解，这段特殊机制的作用过程就是酝酿（incubation），而这种特殊机制作用的效果就是酝酿效应（incubation effect）。有关酝酿效应的现实例子最初大多与创造性活动联系在一起。例如，很多科学家和艺术家在回忆自己创作过程时总会提及酝酿的神奇作用。尽管有关酝酿的现实例子在日常生活中比比皆是，但在很长一段时间内却无法在心理学实验室中建立起来，其中一个主要原因是研究者常常使用所谓的"顿悟"问题来研究酝酿。顿悟问题只是一种具体的、反直觉的解答，其解决问题的方法很难被发现。自认知心理学兴起后，特别是在过去的 15 年里，研究者们开始发现酝酿的实验室证据。例如，Smith 和 Blankenship 让被试解决不同类型的问题，一些问题很快得到解决而另一些却没有，就算给未得出答案的被试多几分钟思考也无济于事。然而，当被试被无关任务分心，不再思考这些问题的时候，奇迹发生了。近来也有研究者在实验室中探索决策、判断和态度形成过程中的酝酿效应。

2. 酝酿效应机制

目前有关酝酿效应机制的理论解释主要有三种。（1）遗忘错误线索（afresh look）。Smith 等人认为，酝酿期为个体提供了遗忘错误线索的机会。在问题解决开始阶段，个体可能受到错误信息的误导，而问题解决过程的突然中断，导致对错误信息的遗忘，因而促进了任务的解决。该解释认为，在问题解决的每一时刻，当前状态存在于短时记忆中，最终状态和要达到的子目标存在于长时记忆中。如果思考被打断，或由于其他原因使其注意离开正在解决的问题，当前状态就会因衰减或替换而丢失。当重新回到问题上时，问题空间可能受新近加工信息的影响而改变。因此，思考就以一种稍微不同的方式重新进入问题状态。（2）改变定式（set shifting）。Sehooler 和 Melehe 提出如果个体在问题解决的过程中产生了思维定式，就可能对问题的解决造成阻碍。而酝酿期恰好促进了定式的遗忘，使被试在问题空间的一种更有效的出发点上重新考虑问题。这种观点强调酝酿期的重要作用在于克服不恰当的背景。以上两种解释的共同点是认为问题被解决是由于意识思维的暂时缺席，而并没有提及其他心理活动的主动作用。（3）无意识的作用（unconscious process）。无意识被普遍认为是一种未被意识到的心理活动，是主体对客体的一种不自觉的认识和内心体验。Dorfman 在其著作中指出酝酿来自于记忆表征的随机联合，它是以无意识方式持续发生的加工过程。当新的组合同眼前的问题有关时，它就以一种创造性顿悟的形式出现在意识中——所剩最佳答案的心理等同物。目前越来越多的理论和实验研究都倾向于无意识加工解释，国内外也相继出现基于酝酿现象的无意识研究。

3. 酝酿的无意识心理加工理论模型

欧居湖、张大均对酝酿过程的心理加工机制进行了理论推断，认为酝酿中的信息加工主要包括意向符号的形成、意向符号的相互作用和意向符号转换为稳定意识信息三个阶段。（1）意向符号的形成。无意识加工的载体是意象符号。这些意象符号来自于两个途径：一部分是准备期收集的信息变异所致；另一部分是储存在集体和个体无意识中的意象符号。输入大脑的信息量随个体活动而逐渐增大并潜入大脑的不同层次，其中大部分直接进入无意识领域而不为主体所意识，还有一些是原本清晰、稳定、能用语言描述的信息在酝酿过程中变得模糊、不稳定、不能用语言表达，这就是无意识心理加工的载体意象符号。意象符号越多，个体无意识心理加工越活跃。（2）意象符号的相互作用。酝酿过程为意象符号的产生提供了可能，但有了意象符号并不意味着问题的解决。意象符号一旦产生，就会在特定机制的作用下开始进行变异和重组，至于这些意向符号是如何变异和重组的，又有着怎样的规律，至今还是个不明朗的领域。（3）意向符号的转换。酝酿期意象符号的变异组合为创造物或新颖答案的出现提供了可能，但欧居湖、张大均认为无意识加工的载体和产品都是模糊的意象符号，可能无法直接被意识调用。因此推断加工后的意象符号要被意识调用可能需要一些途径，如增强意向符号的相互连接性、降低意识阈限等。从该模型可以看出，酝酿效应的出现不仅决定于无意识加工阶段意向符号的变异重组，还取决于信息的获取和意向符号的转换，这三个阶段缺一不可。该模型是理论上的推断，其正确与否还应接受实证检验。近年来，研究者们在实验室中研究了无意识对酝酿效应的作用，以荷兰心理学家 Dijksterhuis 为代表的无意识团队致力于研究决策问题和创造性问题解决中无意识思维的作用特征，为酝酿机制研究增加了大量的实验依据。

4. 无意识思维在酝酿中作用机制的实验研究

虽然酝酿有时会产生令人意外的结果，但人们似乎并不信任它，在重要决策时更多还是三思而后行。但意识思维就真的好吗？近来有研究发现，有意识地内省反而会影响人们的判断。Wilson 和 Schooler 进行了消费者对不同草莓酱的评价研究，发现做越多意识思考的人出现越大的评价结果不稳定性，说明反省并不总是有益的，它可能改变人们的初衷并导致非最优的决策。在前人研究的基础上，Dijksterhuis 及其同事质疑在做困难决策时始终进行意识思维，提出：当面对大量复杂信息时，意识由于容量限制只关注部分信息，其选择会劣于酝酿后的选择。也就是说，决策酝酿有助于人们做出更好的决定，在这一过程中无意识思维起重要作用。他们的研究基于这样的实验范式——在充分接触决策信息之后将被试分配到三种思维条件下：无思考条件（I）、意识思维条件（C）和无意识思维条件（U），无意识思维条件的被试在决策之前完成一个与问题无关的分心任务。最终比较被试在哪一种思维条件后的决策或评价更优。Dijskerthuis 通过大量实验总结了短暂决策酝酿中无意识思维的作用特点，比较意识思维和无意识思维的差异，形成了无意识思维理论（unconscious thought theory，UTT）。

对记忆中的表征进行整合和极端化加工。一项实验显示无意识思维过后记忆中的信息被更好地组织了。要求被试根据 18 条信息对某个假设人物形成印象，这些信息可以归类为三种人格特质（被试并不知道）。被分配到三种思维条件（UCI）之后被试要尽可能多地回忆出有关这个人物的信息。实验结果关注的是回忆的信息是否会根据这三种潜在特质而出现聚集，即回忆出的信息顺序是有组织的还是随机的。结果显示，只有无意识思维组被试回忆的信息表现出一定程度的组织性。在另一项实验中被试在三种思维条件之后要根据回忆对信息和选项进行匹配。结果显示，信息的表征在无意识思维过后会变得更极端化。无意识思维过后最优项的优点和最差的缺点信息更易被成功匹配。上两个实验结果说明，分心（酝酿）阶段无意识思维对信息表征进行了加工，使得记忆中的信息按类重组、极端化的信息更加突出，这样的加工为较好的决策提供了基础（无意识思维组被试更多地选择了最优项）。

Maarten 等人的研究加入了一个新的实验条件，即仅分心条件。被试在进入酝酿之前不知决策目标。结果发现，有决策目标的无意识思维组被试表现优于无决策目标的被试；此外，有目标的被试在酝酿过后对信息的组织性更好。该结果说明，无意识会根据一定的目标进行心理加工。这在一定程度上反驳了酝酿效应的前两种解释，如果酝酿效应仅仅是由于在分心期间对错误线索或已形成定式的遗忘，那么不管有没有目标都不会影响酝酿的效果，但是事实正好相反，说明无意识起到了主动作用。该研究进一步支持了酝酿效应的无意识心理加工解释。将注意力从相关内容上转移确实能帮助遗忘错误线索，但在遗忘错误线索和定式的同时也有可能遗忘那些有用的信息。而此时，无意识正在知觉不到的地方，积极地对信息进行主动加工。

一项创造性问题研究中要求被试列出某种类别的项目，同时给一些示例。意识思维被试列出的项目和示例有更多相似，而酝酿组被试列出的项目中与示例相似度更小；意识思维产生更多较常见的项目，而酝酿产生更多新颖的项目。此外，让被试列出砖头的用途，酝酿组被试会产生更有创造力、不一般的项目。这说明无意识思维在酝酿第二阶段——意向符号的相互作用过程中能产生发散性的结果。无意识思维的发散性为科学家们的新发现、艺术家们的新创作提供了可能。综上所述，在无意识思维理论研究中发现大量决策酝酿效应的实验室证据，证明酝酿过程中无意识思维并不是处于被动的地位，而是发挥着重要积极的作用。尽管"心理集合的改变"对问题的解决是有帮助的，但在面对复杂问题的时候往往不能得到满意的答案。牛顿自然不会因为持续的分心就发现重力定律，问题解决的关键在于要进行重要的心理加工，而不仅仅是分心。自无意识思维理论提出之后，不少研究者对其进行了验证，却并没有得到相同结果。元分析发现决策酝酿效应的产生受到一些因素的影响：问题越难（信息多且维度复杂），信息以选项为单位呈现、呈现时间越短，对酝酿效应的产生就越有利，这些因素都指向信息编码阶段，无意识思维对意向符号加工重组的结果受信息的复杂程度、呈现方式等因素的影响。这符合常识，简单的问题不需要无意识思维就可以被成功解决了。无意识思考出的结果就一定会被意识到吗？根据无意识的心理加工理论模型，无意识思维对意向符号进行加工后的结果和意识表达之间是分离的，有研究对此进行了实验验证。

酝酿过程后期无意识激活和有意识表达的分离。Wegner 和 Smart 提出，一种想法被认为是激活了，通常有三种状态：第一种是意识所无法表达的、处于无意识层面的观点激活，也叫深层激活，其虽然是无意识的却能对人们的行为和判断产生不自觉的影响；第二种激活是表层激活，指一个想法虽然被意识到了，却没有被进一步加工；第三种是出现在意识层面最外显的一种激活，叫作完全激活，既有无意识获得又有意识知觉。在三种激活中仅被深层激活的信息是最不稳定的，易转变为完全激活状态或者消失。由此推断，在问题解决的过程中，被激活的答案有两种状态，一种是无意识的，另一种是意识到的。有实验发现信息在这两种层面的激活不是同时的，而是存在分离。有研究证明在还没有成功解决顿悟问题之前，被试对答案相关词比答案无关词的反应潜伏期更短，说明无意识已经激活了正确答案，只是还没有被我们"发现"。Chen BoZhong 的研究发现无意识思维对答案的激活并不能预测被试对正确答案的报告情况。实验范式与 UTT 相似，使用分心任务让部分被试进入酝酿。问题任务为远距离联想测验（RAT），将被试的口头报告作为意识表达的指标，将被试在词汇判断任务（IAT）中对远距离联想测验答案相关词的反应时作为无意识激活的指标。结果发现：在面对复杂问题时，有目标的酝酿比同等时间的意识思考激活更多正确答案，但两者对正确答案的口头报告却没有差异。据此，Chen BoZhong 认为酝酿结果的产生应分为两个步骤，一是无意识思维接近了正确的想法，二是这一想法顺利上升到意识层面。任何一个步骤的失败都无法产生酝酿效应。虽然该研究对意识和无意识的结果进行了分离，但 Chen BoZhong 强调这并不表示两者对信息的表征有本质差异，只是信息表征在不同意识水平的激活。由此可见无意识的激活并不是决定无意识信息表征进入意识的唯一因素，这也能解释为什么就算对信息进行充分编码和无意识思考后酝酿效应还是无法如期出现。

综合以上有关酝酿机制的理论推断和实验研究可以看出，越来越多研究倾向于酝酿的无意识心理加工解释。Dijksterhuis 等人采用分心任务在实验室中创设酝酿条件，通过一系列实验发现无意识思维在酝酿过程中根据一定的决策目标对信息进行归类和极端化整合，产生发散性组合的特点，并在此基础上提出了无意识思维理论（UTT），证明酝酿效应得以产生的一个重要机制是无意识思维的主动作用。此外，根据酝酿的无意识心理加工理论模型和研究者的实验研究发现，酝酿效应的产生是由三个环节共同决定的：信息的获取、无意识思维作用和无意识结果的转换。虽然实验室研究中的酝酿比现实生活中的酝酿时间短，但短时间的酝酿就能得到与意识思考显著不同的结果为日常生活中酝酿的可行性和有效性提供了依据。关于无意识思维是如何将信息符号进行加工重组又如何将已激活的信息转换到意识层面等机制可能需进一步借助脑电科学研究的支持，但目前从行为层面的研究也是有意义的。从生态学的角度出发，我们可以通过行为研究探索影响酝酿效应的产生因素，主动地有效利用酝酿以帮助我们解决生活中的困难问题。有关酝酿的无意识心理加工机制研究并不是告诉人们遇到问题就偷懒地把它交给无意识去解决，而是帮助人们认识到无意识思维的有效性，以及如何才能较好地利用酝酿。例如，遇到什么问题时可以主动运用无意识心理加工。其次，什么样的情景可以促进无意识激活答案向意识转换。欧居湖在酝酿的无意识心理加工模型中假设出了三种途径，有待进一步的实验验证。最后，研究者们对无意识思维在酝酿中间阶段作用特征的研究结果存在一些差异，说明无意识思维对意向符号的主动加工会受种种因素的影响，如动机、知识背景、情绪等，这些都是今后的研究中有待解决的问题。

第二节　无意识思维经典研究

研究一　正确决策的无意识思维效应

与传统观念相反，决策前进行深入的思考并非总是有益的。根据近期对意识思维和无意识思维特征的观察，我们提出一个假设：简单的决策（比如毛巾或者隔热手套的选择）在意识思维条件下可以得到更优的结果，而复杂情境下的决策（比如房子或汽车的选择）则更适合在无意识条件下进行。用四个消费决策实验来验证这个假设，这四个实验既有实验室实验又有以真实消费者为被试的实验。结果发现在无意识思维的情况下所做出的复杂产品的购买决策更优。

研究背景

常识认为，完全的意识思维会使决策更优更令人满意。对于是否购买新车、笔记本电脑或者鞋子的问题，人们通常相信进行认真的有意识的思考会提升"正确"决策的可能性。这个观点尤其适用于复杂的、多层面的和昂贵的产品选择的决策中。大多数人买一条新毛巾是不会进行过多的思考的，但是他们不可能不进行深思熟虑就买一部新车或者装配一个新厨房。

另一种普遍的观点是"把问题先放放留到第二天再解决"会使决策质量更高。人们常常觉得是无意识思维而不是意识思维对做出良好决策有用。意识思维指的是注意指向当前问题的思维，而无意识思维则被定义为注意指向当前问题以外事物的思维。下面是一个关于无意识思维的例子：一个人对比两个度假胜地（比如卡斯塔布拉瓦和托斯卡纳）无法抉择要去哪个地方时，他把这个问题先放一边不去想，两天后"去托斯卡纳"的想法突然在脑海里冒出。这个想法本身是有意识的，但是从无法抉择到两天后偏好托斯卡纳的转变过程是无意识思维的结果或者说是非注意性思维思考的结果。

数百年来，科学文献一直强调意识思维对决策的作用，认为意识思维是决策的理想方式，这种观点是传统和当代决策观和态度形成的支点。相反地，关于无意识思维的概念繁多但几乎都可以归为"民间智慧"，它很少被科学家进行假设研究。那么问题来了：这个观点合理吗？这里我们假设它是不合理的。

首先，意识思维并不总是得到良好的决策。例如，从五张海报中选出一张最喜欢的实验中，经过深思熟虑之后做出决定的被试满意度比只是简单看一眼就做出选择的被试满意度低，而且，随着时间的流逝，意识思维会使对同一对象的评估不一致。意识思维有时会导致错误判断的两个原因已经被确认了，一是意识思维的低信息容量使决策者在做决定时只考虑到相关信息的一个子集；二是意识思维会导致属性的重要性权重改变：我们倾向于在损害一些属性重要性的情况下夸大另一些属性的重要性，这导致了错误决策。

相反，无意识思维或者说是非注意性思维能够获得良好的决策。最近有一个实验：在了解四栋拥有不同优势的公寓的信息后，让一些被试马上选择他们最喜欢的公寓，一些被试则让他们经过一段时间有意识思考后再选择，而剩下的被试在选择前要做一个分心任务。在第三种情况下，被试只能进行无意识思维：他们知道自己最后要进行决策，但分心任务使他们无法在决策过程中进行有意识的思考。有意思的是，无意识决策组比意识决策组和立即决策组的决策结果都要好。

最近研究者提出了无意识思维理论（UTT）。该理论是关于意识思维和无意识思维优缺点的理论，即是否有注意参与的思维的理论。在当前的文章中，意识思维和无意识思维的两个特点非常重要：首先，意识思维是遵循规则的且非常精确；关于内隐学习的参考文献指出无意识思维在检测到循环模式时能够遵循规则。然而，要积极地遵循严格的规则，意识注意的参与是必要的。例如，一个人不可能在没有意识注意的情况下进行算术运算。遵循规则的能力使意识思维在决策时更加精确，因为它能够严格遵守自成的规则，如购物时不超过一个最高价格。其次，正如前面提到的，意识思维的低容性使它不适用于解决复杂的问题，无意识思维则没有容量限制。事实上，已经证明了在无意识思维过程中，大量的信息会被运用于评价性的总结判断。

这两个意识和无意识思维的特征使我们形成了关于思维模式（意识和无意识）与决策复杂性和质量的关系的假设——"deliberation-without-attention"。复杂性指决策涉及的信息量，决策中只有一个或两个属性比较重要（比如隔热手套或者牙膏的选择）的是简单决策情景，而很多属性都很重要（汽车或者房子的购买）的决策则比较复杂。根据意识思维的精确度，可以假设它能够在简单的问题上做出良好的决策，然而，由于它的低容性，意识思维在更复杂的问题上的决策更差。由于无意识思维缺乏精确性，认为无意识思维（或者说非注意性思维）的决策质量会更低，然而，在复杂的情景中，决策质量不随问题复杂性的增加而恶化，使用无意识思维比使用意识思维做出的决策更优，后一种观点成为"deliberation-without-attention"假设的核心。决策质量是由规范性和主观性（如实验3和实验4中的决策满意度）共同决定的。

实验一

这是一个 2（思维模式：意识和无意识）×2（决策情境的复杂性：简单和复杂）实验设计。让所有被试阅读关于四种假定的汽车的信息：根据不同条件，每辆汽车被赋予 4 个特征属性（简单）或者 12 个特征属性（复杂），这些属性有积极的也有消极的，一辆车有 75% 的积极属性，两辆车有 50% 积极属性，而一辆车只有 25% 的积极属性（支持在线测验）。在阅读完这四辆车的信息后，被试被分为两组：意识思维组和无意识思维组。在意识思维条件下，让被试思考 4 分钟然后选出最喜欢的车；在无意识思维条件下，被试要进行 4 分钟的分心任务（猜字谜）且告知被试在分心任务后要进行决策，选出最喜好的一辆车。

图 4 - 1 显示了选择最好的车的被试百分比。两种因素的明显交互作用 $[F(1, 76) = 4.85, P < 0.04]$ 支持了 deliberation-without-attention 假设。无意识思维的被试表现相当好而且在问题条件下没有区别（$F < 1$，不显著）。意识思维被试大多在简单问题条件下做出了适合的决策，但是在复杂情境下表现差强人意 $[F(1, 40) = 4.95, P < 0.04]$。

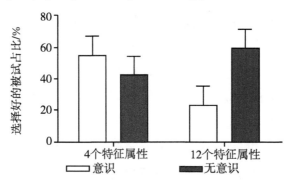

图 4 - 1　意识思维与无意识思维最优选择所占百分比

实验二

在第二个实验中我们做了一下改变。最终不让被试做决策，而是询问被试对每辆车的看法，将被试对最好和最差的车的态度作为因变量。再次发现，意识思维被试在简单的条件下能更好地区分汽车的质量，而无意识思维被试在复杂条件下表现得更好 [F（1，47）=5.63，$P < 0.03$]。图 4 - 2 显示了平均值。

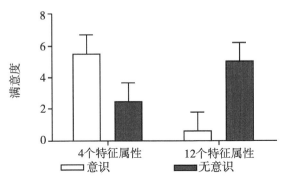

图 4 - 2 不同条件下被试最好选择的占比情况

实验三

在先行实验中，对本科生进行访谈，询问他们在购买这 40 个不同商品时会考虑几个方面的因素。通过这个方式，我们得到这 40 个商品的"复杂性分数"的均值（支持在线测评）。

在进行正式实验时，向新学生被试呈现这 40 个商品清单，让他们从清单中选出最近购买过的商品，并且提问以下问题：你买了哪个商品？在你去购物之前你知道这个商品吗？从第一次看到这个商品到你购买它的过程中你会思考几个问题？你对这个商品满意吗？

为了验证我们的假设，要将经过思考（包括意识思维和无意识思维）后购物的被试和不经思考冲动购买的被试区分开来，因此，剔除了在购物之前完全不知道该商品的被试，只留下预先知道该商品的被试。

通过提问来了解被试是否进行了无意识思维是不可能的，所以严格来说，我们只能够验证意识思维、情境复杂性和决策质量之间的关系。然而，从我们关于意识思维和无意识思维的定义（注意是否指向当前问题是至关重要的区分因素）来看，它们至少有一定程度的相互依存。在任何时候，注意有指向当前问题的部分也有指向问题以外的部分，也就是说，在任何时间点上，你既有关注购车的思维，也有不关注的思维。你对决策的有意识思考越多（注意指向问题），同时你的无意识的思维就越少（注意指向问题以外）。

我们回到思维量和选择满意度各方面的平均值问题上，和预期的一样，思考和复杂性并没有使人更满意（$t<1$）。然而，两个变量的交互作用显著，明显影响了决策满意度［$t(48)=2.13$，$P<0.04$］。计算购买三种类别：复杂、中等和简单商品时思维量和决策满意度的相关系数，中等复杂性的商品购买中，两者没有相关［$r(18)=-0.03$］；简单商品购买中，两者呈正相关［$r(15)=0.57$，$P<0.03$］；在复杂商品购买中，两者呈负相关［$r(16)=-0.56$，$P<0.030$］。正如所料，对简单商品进行越多的意识思维，购物的满意度就越高，相反地，对复杂商品进行越多的意识思维，购物的满意度就越低。图4-3描绘了六个最经常购买的商品的满意度和思维方式的关系。

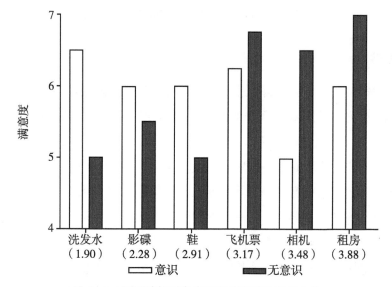

图4-3 不同选择对象在两种状态下的选择占比

实验四

在实验3的预实验的基础上，选择两个商场进行实验研究：一个商场主要出售复杂商品（IKEA，主要卖家具），另一个商场主要出售简单商品（Bijenkorf，一家像梅西百货一样的百货公司，主要卖服装、服饰和厨房配件）。在出口处，向消费者提问以下问题：你都买了什么？有多贵？几周后，再咨询消费者（通过电话）他们对于所购买的商品是否满意？和实验3一样，剔除在购物之前完全不知道该商品的被试。

我们将被试分为进行更多意识思维的意识思维组和较少意识思维参与的无意识思维组。和预期的一样，对 Bijenkorf 百货商品（简单商品）意识思维组被试比无意识思维组被试报告更高的满意度 $[F (1, 25) =6.52, P<0.02]$。在 IKEA（复杂商品）的消费者情况则相反，无意识思维组被试比意识思维组被试显示有更高的满意度 $[F (1, 25) =6.12, P<0.02]$（见图 4-4）。

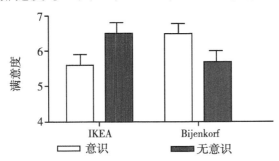

图 4-4　购后满意度在不同状态下的差异

总之，在这四个实验中，我们呈现了 deliberation-without-attention 效应。意识思维者在简单商品选择中能够更好地做出最佳决策，而无意识思维者在复杂商品选择上能够更好地做出最佳决策。在购物前已经了解过他们要购买的商品的人，对简单商品的思维量和决策满意度呈正相关，对复杂商品的思维量和决策满意度呈负相关。

我们的目的是在实验室情境和真实情境对 deliberation-without-attention 假设进行验证，在这层意义上，将这一系列实验看成一个整体而不是一系列单独的实验是很重要的。实验 4 有些不可避免的缺陷，比如说 IKEA 和 Bijendorf 的样本不同（毕竟，不同商场吸引的顾客不同），这自然就使结果的解释有更多可能。因此，实验 3 的目的是架起实验室实验和实验 4 之间的桥梁。除了所有的被试都是学生之外，它有很多实验 4 的优点（以满意度为因变量在真实的产品之间进行选择）。

虽然在我们的实验中只调查了关于消费品的决策，但是没有理由认为 deliberation-without-attention 效应不能推广到其他类型的决策中——政治的、管理的或者其他领域的。从这个意义上讲，个体可以从中受益，对简单事件进行意识思维，而比较复杂的事件就留给无意识思维。

研究二　意识思维和无意识思维对复杂决策的影响

以大学生为被试，以汽车作为实验材料，通过对 12 条汽车属性信息的操纵，设置出四款优差不同的汽车。通过对汽车的优差选择，探察在属性信息逐条呈现的情况下，意识思维与无意识思维对复杂决策的影响。研究结果表明：在反应时上，无意识思维下的决策时间要比意识思维下的决策时间长；在选择的正确率上，意识思维决策的结果要优于无意识思维决策的结果；在信息回忆量上意识思维决策的回忆量要多于无意识思维决策的回忆量，这与无意识思维理论是相违背的。

研究背景

英国伦敦大学学院研究人员表示，在某些情况下，人们凭直觉做出的判断更准确。研究人员对 14 名参与者进行了一项测试，让他们在一个布满多个相同符号的显示屏上定位唯一一个略有变形的符号所在区域。结果显示，当参与者看到目标符号后，让他们立即完全凭直觉做出决策，他们借潜意识做出的判断最好。当参与者在观察目标不到 1s 内做出回答时，正确率高达 95%，观察目标超过 1s 时，正确率仅为 70%。这说明有些情况下，直觉判断的功能远胜于理性分析。

在决策领域，Simon 强调决策过程中的认知过程，认为决策理论应该尊重人的认知局限性；并且在概率判断研究中强调启发式（heuristics）的应用，认为启发式是决策过程中出现的一种系统性的偏差，正是由于使用了启发式，所以才导致决策的错误（Simon，1955）。生态性决策理论也认为人们常利用适应性工具箱（adaptive toolbox）做出决策，无须做复杂的理性计算，因此人们也常采用一些启发式的心理捷径做出决策（刘永芳等，2003）。但是这里提到的启发式与 Simon 提出的启发式有所不同，这些启发式的采用有助于节约认知资源，是一种有效的决策方式。

Evans 决策的双系统加工模型认为，当启发式系统和分析系统的作用方向一致时，决策或推理的结果既合乎理性，又遵从直觉，而当两个系统的作用方向不一致时，两个系统则存在着竞争关系，占优势的则可以控制行为的结果（Evans，2003）。Kahneman 认为两者的竞争中往往是启发式系统会获

胜，这是很多非理性偏差的根源（Tversky et al.，1974）。Sloman 则认为当
两个系统的作用方向相同时结果并不能反映两个系统的存在，只有两者作用
方向相反时，才有可能出现决策与推理中的非理性行为（Sloman，1996）。
信息加工心理学的观点认为，在一定的程度内，加工时间、认知负荷只影响
串行加工而不影响并行加工，即只影响分析系统而不影响启发式系统。因此
如果加工时间缩短，认知负荷加重，那么人们的决策推理会出现更多的偏差。

　　Dijksterhuis 的研究表明：对于简单决策，意识思维要优于无意识思维；
而对于复杂的决策，无意识思维要优于有意识思维（Dijksterhuis，2004；
Diksterhuis et al.，2006）。在他的研究中，意识思维的操作定义是，个体在
思考时，注意集中于目标或任务时所发生的与目标或任务相关的认知或情感
思维过程；无意识思维的操作定义是，当注意指向其他无关事物时所发生的
与目标或任务相关的认知或情感思维过程。Dijksterhuis 等在研究的基础上，
提出了无意识思维理论（UTT），认为人类有两种思维模式——意识思维
（conscious thought）和无意识思维（unconscious thought），它们具有不同的
特征，分别适用于不同的情景。其中，无意识思维的原理有：容量原理和规
则原理（庞捷敏等，2007）。容量原理是指意识思维的容量有限，无意识思
维则较意识思维具有更大的容量；规则原理是指意识思维过程遵循严格的规
则，思维的结果也更加精确，无意识思维只能给出大概的估计结果。意识思
维与无意识思维的加工过程也是不同的，意识思维过程受到对结果的预期和
头脑内部图式的影响，是一种自上而下的加工过程；而无意识思维将信息慢
慢整合并依据总体做出判断，是一种自下而上的加工过程。

　　对比无意识思维理论与双系统加工模型可以发现：双加工模型一般都认
为需要付出较多意志努力的通道比需要付出较少努力的通道会产生更令人满
意的结果。而 UTT，否定了"努力思考就会有好结果"，认为意识思维较多
意志努力的通道更善于做简单决策，而无意识思维较少意志努力的通道，对
复杂问题能做出更好的决策，并认为意识思维比无意识思维更容易运用图式，
产生刻板印象。

　　综上所述，可以发现不同的理论观点之间存在着很大的分歧：Kahneman
等认为启发式的直觉思维是导致个体出现非理性思维、出现思维上的系统偏

差的原因；Dijksterhuis 等的研究认为无意识思维是一个积极主动的过程，当无意识思维的目标被具体化的时候，个体的无意识思维可以进行目标上的选择，有相当程度的灵活性（Maarten，Dijksterhuis Rick，2008）。针对以上分歧，我们选取了与汽车有关的决策任务，通过操纵意识与无意识思维，进一步来验证上述观点。

研究方法

被试

选取国内某所大学的 71 名大学生，男 35 名，女 36 名，年龄 20～26 岁，平均为 22.4 岁。皆为右利手，接受的教育年限均超过 13 年，没有生理或精神方面的疾病，视力或矫正视力正常，做完实验后被试均获取适量报酬。

实验目的

探察在逐条呈现汽车属性信息的方式下，意识思维与无意识思维对复杂决策的影响。

实验设计

实验采用单因素被试间实验设计。自变量为决策类型：意识思维和无意识思维。因变量一：每款汽车的正确选择率和反应时；因变量二：对每款汽车的属性信息的回忆量，包括回忆总量和正确回忆量。

刺激材料

实验中选取的实验材料是关于四款汽车的属性特征。四款汽车分别是 A、B、C 和 D；汽车的属性特征选取了 12 个（通过网络资源和询问有车的人）。采用专家（买车 5 年以上，并对车非常熟悉，非常喜欢的）评定的方法（0～10进行打分），对这 12 个属性特征的重要性进行了排序；并对属性特征从正面与负面两个角度进行了描述。12 个属性特征分别是：属性 1，安全性能（9.6）；属性 2，汽车的动力性（8.8）；属性 3，防盗锁（8.4）；属性 4，车内空间（8.0）；属性 5，耗油量（7.9）；属性 6，内部设计是否人性化（7.8）；属性 7，安全配置是否多样化（7.6）；属性 8，款式（7.0）；属性 9，车身可供挑选的颜色（6.6）；属性 10，DVD 设备（5.8）；属性 11，有无卫星定位系统（5.4）；属性 12，有无天窗（1.8）。

根据汽车属性的重要性和属性特征的正、负面描述，对 4 款汽车进行了
排序。根据专家评定的结果，专家评定的前八个最重要的属性都用正面的描
述，例如：安全性能高、汽车的动力性强。后四个最不重要的属性都用负面
的描述，例如：DVD 设备差，无卫星定位系统。这款汽车是最好的汽车。第
二位的汽车，专家认为的前六个最重要的属性都用正面的描述，后六个属性
都采用负面的描述；第三位的汽车，专家评定为后六位的属性都用正面的描
述，前六位的都采用负面的描述；最差的一款汽车，专家评定为前八位的属
性都用负面的描述，后四位的属性都用正面的描述。为了避免 A、B、C、D
和 1、2、3、4 可能带来的顺序效应，采用了拉丁文实验设计。

实验任务与程序

实验开始前，先向被试说明整个实验的任务要求：通过阅读一系列的
相关信息，然后做一个与上述信息有关的任务。以房子任务为例，让被试
进行相应的练习，练习主要是为了熟悉实验程序的流程。给出 3 款房子，
每款房子给出 6 条属性特征，练习结束后，让被试说说自己看了上述信息
的感想。如果被试没有疑问，就开始正式的汽车判断任务。在汽车判断任
务中，在幻灯片上，呈现四款汽车的 12 条属性。四款汽车，分别是 A、B、
C、D。

无意识指导语如下：对于每款汽车都给出了 12 个相同方面的属性信息，
总共有 48 条属性信息。这 48 条属性信息是逐条呈现的（见图 4 - 5），每款
汽车的 12 条属性是连续出现的，直到 12 条属性全部呈现完毕，才呈现另一
款汽车的 12 条属性。每条属性信息呈现时间为 5s，请注意时间，5s 到后，
信息会消失不再出现，接着会出现下一条属性信息。如果属性信息前面出现
字母 A，表明该属性是汽车 A 的；如果属性信息前面出现字母 B，表明该属
性是汽车 B 的；如果属性信息前面出现字母 C，表明该属性是汽车 C 的；如
果属性信息前面出现字母 D，表明该属性是汽车 D 的。属性与属性之间有一
个 " + " 号，提示后面一条属性信息将要出现，实验时间为 4min。所有的信
息呈现完毕后，告诉被试具体的任务要求，根据前面的汽车信息，快速地判
断四款汽车中哪款汽车是最好的汽车，哪款汽车是第二位的汽车，哪款汽车
是第三位的汽车，哪款汽车是最差的汽车，并做出相应的按键反应（A 汽车

按"1"键，B 汽车按"2"键，C 汽车按"3"键，D 汽车按"4"键）。接着被试进行一项数字匹配的"按键反应"（如屏幕上出现数字"1"，就在小键盘上按下相应的数字"1"，数字呈现时间为 2000ms，数字消失后尽快做出按键反应）。整个数字按键任务也需要 4 分钟，按键任务完成后，被试完成汽车的选择任务；选择任务完成后，要求被试在答题纸上尽量地写出幻灯片中呈现的每款汽车的属性信息。最后被试需要完成一个汽车属性评定问卷，目的是检验被试对汽车属性重要性的评定是否与专家评定的结果一致。

有意识的指导语：在意识决策的实验中，被试不需要完成数字按键反应任务，只是需要思考 4min。其余与无意识实验的指导语一样。

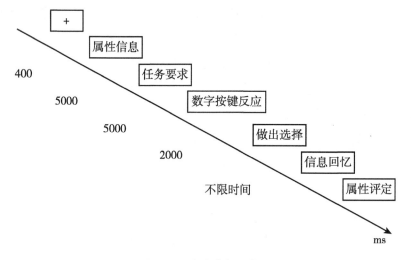

图 4 - 5　实验流程示意图

结果

本研究共记录了 71 名被试，无意识 36 人，有意识 35 人，无意识组与有意识组被试对 12 种属性的评定结果见表 4 - 1；根据表 4 - 1 的数据可以发现除了第 11 个属性——有无卫星定位系统之外，其他的属性评定结果基本上与专家评定的结果一致。此外，在设置四款汽车的优差时，依据的是前八位和后四位的属性信息以及前六位和后六位的属性信息，因此只要被试评定出的前六位的属性信息与专家评定的前六位的属性信息一致就可以证实实验中设

置的四款汽车的顺序是有效的，根据表 4 - 1 的结果可以发现，只有第四个属
性信息评定存在偏差。但这并不影响最优和第二位汽车之间的顺序排列，也
不影响第三位和最差汽车之间的顺序排列。

表 4 - 1　无意识组和有意识组被试对 12 类属性评定结果

单位：分

属性	1	2	3	4	5	6	7	8	9	10	11	12
无意识	9.5±0.7	7.9±1.9	8.2±1.9	6.7±1.5	8.5±1.8	7.8±1.9	7.9±1.8	6.4±1.9	5.9±2.2	4.2±2.8	6.1±2.2	5.4±2.2
有意识	9.7±0.6	7.5±2.0	8.8±1.7	6.7±1.9	9.1±1.1	7.6±2.1	7.9±1.8	6.1±1.7	5.3±2.2	4.0±2.7	6.1±2.6	4.7±2.5

在四种不同条件下，做出选择的平均反应时和每种选项下的正确选择率
见表 4 - 2；四种选项下的信息回忆量和回忆正确的信息量见表 4 - 3。

表 4 - 2　四种选项下的平均反应时和平均正确选择率

选择率	平均反应时/ms				平均选择率/%			
	最好	第 2 位	第 3 位	最差	最好	第 2 位	第 3 位	最差
无意识	4526±3174	5330±4460	4396±3138	1642±818	.67±.48	.47±.51	.44±.50	.64±.49
有意识	4220±4565	3088±2714	2054±1410	1554±893	.80±.41	.60±.50	.51±.50	.71±.46

表 4 - 3　四种选项下总的信息回忆量和回忆正确的信息量

	总的信息回忆量/个数				回忆正确的信息量/个数			
	最好	第 2 位	第 3 位	最差	最好	第 2 位	第 3 位	最差
无意识	9.1±1.9	9.0±1.9	8.8±2.0	8.8±2.1	7.7±2.7	7.2±3.0	7.1±2.6	7.1±2.6
有意识	9.5±1.5	9.4±1.8	9.3±1.8	9.4±1.6	8.4±1.7	7.7±2.2	7.9±1.8	7.9±2.1

对反应时和选择率进行配对 T 检验，四种选项下的结果分别为：$p = 0.02$，$p = 0.17$，$p = 0.22$，$p = 0.02$；$p = 0.06$，$p = 0.08$，$p = 0.05$，$p = 0.04$。在反应时上，无意识思维要比意识思维的判断时间长；在选择率上，无意识思维与意识思维相比，四种选项都达到了临界的显著差异。对四种选项下总的信息回忆量和回忆正确的信息量进行配对 T 检验，四种选项下的结果分别为：$p = 0.02$，$p = 0.01$，$p = 0.02$，$p = 0.02$；$p = 0.03$，$p = 0.02$，$p =$

0.03，$p = 0.03$。通过上述分析可以发现，有意识思维判断的结果要优于无意识思维判断的结果。

讨论

研究结果表明：从平均选择率、回忆出的信息总量和信息的正确回忆量来看，意识思维的决策结果都要优于无意识思维决策结果。这与 Dijksterhuis 等的研究结果是不一致的。但这与现实的决策是相符合的，在现实生活中，无论是遇到简单决策任务还是复杂决策任务，大家都习惯性地应用有意识思维方式来进行思考，然后做出相应的决策，尤其是遇到重大的复杂决策任务，更是会进行深入的长时间的思考，例如，国家领导人做出重大的政治经济决策。国家在不断地进步，社会在不断地前进发展，这本身就表明生活中所采用的意识思维的决策方式是有效的、可行的、适应的。

Dijksterhuis 等认为无意识思维是具有目标依赖性（goal-dependent）的（Maarten et al.，2008），因此在信息呈现完毕后，就要告诉被试具体的任务要求，然后再通过数字干扰任务来操纵无意识思维，对目标的监控过程是无意识的；而在意识思维中被试知道具体的任务要求后，只需要进行相同时间的思考即可。无意识思维模式与意识思维模式相比，无意识思维模式下，被试可以通过消除定式思维，从而做出更好的决策；而意识思维模式下，被试更容易进入思维的"窄胡同"。因此无意识思维下的决策结果要优于意识思维下的决策结果。

本研究采用了与 Dijksterhuis 等的研究一致的实验范式（Maarten et al.，2008）。按照上述的观点，在信息呈现完毕后，被试立即知道了实验的任务要求，因此在有意识的思维模式下，被试可以有意识、有目的、有组织地进行回忆，可以对信息进行分析型的思考；而在无意识思维模式下，被试要完成干扰任务，导致对信息的记忆发生遗忘或者发生干扰，产生一个后摄抑制，而且在干扰情境下，被试对信息的掌握可能只是整体上的、模糊的甚至是有偏差的（回忆信息出现错误），因此更多地会采用启发式的方式进行判断，在这种情景下，无意识思维模式下的决策效果不如意识思维模式下的决策效果。这与 Simon 的观点是一致的，由于人的认知局限性，在高认知负荷下，

信息量超载，只能利用部分信息进行启发式决策，所以出现了决策的错误
（Simon，1955）。

四款汽车之间，第一位汽车的正面属性信息要比第二位汽车的正面属性
信息多2条，第三位汽车的正面属性信息要比第四位汽车的多两条。被试阅
读完这些信息之后，在掌握有限信息量的条件下，如果能够发现他们之间的
这种差异（分析式），就可以从整体上做出正确判断（启发式），即启发式系
统和分析系统的作用方向一致时，决策更合乎理性；同样地，被试阅读完这
些信息之后，在掌握有限信息量的条件下，如果没有发现他们之间的这种差
异（分析式），却又从整体上做出粗略的判断（启发式），这时就会出现决策
的偏差。从表4-2和表4-3可以看出，意识思维与无意识思维相比，判断
正确的平均选择率存在很大的差异，而正确回忆的信息量基本上都是七八个，
这说明回忆出的信息虽然量上一致而性质上可能有很大差异，判断正确的被
试回忆出的更多的是关键性信息，能够区分汽车差异的信息；而判断错误的
被试回忆出的更多的是一般性信息，不能区分出汽车之间的差异。基本上符
合Evans的双系统加工模型和信息加工心理学的观点。

此外，人们并不是对任何外界的信息都会产生一个定式思维，公安局长
的性别、物体的功能之类的问题，人们容易产生定式思维，也就是对熟悉的
物体、经常遇到的事件才容易产生定式思维，而实验中对汽车属性信息的回
忆，并不是易产生定式思维的问题，也不存在转换问题角度的问题。因此本
研究中，没有出现这种无意识思维的优势效应，与无意识思维理论是相违
背的。

结论

研究结果表明：在反应时上，无意识思维下的决策时间要比意识思维下
的决策时间长；在正确选择率上，意识思维决策的结果要优于无意识思维决
策的结果；在信息回忆量上，意识思维决策的回忆量要多于无意识思维决策
的回忆量。与无意识思维理论是相违背的。

第三节　无意识决策的应用性研究

自 Dijksterhuis 提出无意识思维理论，其范式被广泛地应用，大部分实验只是单纯地重复 Dijksterhuis 范式中的原始材料或改变实验中所使用的某些材料来验证范式的可信度，还有一些实验通过增加自变量来验证这些变量与无意识思维之间的相互关系，没有通过改变实验范式本身的自变量来验证范式的稳定程度。例如，通过改变实验中所使用属性呈现的依据来验证实验中是否会含有内隐记忆的因素。根据无意识思维理论的内容，对于简单问题来说，意识思维决策要优于无意识思维决策，而对于复杂问题来说则是无意识思维决策要优于意识思维所做的决策。而国外许多学者，如 Shanks 等人通过完全复制 Dijksterhuis 的实验范式但得出了与 Dijksterhuis 相反的结论，在中国，张凤华等人也使用了 Dijksterhuis 的实验范式，他们以大学生为被试就选项的平均选择率、信息的回忆总量和信息的正确回忆率进行了探究并得出了与 Dijksterhuis 相左的结论。然而这些研究只是根据自己的实验结果来肯定或否定无意识思维理论的正确与否，探讨两者一致或不一致的原因，对于不一致的结果，很多研究者也只给出了不一致的结论，分析了可能的原因，进而否定了这一理论的真实性，没有考虑其他形式自变量的可能性。例如，选项中属性以组块呈现没有产生无意识思维效应，然而以权重形式呈现属性时无意识思维效应则会产生。

研究背景

高中生活中要面对的一个复杂的决策问题就是文理分科问题，学生们很关注这个问题，他们不仅希望所选的科目自己感兴趣，还希望它在以后的生活、就业中为自己带来便利；家长们很专注这个问题，他们希望为自己的孩子提供一个建议不仅能帮助他们顺利通过两年后的高考，还希望六年后能找到一个好的工作；学校的老师、学校领导也很关注这个问题，他们不仅希望自己的学生能够发挥他们的专长，选择到适合自己的科目，更希望他们的选择对他们考大学、就业有很大的帮助。王娜和周铁民（2013）以文理分科为切入点，将文理分科中影响决策的各因素提取出来，应用无意识思维的研究范式，丰富了无意识思维理论的研究内容，此外权重对选择的影响可以为人们在以后解决问题中提供重要参考。

1. 影响文理选择因素的筛选

为了了解高一学生文理分科的影响因素，研究在面对复杂问题时意识思维和无意识思维哪种思维方式对做出正确决策更有优势，进而扬长避短使用优势思维方式，提高解决问题的能力。

通过实习观察，发现学生们对高二文理分科很是重视，询问发现，同学们认为这次分科将会影响大学择校，所学专业甚至影响以后就业方向。有些学生对高二选文还是选理都有了明确的方向，但是也有不少同学还处于迷茫状态，虽然有老师、家长的建议，但他们还是无法做出自己的决定，随着离升入高二时间越来越近，这些无法确定选择的同学开始出现焦虑和不安的情绪，严重影响到他们的学习。

针对此问题，通过与老师进行讨论发现，她们认为文理分科对学生以后的人生有很大影响，因此有很多学生认为此问题很复杂，从而在做决策时思前顾后，听取各方意见很是谨慎，然而在高二换文理科的现象还是存在，她们认为关于文理分科问题的研究无论对学生、老师还是家长来说都很有必要。与此同时，在征求了相关专家和心理学专业老师的意见后，他们认为这个问题符合无意识思维研究复杂问题的含义，可以进行进一步地深入研究。综合各方意见，将此次问卷调查的问题定位为文理分科的无意识思维决策研究。

2. 信息的收集及问卷类型的确定

对于文理分科的影响因素，首先查询了专业网站"高中生职业规划"中有关文理分科的相关内容，引用了上面列举的一些因素和内容，除此之外，还查询了《SLZ专业兴趣问卷测查表》，对其中的一些调查因素进行了吸收和修改。除了对相关问卷、相关网络调查的应用，就此问题还咨询了专家，他们所列出的一些影响因素对问卷的编制也很有帮助。根据此问题，还对3所不同学校的一些高中学生（高一、高二和高三）进行了访谈，根据他们认为决定他们选文选理的因素进行了深入的探讨。整理收集到的信息并列出一些影响因素，由于此实验研究对象主要是高一学生，所以主要收集高一学生对此问题的看法，对此编制问卷一，此问卷为开放性问卷，包括三个主要问题，分别为：（1）你认为选择文科、理科的因素有哪些？（2）请谈谈你对文理分科的看法。（3）请谈谈你对职业的看法。对高一两个班的同学进行施测，随后将问卷回收并结合之前调查到的信息进行归纳整理，将意思相同的内容归为一类，编制出问卷二也为最终问卷，即关于文理分科影响因素问卷。此问卷为封闭式问卷，主要由两大部分构成，部分一：你认为以下决定你选择文科、理科的因素有哪些？要求学生在 13 个因素中进行选择，可单选，也可进行多选。部分二：对你所选中的因素从重要到不重要进行排序，并写出每项所占的百分比。要求学生对自己所选的因素进行一次心理权重的比较。

3. 问卷的发放

选择高一两个平行班：12 班和 13 班，在其心理健康教育课前发放试卷进行施测，用时约为 5 分钟。

4. 问卷的收集及数据统计

将两个班的试卷回收，去掉无效问卷 4 张，剩余 96 张有效问卷，对这 96 张问卷进行数据整理。

首先对问卷第一部分分数进行统计，对 A 至 M 选择人数进行简单相加，然后除以总人数，计算得出每个属性的被选概率。

表 4-4　各属性被选概率情况表

属性	A	B	C	D	E	F	G	H	I	J	K	L	M
被选概率	0.49	0.21	0.41	0.13	0.23	0.69	0.38	0.57	0.41	0.16	0.40	0.35	0.04

对被选概率进行排序结果为：F > H > A > C > I > K > G > L > E > B > J > D > M。

对 A 至 M 13 个属性的重要概率进行简单相加并进行排序。结果如下：

表 4-5 所有属性信息重要概率总和

属性	A	B	C	D	E	F	G	H	I	J	K	L	M
概率总和	7.13	1.37	5.83	1.31	3.65	16.46	7.05	10.24	5.04	2.70	8.59	8.26	0

对各选项的概率总和进行排序，即 F > H > K > L > A > G > C > I > E > J > B > D > M。

对问卷中第二部分内容进行数据统计，对 A 至 M 13 个属性的重要概率进行相加，然后除以选择此属性的总人数，计算出此属性特征的权重。结果如表所示。

表 4-6 所有属性的权重数

属性	A	B	C	D	E	F	G	H	I	J	K	L	M
权重数	0.13	0.07	0.15	0.16	0.15	0.22	0.18	0.18	0.13	0.15	0.21	0.25	0

对各选项的权重数进行排序结果为：L > F > K > H > G > D > E > C > J > A > I > B > M。

按 Dijksterhuis 的实验方法，对这 13 个属性由高到低排序，删除那些人们特别看重和特别不看重的属性特征，将剩余适合的属性信息设置为 A、B、C、D 四个大项备用。

实验一 无意识思维理论的验证研究

实验目的

考察在逐条呈现属性信息的方式下，意识思维与无意识思维对复杂决策的影响。

实验假设

（1）无意识思维组在最优选项上的人数显著高于意识思维组的人数。

（2）无意识思维组在信息回忆量上的得分要显著高于意识思维组的得分。

实验设计

实验采用单因素被试间实验设计。

自变量：不同的思维条件，意识思维条件和无意识思维条件。

因变量一：4 个选项的正确选择率。

因变量二：对每个选项中属性特征信息的回忆量。

实验方法

用 e-prime 软件编写实验程序，所有被试都在计算机上完成本次实验。

被试

随机抽取辽宁省某中学高一平行班 2 个班级，共 60 名学生，其中，男生有 27 名，女生有 33 名，年龄在 14 岁到 16 岁，接受正规教育且年限超过 9 年，没有阅读障碍，没有生理或精神方面的疾病，视力或矫正视力正常，均能熟练使用计算机。

实验材料

根据 Dijksterhuis 文献中阐述的材料编制方法，编写有关影响文理分科的因素的属性特征，通过问卷法、访谈法和专家评定的方法，选取其中被关注较多的属性特征共有 13 条，对这些特性的重要程度进行相加，然后进行排序，删除那些排序特别靠前和排序特别靠后的特性，最后留下了 8 条属性特征，四个选项都是从这 8 个特性维度上进行描述，并对这 8 个特性维度从正性效价和负性效价两个角度进行编写，这 8 条属性特征分别是：属性 1，对课程的喜欢程度；属性 2，就业形势的影响；属性 3，学习成绩的影响；属性 4，性格的影响；属性 5，学习的轻松程度的影响；属性 6，父母给的建议；属性 7，学习时的自信程度的影响；属性 8，家长的期望。根据选项中属性特征的重要性，对这 8 条属性信息进行排序。根据排序和专家评定的结果，设置前 6 个最重要的属性特征都用正面的描述，例如，喜欢文（理）科里的一些课程、觉得学习文（理）科时更轻松等。后两个最不重要的属性都用负面的描述，例如，家长不太期望我学文（理）科、文（理）科成绩好。这个选项正面信息达到 75%（6 条），是最好的选项。第二好的选项和第三好的选项其正面信息占 50%（4 条），区别在于第二好的选项前四个相对较重要的属性特征都用正面的描述，后四个属性特征都采用负面的描述，而第三好的选项评定为后四个不太重要的属性特征采用正面描述，而前四个比较重要的属性特征则都采用负面描述。最后一个选项前六个属性特征都采用负面描述，后两个最不重要属性特征采用正面描述，正面描述信息占 25%（2 条），被界定为最差的选项。为了避免选项和属性特征可能产生的顺序效应，本实验设计四个选项内各属性特征随机呈现。

呈现方式

根据无意识思维元分析的结论，认为选项属性以组块形式呈现将会产生最显著的影响，因此，实验设计这 32 条属性以图片信息方式按组块为单位逐条呈现出来。为了防止练习效应的产生，设计组块内单个属性特征以随机方式呈现。

干扰方式

本实验中，自变量是两种思维方式即意识思维和无意识思维，两者之间最重要的差别也是使实验产生效果的关键环节，就在干扰任务上，根据经典实验和相关实验的研究显示，大部分学者认为，减 N 任务对意识的干扰效果会更好，因此实验中的干扰任务设计为 4 位数以内的连减任务，用时与属性特征呈现所花费的时间一样长，意识思维中在相同的环节中进行用时相同的有意回忆任务。

实验程序

本实验共分为信息呈现、思维任务（无意识思维和意识思维）、做出判断和回忆评价四个阶段，通过计算机和纸笔来完成。

实验指导语

实验正式开始前，在电脑屏幕上呈现指导语一，告知被试整个实验的任务要求：这是一个关于决策的实验，通过阅读一系列的相关信息，然后做一个与上述信息有关的任务。为了使被试更加清楚实验过程，给被试呈现指导语二，列举与实验内容相似的变形例句，进一步解释说明。

信息呈现

每个选项有 8 条相同方面的属性信息，总共有 32 条属性信息。这些信息逐条呈现在电脑屏幕正中间，先呈现选项 A 中的所有属性信息，呈现完毕后再呈现选项 B 中的所有属性信息，依次往下，每个选项中所有 8 条信息出现的顺序是随机的。每条属性出现在屏幕前都有一个红色"＋"出现，以提醒被试注意即将出现的信息，红"＋"消失后属性信息出现在屏幕上，呈现时间为 5s，5s 后信息自动消失不在，下一条信息出现，且出现时间同样也为 5s，为了较好地区别属性信息各自属于哪个选项，因此在每条信息前都标出选项字母，如属性信息前面出现字母 A，表明该属性是选项 A 的内容；如果属性信息前面出现字母 B，表明该属性信息是选项 B 的内容；如果属性信息前面出现字母 C，则表明该属性信息是选项 C 的；如果属性信息前面出现字母 D，表明该属性信息是选项 D 的。此阶段用时约为 3min。

意识思维条件

信息呈现完毕后，出现任务要求，即被试有 3min 的时间对上述呈现过的信息进行回忆和思考，被试准备好后按键进入思考页，3min 后，思考页消失不见，屏幕中出现下一个任务的内容：根据前面呈现的信息，快速判断 A、B、C、D 四个选项哪个是最好选项，并做出相应的按键反应（A 选项按"1"键，B 选项按"2"键，C 选项按"3"键，D 选项按"4"键）。

无意识思维条件

信息呈现完毕后，出现新的任务要求。告知被试这是一个检验运算思维的四位数的连减运算，每道题呈现 7s，在这 7s 中将答案输入到电脑中，7s 后电脑自动呈现下一题，整个干扰任务用时也为 3min。思维运算结束后，呈现选择任务，根据前面呈现的信息，快速判断 A、B、C、D 四个选项哪个是最好选项。回忆及评价：选择任务完成后，要求被试在答题纸上尽量写出电脑屏幕中呈现的每个选项的属性信息。随后，要求被试完成一个关于文理分科影响因素的评定问卷，目的是检验被试对文理分科影响因素重要性的评定是否与专家的结果一致，最后收回答题纸和问卷，检查每位被试是否对所有的问题都进行了作答，依据实验的要求剔除不合格的答卷。实验流程见图4－6。

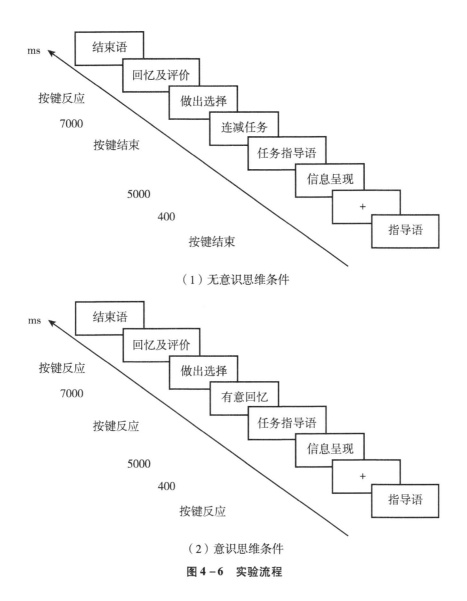

（1）无意识思维条件

（2）意识思维条件

图 4 - 6 实验流程

结果与分析

剔除 17 份无效答卷，其均为被试没有完成对四个选项中属性信息的回忆和没有认真完成干扰任务，对剩下的 43 份有效答卷进行统计分析，其数据结果采用 spss17 进行统计，具体内容主要从以下两个方面进行分析。

描述统计

对两种思维条件四个选择选择率进行描述统计，如图 4 - 7。

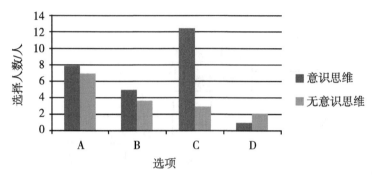

图 4 - 7 实验描述统计

从图中可以看出，无论是意识思维组还是无意识思维组选择最优选项 A 项的人数都在 7 人左右，没有显著的差别，选择选项 B 和 D 的人数也没有显著的差异，但选项 C 的人数，意识思维组的人数远远比无意识思维组的人数多。从无意识思维组来看，A、B、C、D 四个选项都有人选择，但相比之下，选择最优选项 A 的人最多，选择最差选项 D 的人最少；而从意识思维组来看，同样的 A、B、C、D 四个选项都有人选择，但选择选项 C 的人数最多，选择最差选项 D 的人数最少，而最优选项 A 则不是很多。

独立样本 T 检验

表 4 - 7 选项和回忆量的描述统计

观测指标	类别	M	SD
选项	无意识思维	2.00	1.09
	意识思维	2.26	0.94
回忆量	无意识思维	4.69	1.82
	意识思维	4.85	1.70

表 4 - 8 选项和回忆量差异检验结果

	T 检验			
	t	df	sig（2 - tailed）	std. error
选项	- 0.82	41	0.42	0.32
回忆量	- 0.30	41	0.77	0.55

从表 4 - 7 可以看出，无论是选项还是回忆量，两种不同思维组的平均分

和标准差相差都不是很大。通过独立样本 T 检验比较两种不同思维条件下的选项和回忆量之间的差异，表 4-8 结果表明：从选项上来看，首先，两种不同思维组方差齐性检验结果为 0.83，$P > 0.05$，方差齐性，在齐性条件下，两种条件思维组在选项上的 T 检验中 P 值为 0.42，$P > 0.05$，没有显著差异。从回忆量上来看，两组不同思维组方差齐性检验结果为 0.98，$p > 0.05$，方差无明显差异，方差齐性，两种条件思维组的回忆量上的 t 值为 0.77，$p > 0.05$，两者之间没有显著差异。结果显示：（1）就选项上来说，意识思维组得分（$M = 2.26$）略高于无意识思维组的得分（$M = 2.00$），但两者没有显著差异。（2）就回忆量上来说，意识思维组的得分（$M = 4.7$），略高于无意识思维组的得分（$M = 4.69$），但两者没有显著差异。

小结

本实验结果表明：（1）在最优选项选择上，意识思维的选择人数略高于无意识思维组，但两者没有显著差异。（2）无论是在选项上还是回忆量上，意识思维的得分略高于无意识思维的得分，但两者没有显著差异。从选项选择率和信息回忆量上来看，意识思维的决策略高于无意识思维的决策，但两者没有显著区别，这与 Dijksterhuis 的研究结论即无意识思维优于意识思维不一致，这说明，无论是简单决策还是复杂决策，经过思考会有更好的决策结果，这与现实生活中的情况是相吻合的。

实验二 以权重为基础获得的属性对无意识思维决策的影响

实验一结果显示，意识思维决策与无意识思维决策两者之间没有显著差异，这与预测结果相反。为此，对接受实验的其中 6 名（3 名男生、3 名女生）被试进行访谈，就实验内容、实验操作、实验结果、实验感想和实验中所产生的疑问听取了被试的意见。发现大家的选项比较分散，四个选项都被选择过，而不是跟经典实验的结果那样，选项集中在最优选项 A 上，针对这种实验结果询问了被试所做选择的原因，他们回答说只是根据自己所认可的某一属性是否是正面描述来选择，例如，被试会根据"我学习文（理）科的内容时更有自信"这一条来决定他们对整个大选项的取舍，而不会去考虑整个选项 8 条属性正面描述项多还是负面描述项多。除此之外还发现，他们看好的属性项与通过统计得出的属性重要程度排名有一些差别，即某一项是所有被试对属性重要程度判定相加的结果，然而在他们心中另一项的重要程度更高，即使选择它们的人少，但只要被选中，在选择的人眼里重要性被评定的都很高。针对这种情况的出现，设计了实验二，在实验中将着眼于属性特征的重要程度和选择人数情况，而不仅像实验一那样只关注选项的重要程度。因此在此次实验中则以权重为着眼点来决定选项中的各项属性信息——权重是针对某一对象而言，其按某评价对象的各个方面的重要性不同而赋予不同的值——努力达到在总体评价中对作用不同的各因子进行区别对待。

实验目的

考察在改变属性信息选择的标准后，基于权重的无意识思维与基于重要性的无意识思维对复杂决策的影响。

实验假设

（1）基于权重的无意识思维组在最优选项上的人数显著高于基于重要性的无意识思维组的人数。

（2）基于权重的无意识思维组在回忆量上的得分显著高于基于重要性的无意识思维组的得分。

实验设计

实验采用单因素被试间实验设计。

自变量：不同划分方法，重要程度划分和权重划分。

因变量一：四个选项的正确选择率。

因变量二：对每个选项中属性信息的回忆量。

实验方法

利用 e-prime 软件编写所有程序内容，所有被试在计算机上完成本次实验内容。

被试

随机抽取辽宁省某中学高一平行班两个班的学生共 55 名，其中男生有 25 名，女生有 30 名，年龄在 14 岁到 16 岁，接受正规教育且年限超过 9 年，没有阅读障碍，没有生理或精神方面的疾病，视力或矫正视力正常，均能熟练使用计算机。

实验材料

使用实验一中的试卷让学生、老师和专家写出每个属性特征的重要程度（用百分比表示）并根据其重要性进行排序，简单相加后，除以选择此项的总人数，计算出其权重量，删除那些特别重要的和特别不重要的属性信息，最后留下了 11 条属性信息。对这 11 条进行权重相加，整理出四组权重总数略有区别的四个大项，为了达到权重总数有区别且大项中属性信息有区别，规定每项中有属性信息 5 条。本次实验主要探讨以权重为基础选择的属性信息对无意识思维决策的影响，因此，四个选项中的所有属性信息均以正效价进行描述，用于区别优劣项的为各选项的权重总数。选项 A 中的 5 条属性信息权重数相加总数为 104.95，是四个选项中权重总数最大的，因此被认为是最好的选项；选项 B 中的 5 条属性信息权重数相加总数为 96.02，是四个选项中权重总数第二大的，因此被认为是第二好的选项；选中 C 中的 5 条属性信息权重数相加总数为 86.16，是四个选项中权重总数第三大的；选项 D 中的 5 条属性信息权重数相加总数为 77.84，是四个选项中权重总数最小的，因此被认为是最差的选项。由于选项内容选择基础发生变化，加上选项内容数量发生变化，因此四个选项中属性信息会有不同。选项 A 中的 5 条属性信息分别为：属性 1，父母的建议；属性 2，学习兴趣；属性 3，就业形势的影响；属性 4，对课程的喜欢程度；属性 5，学习的轻松程度。选项 B 中的 5 条属性信息分别为：属性 1，学习兴趣；属性 2，父母职业的影响；属性 3，学习的轻松程度；属性 4，对课程的喜欢程度；属性 5，就业形势的影响。选项 C 中的 5 条属性信息分别为：属性 1，父母的建议；属性 2，父母职业的影响；属性 3，家长的期望；属性 4，市场需求；属性 5，学习成绩的影响。选项 D 中的 5 条属性信息分别为：属性 1，性格影响；属性 2，父母的建议；属性 3，学习时的自信程度；属性 4，市场需求；属性 5，就业形势的影响。

呈现方式

20 条属性信息以图片信息方式按组块为单位逐条呈现出来。

干扰方式

实验中的干扰任务设计为四位数以内的连减任务，用时与属性特征呈现所花费的时间一样长。

实验程序

本实验共分为信息呈现、无意识思维任务、做出判断和回忆评价四个阶段，通过计算机和纸笔来完成。

实验指导语

内容同实验一。

信息呈现

每个选项有 5 条不同方面的属性信息，总共有 20 条属性信息。这些信息逐条呈现在电脑屏幕正中间，先呈现选项 A 中的所有属性信息，呈现完毕后再呈现选项 B 中的所有属性信息，依次往下，每个选项中所有 5 条信息出现的顺序是随机的。每条属性出现在屏幕上时，前面都有一个红色"＋"出现，以提醒被试注意即将出现的信息，"＋"消失后属性信息出现在屏幕上，呈现时间为 5s，5s 后信息自动消失不见，下一条信息出现，且出现时间同样也为 5s，为了较好地区别属性信息各属于哪个选项，因此在每条信息前都标出选项字母，如果属性信息前面出现字母 A，表明该属性是选项 A 的内容；如果属性信息前面出现字母 B，表明该属性信息是选项 B 的内容；如果属性信息前面出现字母 C，则表明该属性信息是选项 C 的内容；如果属性信息前面出现字母 D，表明该属性信息是选项 D 的内容。此部分用时约为 2min。

无意识思维条件

信息呈现完毕后，出现新的任务要求告知被试这是一个检验运算思维的四位数的连减运算，每道题呈现 6s，在这 6s 中将答案输入到电脑中，6s 后电脑自动呈现下一题，此干扰任务总用时也为 2min。思维运算结束后，呈现选择任务：根据前面呈现的信息，快速判断 A、B、C、D 四个选项哪个是最好选项。

回忆及评价

选择任务完成后，要求被试在答题纸上尽量写出电脑屏幕中呈现的每个选项的属性信息。随后，要求被试完成一个关于文理分科影响因素的评定问卷，目的是检验被试对文理分科影响因素重要性的评定是否与专家的结果一致，最后收回答题纸和问卷，检查每位被试是否对所有的问题都进行了作答，依据实验的要求剔除不合格的答卷。

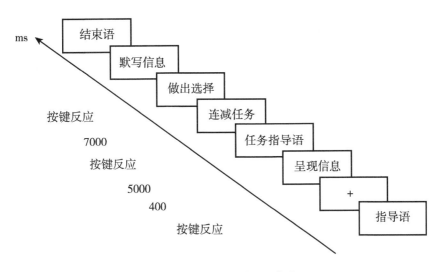

图4-8 实验过程的结构框架

结果与分析

剔除 19 份无效答卷，其均为被试没有完成对四个选项中的属性信息的回忆和没有认真完成干扰任务，对剩下的 36 份有效答卷进行统计分析，其数据结果采用 spss17 进行统计，具体内容主要从以下两个方面进行分析。

描述统计

对基于重要性的无意识思维组和基于权重的无意识思维组的 A、B、C、D 四个选项进行描述统计，见图4-9。

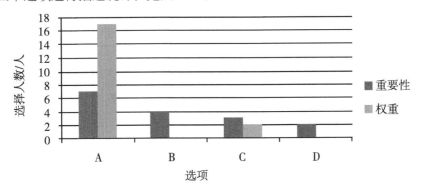

图4-9 实验过程的结构框架

其结果显示：基于重要性的无意识思维组 A、B、C、D 四个选项都有被选择，其中选项 A 被选择的人数最多，选项 D 被选择的人数最少；基于权重的无意识思维组中，只有 A 和 C 被选择，而选项 B 和 D 没有人选，其中最优选项 A 选择人数最多。就最优选项 A 来说，基于权重的无意识思维组选 A 的人数要远远多于基于重要性的无意识思维组选 A 的人数，且有显著差异；对最差选项 D 来说，基于重要性的无意识思维组中有 12% 的人选择该项，而基于权重的无意识思维组中则没有人选择该项。

独立样本 T 检验

对基于重要性的无意识思维组和基于权重的无意识思维组进行平均数、标准差和独立样本 T 检验，结果见表 4 – 9、表 4 – 10。

表 4 – 9　基于权重的描述性统计结果

观测指标	类别	M	SD
选项	无意识思维（重要性）	2.00	1.09
	无意识思维（权重）	1.20	0.62
回忆量	无意识思维（重要性）	4.69	1.82
	无意识思维（权重）	4.70	1.49

表 4 – 10　基于权重的差异性检验结果

	T 检验			
	t	df	sig（2 – tailed）	std. error
选项	2.61	22.41	0.02	0.31
回忆量	– 0.23	34	0.98	0.55

结果显示：就选项上来看，F 统计量值为 7.74，概率 P 值为 0.01，$P <$ 0.05，说明方差不齐性；在不齐性条件下得到的 t 值为 2.61，P 值为 0.02，小于 0.05，说明基于重要性的无意识思维组与基于权重的无意识思维组在选项上存在显著差异。就回忆量上来看，P 值为 0.69，$P > 0.05$，方差齐性，T 检验中，t 值为 0.23，P 值为 0.98，大于 0.05，说明基于重要性的无意识思维组与基于权重的无意识思维组在回忆量上没有差异。

对选项进行独立样本 T 检验发现其方差不齐性，因此对不同划分条件下无意识思维组的选项进行 Mann-Whitney U 检验，见表 4 – 11。

表 4 - 11 无意识思维组 U 检验结果

	选项
曼特尼 U 检验（Mann-Whitney U）	88.00
秩和检验（Willcoxon W）	298.00
正态统计量（Z）	−2.82
渐进方法计算的概率 P（Asymp. sig）（2 − tailde）	0.01
精确概率 P（Exact Sig）［2*（1 − tailed Sig）］	0.02*

从表 4 - 11 中可以看到，从选项方面看，基于重要性的无意识思维组与基于权重的无意识思维组之间的 Mann-Whitney U 统计量值为 88.00，Wilcoxon W 统计量的值为 298.00，正态统计量的值为 −2.82。由于样本容量较小（16，20），因此可以采用 U 统计量的精确概率 P 值为 0.02，小于 0.05，同时渐近方法计算的概率 P 值为 0.01，小于 0.05，说明基于重要性的无意识思维组与基权重的无意识思维组在选项上存在显著差异。

小结

本实验结果表明：（1）在最优选项选择上，基于权重的无意识思维组的人数显著高于基于重要性的无意识思维组的人数，且差异显著；而在最差选择上基于权重的无意识思维组的人数显著低于基于重要性的无意识思维组的人数。（2）在回忆量上，基于权重的无意识思维组与基于重要性的无意识思维组间没有差异。

综合讨论

无意识思维效应

Dijksterhuis 通过对人们做决策时的思维过程进行研究，让人们从一个新的角度重新认识了这一过程，即从无意识思维的角度来解释如何做出决策，同时提出了一系列系统的理论，并且利用实验进行了验证。Dijksterhuis 认为，他的无意识思维理论是一种特殊的分心无意识，即首先是被试对问题信息进行充分的意识注意，其次被试将注意力转移到与目标任务完全无关的另一项任务上，经过一段特定时间后让被试重新注意原先的任务，他称将注意力放在无关任务上是无意识思维过程，他认为在此过程中无意识思维拥有更多的加工容量，对信息进行综合性、自下而上的且不按严格规则的加工，因此会比意识思维得到更为满意的结果。

自从 Dijksterhuis 提出无意识思维效应后，许多学者通过复制经典实验或自己创造新的实验对无意识思维效应进行验证，得到了真实和错误两种声音，针对这些声音，Dijksterhuis 对有关无意识思维决策的实验进行了元分析，提出了无意识思维效应产生的条件，他认为，决策的质量、问题的复杂程度、信息呈现方式及干扰任务的方式等都会影响到无意识思维效应的存在，即简单条件下意识思维做出较好的决策，而复杂条件下无意识思维将会做出较好的决策；以组块形式呈现的信息将比以其他形式呈现的信息产生较多的无意识思维效应；使用连减任务比其他任务更容易产生无意识思维效应。除此之外，一些边界条件也会在一定程度上影响到无意识思维效应的产生。

无意识思维效应并不是要颠覆传统的认知观点，即面对问题时大家会习惯利用意识进行思考，且问题越复杂思考的时间越长。而是企图探究存在一种能提高人们决策质量的无意识现象的存在，从这个角度来看，无意识思维决策的意义在于；在适当的条件下，人们能尝试使用这种理论来解决一时无法解决的问题，用来丰富人们的决策策略。

实验一参照 Dijksterhuis 最完整的实验程序，以高中一年级学生最关心的文理分科问题为研究内容，复制了无意识思维效应，企图证明在解决复杂问题时，无意识思维决策要明显优于意识思维决策。然而实验结果是意识思维决策略优于无意识思维决策，且两者间没有显著差异，这与 Dijksterhuis 的研究结果截然不同。但这与现实生活中人们通常的思维方式相同，即人们面对问题时会进行意识思维，然后再做出对策，且当问题越复杂时，所花费的时间也越长。

从实验一结果可以得出，高中生在进行文理分科决策时，多采用意识思维方式进行思考，相比无意识思维来说，意识思维能帮助其得到最好的结果。针对这一结论对实验过程进行了进一步的探究，发现许多被试在信息呈现完毕时就对自己所做的决策有了大致的想法，因此在无意识思维中的干扰任务没有起到很大的作用。从选项和回忆量上来看，意识思维与无意识思维相比，选项的选择有些不一致，然而回忆量也基本上处于 5 个左右，说明回忆出的信息虽然在量上一致，但性质上可能有差异，被试可能根据他们回忆出的属性信息，选择符合自己的且是正面描述的信息来做出决策。从此情况，发现了基于权重挑选出的属性信息将会对无意识思维决策产生影响，因此，实验二将属性信息的选择基础作为一个变量来研究无意识思维决策。

以权重为基础获得的属性信息对无意识思维决策的影响

Dijksterhuis 的无意识思维理论中关于属性信息的选择，主要是采用专家评定法对属性的重要程度打分来确定属性信息，对这些属性信息进行排序，去掉最重要的和最不重要的，并对每条属性以正面和负面两种形式进行描述，然后根据选项的优劣填入这些属性。而以往的学者对属性信息的选取也都采用此方法。通过对实验一结果进行分析，发现属性信息中权重的影响因素将影响无意识思维决策的结果，因此，将"属性信息的权重"作为一个变量纳入无意识思维决策中。

Dijksterhuis 的无意识思维理论中，是将各专家对选项的重要性评定进行相加得到的，分数越高说明该属性信息越重要，人们如果认为某一项很重要，就给它一定的分数，认为此项重要的人数越多，则此项分数比其他选项高，即虽然每个人给他的分数不是很高，但选的人数多，总分也会很高，因此被理所应当地排在一系列属性的前面，没有计算总数平均到每个人身上分数的大小。实验二考虑到了这个因素的存在，引入了权重的概念，不仅考虑到了属性信息重要程度的总数，还考查了在权重情况下属性信息的排序情况。实验过程发现，基于两种不同条件的属性信息的排序发生了一些变化，即在重要性条件下排序较后的属性在权重的条件下排名则提高了几名，虽然认为此属性重要的人数不多，但这些人给出的分数都很高。实验结果显示：基于权重的无意识思维决策组比基于重要性的无意识思维决策组在选择最优选项上人数要多很多，并且两组之间存在着显著差异。在文理分科中，影响大部分人的因素不一定会决定自己的选择，高中生会以一个重要因素来做出总的决策。

为了区分各选项的优劣，因此在各选项中，正面描述和负面描述的属性信息比重有所不同，在无意识思维模式下，被试要求完成一些干扰任务，但干扰任务对前面呈现的属性信息会产生一定的顺序影响，即后摄抑制效应，因此被试对所呈现信息的掌握可能会产生模糊的印象、关键部分的遗失甚至是偏差的记忆，由于人们的认知关系，人们对正面描述和负面描述的回忆也有差异，即正面描述的信息较易回忆，而负面描述的信息较难回忆，所以导致人们只是从较易回忆的属性信息中挑选符合自己喜好的内容来做决策。为了避免此现象的出现，本实验设计所有属性都采用正面描述来呈现，选项的优劣则用属性信息的总权重数来区分，实验结果证明了这种方式对无意识思维过程产生了一定的影响。

对此实验进行回顾，发现实验过程存在一些不足。首先，在实验前的对影响文理因素选择中，选取的访谈被试数量较少，且女性比男性要多，这可能会影响属性信息的选择；其次，在对信息进行收集、整理的过程中，将意思大致相同的内容归为一类，导致了最后属性信息定为 13 条，进行去头去尾后只剩下了 8 条信息，而在经典实验中所使用的信息为 12 条，因此，属性信息条数的不同也可能是导致与经典实验结果相反的一个原因；最后，在进行正式实验那天，由于辽宁省实验中学举办了一些活动，所以选取的三个班中，都有因为学生因活动请假，除此之外对学生答题纸进行回收，发现有些同学没有按要求进行答题，导致结果无效，由于上述原因导致三个实验组的总人数不同且参加基于重要性的无意识思维组人数低于 20 人，这也成为影响实验结果的重要原因之一。

结论

本研究得到以下结论。

（1）在正确选择率上，意识思维决策略优于无意识思维决策，但两者之间没有显著差异。

在信息回忆量上，意识思维决策的回忆量要略多于无意识思维决策的回忆量，但两者之间没有显著差异。此结果与无意识思维理论相左。

（2）在正确选择率上，基于权重的无意识思维决策组要优于基于重要性的无意识思维决策组，且两者之间的差异达到了显著水平。

在信息回忆量上，基于权重的无意识思维决策组略优于基于重要性的无意识思维决策组，但两者的差异没有达到显著水平。

第五章

内隐学习研究

内隐学习是一个包含不同层次认知水平的知识获得过程。虽然不同层次的研究有利于深入揭示内隐学习的机制，但是，在现实生活中，做到这样的细分研究是有相当的难度的。因此，更多的研究者以学习为整体，在无意识状态下描述内隐学习现象，探索影响内隐学习的诸多因素，寻找内隐学习上的个体差异性。

第一节　内隐学习的基础性研究

研究一　内隐学习"三高"特征的实验研究

杨治良（1993）的研究在社会认知的人物特征识别范畴内，探讨了高强度练习和准确反馈条件下，内隐学习的高选择力、高潜力以及高密度贮存三大特征。实验采用一种测量内隐和外显学习的新方法，要求被试学会把相片按其组合特征分类。这些特征包括人物姿势的正侧面（显著维度特征），人物容貌的美丑（非显著维度特征）。结果表明：（1）非显著特征的学习，内隐被试表现出更大且显著的底层规则的迁移，比外显被试具有更高的选择力。（2）内隐被试表现出高潜力的内隐知识。（3）信息论处理揭示了内隐知识传递和贮存的高密性和高效性。

研究背景

内隐记忆主要指直接或重复启动效应，由于近期与某一刺激的接触而使这一刺激的加工得到易化或其他影响（Mathews，1959；杨治良，1991；Berry，1991）。有人认为内隐学习获得的是一种程序性而不是描述性的知识（Lewicik，1987），从而支持内隐学习是内隐记忆研究领域之一的观点（Schacter，1987）。亦有学者把内隐记忆和内隐学习看作两个明显不同的概念（Berry，1991），内隐记忆侧重于记忆的提取以及操作水平的测量，内隐学习侧重于知识的获得，弥补了有的学者（Scllacter，1987）因忽视知识获得问题所引起的缺憾（Reber，1989）。内隐学习是一种产生抽象知识、平行于外显学习方式的无意识加工（Reber，1989）。许多研究表明：在复杂的认知任务操作中，快速呈现刺激而无准确反馈时，外显学习难于把握变量间不显著（nonsalient）的共变规则，内隐学习则表现得强而有力（Lewicki，1956；Reber，1069，1976；Reber 和 Allen，1978）。外显学习是有选择力的、努力的、言语化的，类似于复杂的问题解决（Hayes 和 Broadbent，1988）。在特定条件下，内隐学习优于外显学习的现象，称为内隐学习效应。本研究进一步探索在高强度练习和准确反馈条件下的内隐学习以及内隐学习效应。这将是对内隐学习效应存在性的强有力的支持，同时也是对内隐学习本质特征的揭示，会在很大程度上丰富内隐学习理论。

研究方法

实验材料

采用 100 张（5 寸）华东师范大学本科生或研究生的半身照片。拍摄距离为 2 米。随机抽取 50 名学生参加拍摄，一式两份得 100 张相片。另请 8 位华东师大的本科生（男女各半）参加准实验。要求他们按照正侧与容貌维度对其中的一份（50 张）分 5 个等级给每张相片评分，然后把 8 个得分相加成总分。分别按两个维度计算总分，并求出 50 个总分的中数。图 5-1 是被试评分的参照标准。第一份相片（50 张）正侧维度总分的中数是 26，容貌维度总分的中数是 25.5。在每个维度上，相片按中数分成二部分（美或丑，正或侧），每张相片便具有二个特征。两维度特征结合成 4 组（即 I，侧—丑；II，侧—美；III，正—丑；IV，正—美）。

根据随机规律，每组分到的相片为 12～13 张。随后在每组 12～13 张相

正侧维度

很侧	较侧	适中	较正	很正
1	2	3	4	5

容貌维度

很丑	较丑	适中	较美	很美
1	2	3	4	5

图 5 - 1 评分的参照标准

片中随机抽取 4 张作为练习相片，从余下的相片中随机抽取 4 张作为测验相片。每组中有效相片为 8 张，4 组的练习相片组成 16 张练习组相片，测验相片组成 16 张测验组相片。练习组与测验组相片由共同的底层规则支配，相互变换不影响实验，这样得到 32 张有效相片。

在另一份 50 张相片中，按照同样的方法制作第二套相片（32 张）。正侧维度总分的中数是 30，容貌维度总分的中数为 25。参加正式实验的 45 名被试随机使用二套相片中的一套，以避免系统误差。

被试

45 名华东师大本科生（男女约各占一半）参加了正式实验。被试随机分成三组，每组 15 名。

实验程序

本研究采用个别实验。三组被试实验前先各自阅读该组的实验指导语。实验分两个阶段进行。

练习阶段：把 16 张练习组相片像卡片一样理好递给被试，要求外显与内隐组被试第一步先看相片后翻看背面。每张相片的背面标有 Ⅰ ~ Ⅳ 四个罗马数字中的一个表示属类（组别）。被试面前的桌上贴有标签（Ⅰ ~ Ⅳ）。让被试把相片放在对应的标签下。完成第一步后，主试把相片重新洗好再递给被试，让其再行分类。在第二步以至后来的练习中，允许被试判别属类后，翻看背面，纠正错误。

另外，要求外显条件下的被试发现相片分类依据的规则，并在白纸上记下自己归纳出的规则。主试要确认规则是被试真正使用的。记下的规则可以更改。外显和内隐组练习结束的标准是累计三次正确无误地把所有相片归类。

控制组被试不进行练习。整个实验中，被试按照自己的速度操作，没有时间限制。

测验阶段：我们用维度、规则以及特征都相同，但人物不同的另外 16 张相片进行测验。为了达到本实验计分的需要，我们要求被试对每张相片做四次回答。第一判断选择的组号表示非常确信该相片属于哪一类。第二判断表示如果第一判断失误，该相片还可能属于哪一类。第三、第四判断以此类推。被试在记录纸上作答，不允许改变已做出的答案。测验没有反馈，被试不能翻看相片背面。实验时间 30～60min。

统计方法

本实验选取两个维度。一个为正侧维度，定义为具有显著特征的维度，被试很容易通过观察相片的排列找出该维度的规则，另一个是容貌维度，定义为具有非显著性特征的维度，极少有被试发现该维度及其规则。根据被试选中相片组号的顺序进行计分。第一判断正确的计 3 分，第二、第三、第四判断正确分别给 2 分、1 分、0 分。总分最高为 48 分。另外，对每位被试要在两个维度上重新计分。与相片组号有关的选择得 2 分，无关的得 0 分。由于有 16 张相片，维度分数的区间为 [0, 32]。

维度计分的标准是：（1）第一判断组号与相片组号相同，两维度均得 2 分；（2）第一判断组号与相片组号位置在对角线上（如图 5-2 所示的 I 与 Ⅳ，Ⅱ 与Ⅲ）两维度均得 0 分；（3）两组号同为奇数或同为偶数，则容貌维度得 2 分（＋＋＝＋，－－＝＋，＋表示偶数，－表示奇数），正侧维度得 0 分；两组号一奇一偶，则正侧维度得 2 分（＋－＝－，－＋＝－），容貌维度得 0 分。这样记分的原理是：被试内隐或外显地掌握某一维度的规则时，在其做出的组别选择中，就应该包含该维度规则确定的特征。例如：被试者发现了正侧维度规则（未掌握容貌维度），对于某张侧面相片，被试判断力为侧—丑（I）和侧—美（Ⅱ）的概率是相等的。反过来，被试把组号为 I 的相片判断为Ⅱ，或者把组号为Ⅱ的相片判断为 I，都说明已经掌握了 I 与Ⅱ的共同点——正侧维度的规则。因此在这种情况下，正侧维度得 2 分，容貌维度得 0 分。归纳各维度得分的形式，可以获得以上的标准。在使用上述统计方法的同时，我们引进了信息论处理方法考察反应信息中含有的刺激信

息 $T(x; y)$。以测验结果作为信息论处理的依据。刺激为 16 张测验组相片，共分为 4 类（Ⅰ～Ⅳ），每类刺激呈现 4 次。相片的组号代表了刺激的类别。相片的排列顺序是随机的。反应为被试在记录纸上对每张相片做出的第一判断的组号，也分为 4 类（Ⅰ～Ⅳ）。这样构成 S－R 矩阵。根据该矩阵可算出 $H(x)$，$H(y)$，$H(x; y)$ 和 $T(x; y)$。

5－2 维度计分判断

结果

本实验中，每位被试获得 4 个分数：总分、正侧维度分、容貌维度分、平均传递信息量。统计处理使用 SPSS/PC＋（V3.0）软件包在一台 IBM286 微机上进行。分别对四个分数进行单因素方差分析，双因素 3×2 方差分析以及因素各水平之间的相关系数的计算。现将结果分述如下。

1. 正侧维度分、容貌维度分和总分的比较

以总分、正侧维度分、容貌维度分作为因变量，经三次单因素方差分析和三次 BTUKEY 逐对均数检验考察三种实验条件下的情况，获得表 5－1 的结果。

表 5－1　三种实验条件下各因变量的均数

组别	总效应	正侧维度（显著特征）	容貌维度（非显著特征）
控制组	**21.20*	**13.13*	14.13*
外显组	**26.33	**19.60	13.73
内隐组	**26.47*	17.73*	18.13*

注：表中每列数字前后星号相同表示两组均数具有显著差异。

结果表明：（1）指导语（组别）对三个因变量的主效应均明显。总体效

应上，$F = 5.03$，$P = 0.01$；正侧维度上，$F = 6.28$，$P = 0.004$；容貌维度上，$F = 7.50$，$P = 0.001$。（2）BTUKEY 逐对均数检验表明：在 0.05 意义层级上，总效应和正侧维度的外显与内隐成绩持平，均显著高于控制组；容貌维度上，内隐组显著优于外显和控制组，外显组与控制组无差异。

2. 指导语因素与维度因素相互作用的统计分析

先用双因素 3×2 方差分析考察。其中 A 因素分为外显、内隐、控制三个水平，B 因素分正侧和容貌两个水平，见表 5-2。

表 5-2 双因素 3×2 方差分析

变差来源	平方和	自由度	均方	F 值
A 因素	278.489	2	139.244	7.714*
B 因素	54.444	1	54.444	3.016
A×B	209.689	2	108.844	5.808*
组内	1516.267	84	18.051	
总计	2058.889	89	23.134	

* $P < 0.05$

结果表明：在 0.05 的意义层级上，A 因素主效应显著（$F = 7.714$，$P = 0.001$），与单因素方差分析结果一致；B 因素主效应具有边界显著性（$F = 3.016$，$P = 0.086$）。两因素具有显著的交互作用（$F = 5.808$，$P = 0.004$）。

下面，我们再来观察不同实验条件下总效应、正侧维度、容貌维度两两之间的相关系数（意义层级为 0.05）的情况，见表 5-3。

表 5-3 双因素各水平的相关矩阵

		正侧维度	容貌维度
外显组	总　分	0.468* (0.039)	0.614* (0.007)
	正侧维度	——	-0.006 (0.491)
内隐组	总　分	0.84* (0.001)	0.13 (0.29)
	正侧维度	——	0.27 (0.167)
控制组	总　分	0.58* (0.012)	0.466* (0.04)
	正侧维度	——	-0.451 (0.437)

注：括号内是概率水平。

结果表明：外显组和控制组总效应与两个维度都有显著相关。内隐组总效应与正侧维度相关显著，与容貌维度无显著联系。

3. 与传递信息量有关的两个结果

内隐组传递信息量与总效应，各维度之间的联系见表 5-4。

表 5-4 内隐学习的传递信息与因变量的相关矩阵

因变量	传递信息量 T ($\bar{x}$, $\bar{y}$)	总效应	正侧维度
总效应	0.067 (0.406)		
正侧维度	0.258 (0.177)	0.843 (0.00)	
容貌维度	0.232 (0.202)	0.154 (0.292)	0.268 (0.167)

注：括号内为概率水平。

结果表明：内隐学习的平均传递信息量与总效应及各维度之间不存在显著相关。三种实验条件下的平均传递信息量的均数分别为：外显组 0.6693，内隐组 0.6407，控制组心 0.6333。

分析与讨论

1. 内隐学习的高选择力

人们首先在人工语法学习任务中发现了内隐学习效应（Reber，1965，1967）。实验分两个阶段。练习阶段，被试学习一套由极其复杂的规则构成的字母串。指导语形成两种学习方式，外显的（发现规则）和内隐的（记住字母串）。这套规则就是限定状态语法（finite-state grammar）。字母串根据由左到右的顺序组成。规则的掌握特别困难，以至经过半天的学习都发现不了（Miller，1967）。测验阶段，呈现一套新的字母串，要求被试辨别哪些符合语法规则，哪些不符。

第二个发现内隐学习效应的范式是计算机模拟的经济系统。Boradbent 等人发现支配模拟的经济/生产系统的复杂规则知识也能通过内隐的方式获得和使用（Berry et al.，1984；Broadbent et al.，1978；Broadbent et al.，1989）。在他们的研究中，被试置身于一个想象的生产系统中，如糖生产工厂，要求简单地操纵工资、劳务、产量等经济变量达到一个特定的生产标准。生产系统（亦称"动力系统"）依照一套精细的、复杂的、相互间有联系的规则运作。达到生产标准需要学会规则。结果被试内隐地归纳出了规则并且在有意识知识缺失的情况下对相关变量做出了适当的调节。这些发现有力地支持了人工语法的研究（Reber，1989）。

第三个范式是限时决策任务。Lewicki 及其同事（Lewicki et al.，1987；Lweicki et al.，1988）使用反应时技术，发现被试内隐地获得了关于刺激出现位置的知识，但当要求他们外显地报告刺激将在何处出现时，其成绩并不比随机水平好。

本实验结果证明在高强度练习和准确反馈条件下，完成同时具有显著和非显著特征的社会认知分类任务时，内隐学习和外显学习一样有效。在完成只有显著性特征（正侧维度）的分类任务时，内隐学习和外显学习效果也一致。结果证实了实验的部分假设。这是有关内隐学习独立存在的又一重大发现，提示对于显著特征规则的学习，高强度练习和准确反馈可以缩短内隐与外显成绩的差距，促使两者趋向一致，由此推得：本实验条件下，不要求被试努力发现规则对于学会测验组相片的归类是一个有效的方法。总之，在总体效应和显著性特征维度上，内隐和外显成绩一致的结果可以证明内隐学习和内隐知识的存在，支持被试抽取两个不同的知识来源引导在复杂认知任务中的行为的观点（Hayes et al.，1988；Mathews et al.，1989）。

实验结果还证明，在高强度练习和准确反馈条件下，进行只具有非显著特征维度的分类任务时，可以看到内隐学习效应。此时的外显学习难以获得底层规则，操作处在随机水平。内隐组成绩显著高于外显组和控制组，说明在本实验条件下，内隐学习在非显著维度上更有效。这个结果也证实了实验假设。对于非显著特征维度的规则，内隐学习不仅在快速呈现刺激和无反馈条件下优于外显学习，在高强度练习和准确反馈条件下，内隐学习效应同样存在。也就是说，非显著维度的内隐学习效应的表现不受刺激呈现时间以及有无反馈的影响。内隐学习效应的存在进一步证实了内隐学习和内隐知识的存在性、独立性和有效性。我们认为：内隐学习效应不仅存在于人工语法学习、模拟生产系统任务、限时决策任务等范式中，在社会认知分类任务中，对于非显著规则的获得，内隐学习效应同样存在。在对先前经验的语族相似性方式的获得上，内隐学习比外显学习表现了更高的选择力。

2. 内隐学习的高潜性

关于内隐学习的特征，有人做了如下归纳（杨治良，1991）：（1）内隐知识能自动地产生，无须有意识地去发现任务操作内的外显规则（Reber，1969，1976）；（2）内隐学习具有概括性，很容易概括到不同的符号集合（Brooks，1978，1988）；（3）内隐学习具有无意识性，且内隐式获得的知识是不能用言语来表达的（Reber，1976；Lewicki，1986）。在本实验的社会认知分类任务中，内隐学习的又一个特征充分表现出来了，那就是高潜性。

本实验结果处理时，为了观察指导语因素与维度（心理显著性）因素的相互作用，进行了双因素 3×2 方差分析。ANOVA 表（表 5 - 2）显示：指导语主效应显著（$P = 0.001$），维度因素具有边界显著性（$P = 0.086$）。两因素具有明显的相互作用（$P = 0.004$），这提示内隐和外显学习随特征显著性的不同具有不同的特点。两因素多水平相关系数表（表 5 - 3）显示：外显组总分与两维度均有显著相关，内隐组总分与正侧维度相关显著但与容貌维度无关。这说明外显条件下的被试同时使用两个维度而内隐条件下的被试主要使用正侧维度进行分类。在本实验条件下，内隐学习并不依靠非显著性特征（内隐学习表现出极高选择力）进行相片分类。这个结果在数据上是合理的：在总效应和正侧维度上，内隐组与外显组无显著差别。具有非显著特征的容貌维度上内隐组成绩优于外显组，正侧维度的外显分与内隐分均与总分有显著相关。假设在非显著的容貌维度上的内隐组得分与总分也存在显著正相关，就会导致内隐组总分显著高于外显组总分，这与实验结果矛盾。

相关系数表（表 5 - 4）揭示了内隐学习具有高潜力的特点。社会认知分类任务中，本实验条件下，外显学习同时使用显著与非显著维度的特征，内隐学习主要使用显著维度的特征进行分类。外显学习使用的是尽可能获得的信息（规则）。内隐学习不使用具有极高选择力的表现出内隐学习效应的容貌规则而主要依靠无内隐学习效应的正侧维度规则进行分类，在总效应上仍能与外显学习保持同样的选择力。这说明内隐学习具有很大的潜力，许多具有高选择力的资源尚待外显地开发。这里也看到了本实验的意义。那么如何来定义选择力这个概念呢？从本实验所揭示的情况上看，选择力是指通过内隐学习或外显学习获得的底层规则的迁移易化能力。实验结果证明内隐学习在测验中确实表现了底层规则的迁移。在总体效应和正侧维度上表现出与外显学习同样的高选择力；容貌维度上甚至表现出优于外显学习的选择力。这证实内隐知识（亦称记忆依赖性知识）反映了当前情境的特征与过去经验的回忆之间的相互作用（Tulving，1983），而不是简单地由当前刺激的性质（数据）驱动。

3. 内隐知识的高密性与高效性

为了探索内隐知识的高效性以及内容和形式的关系，本实验除了运用常规统计处理之外，还使用了信息论方法。在信息的传递中，如果用 x 表示刺激，y 表示反应，用 $H(x)$ 表示刺激的信息量，$H(y)$ 表示反应的信息量，在一般情况下，$H(x)$ 和 $H(y)$ 会有一部分重合。重合部分称为 $T(x; y)$ 表示被传递的信息量。

计算内隐、外显组各 15 名被试的 $T(x; y)$ 得平均传递信息量 $T(\bar{x}; \bar{y})$。本实验结果反映了三种条件下 $T(\bar{x}; \bar{y})$ 的排列顺序：外显（0.6693），内隐（0.6407），控制（0.6333）。从总体效应上看，外显组总分均数（26.33）略低于内隐组（26.47），但无明显差异。外显学习传递的信息量大，但操作水平与内隐学习相差无几甚至更低，这说明效用上外显学习传递的信息内容（外显知识）比不上内隐学习传递的信息内容（内隐知识）。因此，在社会认知分类过程中，经过高强度练习以及准确反馈获得的内隐知识具有高效性，其贮存形式与外显知识不同，内隐知识的贮存密度更大。该结论似能在某种程度上支持 Reber 关于两种学习的生理机制的假说（Reber，1989）。

表 5-4 显示了内隐学习的信息传递量与总分及各维度分之间的相关系数。结果 $T(\bar{x}; \bar{y})$ 与其他变量相关均不显著。如果把 $T(\bar{x}; \bar{y})$ 看作内隐知识形式上的量化指标，总分与维度分看作内容（意义）的数量指标的话，就可以说明内隐学习的又一特点——形式与内容没有必然联系。该结论能为内隐知识的隐蔽性提供证据。从另一个角度上说，又证实了信息论不过问信息内容的说法（徐联仓，1965）。

小结

本研究在社会认知分类过程的范畴内，探讨高强度练习和准确反馈条件下的内隐学习的特点。发现：（1）内隐学习和内隐知识以及内隐学习效应确实存在于社会认知的分类过程中。（2）内隐知识在使用时只被提取了一部分，但仍表现了高选择力，显示出极大的潜力。（3）内隐学习获得的知识具有高效性，其贮存密度高于外显知识。实验开辟了内隐学习效应存在的新范式，解决了内隐学习研究领域的一大障碍，证明高强度练习和准确反馈条件下，内隐学习不但存在并独立于外显学习，而且可以比外显学习具有更高的选择力。此外，本实验采用了信息论处理方法也显示了某些优越性。

研究二　学优生与学困生内隐与外显协同学习的比较研究

葛操等（2009）根据国内采用的标准，选取学优生和学困生各120人。运用内隐学习中的双条件人工语法材料和强分离的实验范式，考察和比较了两种学生的内隐学习、内隐与外显协同学习的成绩。结果显示：（1）学优生在外显学习、协同学习（先内隐后外显以及内隐与外显交替）方式下的成绩显著好于学困生，而在内隐学习方式下，二者成绩差异不显著。（2）学优生的外显学习及协同学习成绩显著好于内隐学习成绩，而学困生在四种学习方式下成绩差异不显著。表明在人工语法学习中学优生的有意识学习及其与无意识的协同学习效果较好，而学困生的有意识学习及协同学习较差。

研究背景

在内隐学习的条件下，加入了有意识的外显学习，与单独的内隐学习或外显学习相比，同样的学习强度下能够显著提高被试的学习成绩，则称内隐学习与外显学习相互促进，产生了协同学习。在内隐学习的研究中，出现了"分离"与"协同"两种研究取向。在"分离"的研究取向下研究者发现了内隐学习这种独立的学习形式的存在，随后的研究应该是在多种情境下包括从内隐与外显的相互作用的情境下来揭示内隐学习的特点和规律。Mathews指出，目前的研究很可能描绘的是一幅关于内隐学习的歪曲图景，研究者希望将内隐学习和外显学习的过程截然分离，试图找到某些任务来绝对地对应于外显学习，同时又发现另一种任务来纯粹地反映内隐学习的过程。这种对学习任务纯粹性的追求丧失了真实情境下内隐学习的本来意义。任何一个学习任务都可能包含了内隐学习和外显学习。Desrtbeecqz 和 Cleeermnas 采用不同的刺激——反应间隔（the response stimulus-interval，RSI）研究表明，当 RSI 为 0ms 时，序列学习为内隐的，当 RSI 增加时，序列学习融合了内隐与外显学习。郭秀艳和杨治良利用强分离程序（匹配与编辑程序）研究了内隐与外显的结合对内隐知识提取（语法判断）的作用，认为内隐学习与外显学习在学习过程中存在着相互促进的协同学习效应。内隐学习与学业成绩的关系是目前内隐学习研究关注的热点问题。在与学生学业成绩密切相关的 IQ 与内隐学习关系的研究中，Reber 的实验证明，IQ 与外显任务学习成绩的相关显著，与内隐任务学习成绩之间相关不显著，内隐学习表现出 IQ 独立性的特征。高湘萍等人采用儿童绘画作业以及 Vinter 和 Perruchet 的中性参数程序（neutral parameter procedure，NPP）在有效控制内隐学习实验研究中意识污染的条件下，采用正常智力、轻度智力落后、中度智力落后 3 个水平的 8 ~ 12 岁儿童进行的实验结果表明，内隐学习具有 IQ 独立性。吴国来采用内隐序列学习的研究表明，学优生与学困生的序列学习成绩无显著差异，但学困生的序列学习的内隐性更强，学优生的学习过程则受内隐与外显的双重影响。他的研究似乎在表明，学优生在内隐学习中由于其意识成分增加而出现了内隐与外显相互作用的协同学习效应。针对学困生的概念，目前流行的观点是：智力属于正常范围，由于各种不同的原因，不能适应普通学校教育条件下的学习生活，最终导致"学业不振"或"学力不良"，这种"不振"或"不良"在一定的补救教育的条件下是可以转化的。而智力明显低劣，学业成绩未达到标准者不属于学困生的范畴。根据国内目前采用的学困生的标准，本研究中对学困生的操作定义是：智力正常，没有感官障碍，但学习成绩明显低于同年平均龄成绩者，各科平均成绩在县区统考中低于 60 分或者有 3 门以上的主要课程均低于 60 分的学生。学优生的操作定义是县区统考成绩在全校占前 20% 的学生。本研究的目的在于通过学优生与学困生在内隐学习、外显学习及协同学习上的比较，进一步探讨不同学业成绩的学生的内隐学习、内隐外显协同学习差异与特点，为探讨内隐学习及协同学习与学习效率之间的关系提供依据。研究试图探索如下问题：第一，学优生与学困生的内隐学习、协同学习的差异比较。第二，学优生与学困生各自在内隐学习、协同学习中表现出的特点。

研究方法

被试

根据本研究对学优生与学困生的操作定义，为了使学优生和学困生更具典型性，使被试的可选取范围尽量地大，从郑州市 3 所示范中学的初一年级 28 个班中选取学优生 120 人，平均年龄 12.65 岁（$SD = 0.73$），学困生 120 人，平均年龄 12.72 岁（$SD = 0.69$）。具体选取的做法是依据最近一次期中统考成绩，选取这 3 所市级示范中学的每个班级前 10 名的学生作为学优生的被试（再从这些学生名单中和班主任沟通进一步确定 120 名）。学困生根据我们在前面提出的界定标准，选取各科平均成绩低于 60 分的学生，结果数量不够，又确定选取每个班级的后 5 名学生，最后进行瑞文标准测验的 IQ 在 80 分以上，再与班主任沟通确定。选取过程注意了被试的保密性，避免造成负面影响。

材料与仪器

本实验采用双条件人工语法字母串，共选取 60 个双条件人工语法字母串，其中 40 个用于学习，20 个用于测试。每个字母串由 F、H、L、M、T、X 6 个字母组成，这种字母串的语法规则是每个字母串都包含 8 个字母和一个间隔符号，间隔符号两侧各有 4 个字母，字母串间隔符两侧的字母排列位置有确定的规则：即 M 与 F 相随，T 与 X 相随，H 与 L 相随。如字母串 MTFH.FXML 和 HTML.LXFH 就是合规则的字母串，而 MTFH.FXMF 和 XTML.LXFH 则为不符合规则的字母串。学习阶段的字母串采用计算机呈现，计算机全部为奔腾Ⅳ兼容机，17 寸 CRT 显示器。每次在屏幕中央以 44pt 大小呈现一个字母串，被试利用计算机鼠标根据指导语进行点击操作学习。

实验程序

采用 2（学业成绩：学优、学困）×4（学习方式：匹配、编辑、匹配—

编辑、交替）的完全被试间设计。学优生和学困生各120人，分别分配到4种学习条件下，每种条件下各30名被试。本实验采用内隐学习研究中的强分离实验范式，在学习过程中实现内隐与外显学习的分离，同时进行内隐与外显的不同形式结合。具体的学习方式分为匹配组、编辑组、匹配—编辑组、匹配与编辑交替组。匹配组学习指导语告诉被试在每一次的试验中，他们将在屏幕上看到一个字母串，他们尽量将字母串保留在记忆中，字母串显示2s后变空屏，接着出现5个非常相似的字母串供被试选择，让其从中选择出和其刚刚记忆的字母串相同的字母串，每次选择后，计算机给以正确的反馈，然后进行下一个。在这种学习条件下，由于被试集中进行记忆和选择操作，并没有意识到字母串是由一种语法规则产生的，所以匹配任务为内隐学习任务。编辑任务为外显学习任务，编辑组学习的指导语是告诉被试他们所看到的每一个字母串都是依据某一复杂规则生成的字母串，由于每一字母串中有1~2个字母的错误而导致整个字母串不符合其生成的规则，被试的任务是仔细观察屏幕上出现的每一个字母串，把他们认为错误的字母找出来，并尽可能地发现字母串的生成规则。被试点击错误的字母位置后，计算机呈现整个正确的字母串并标出其原来错误的字母，给予正确反馈。匹配—编辑是被试先做一半的匹配再做一半的编辑，匹配与编辑交替是匹配学习与编辑学习交替进行，每次字母串出现在屏幕上时标明是匹配学习还是编辑学习。每种学习方式都先有5次练习，并有主试加以指导，明白学习方式后进行正式的学习，每种学习条件下学习40个字母串。每个被试在其所在的学习条件下进行40次的学习实验结束后，紧接着进行第二阶段的纸笔测验，被试进行四选一的选择题测验共20道，测试用的字母串与学习阶段的字母串具有相同的语法规则，是学习阶段没有出现过的新字母串。时间控制在10min内完成。

结果与分析

学优生与学困生4种学习方式下的学习效果

学优生与学困生在4种学习方式下的学习结果见表5–5，为验证学优生与学困生在各学习方式下的学习效果，将成绩最低的学困生的编辑学习成绩

（$M = 6.21$）与随机概率水平进行 T 检验，结果显示，$t(28) = 3.65$，$p < 0.01$，存在显著差异，其他学习方式下的成绩均高于此成绩，也都存在显著的学习效应。

表 5 - 5　学优生与学困生在不同学习方式下的学习成绩

学习方式	学优生			学困生		
	n	M	SD	n	M	SD
匹配	27	6.22	2.23	29	6.35	2.41
编辑	29	7.97	3.95	29	6.21	1.78
匹配—编辑	29	8.39	3.08	28	7.00	1.83
交替	28	9.32	3.13	30	6.70	2.32

学优生与学困生学习成绩差异的比较分析方差分析的结果表明，学业成绩的主效应显著，$F(1, 221) = 18.99$，$p < 0.01$。学习方式的主效应显著，$F(3, 221) = 5.30$，$p < 0.01$。学业成绩与学习方式的交互作用显著，$F(3, 221) = 5.30$，$p < 0.01$。交互作用的简单效应分析表明，在内隐学习方式下，学优生与学困生的学习成绩差异不显著，$F(1, 54) = 0.04$，$p > 0.1$；外显学习方式下，二者成绩差异显著，$F(1, 56) = 4.78$，$p < 0.05$；内隐—外显学习方式下，二者成绩差异显著，$F(1, 55) = 8.21$，$p < 0.01$；内隐外显交替学习方式下，二者成绩差异显著，$F(1, 56) = 13.3$，$p < 0.01$。

学优生与学困生学习方式上的差异分析

为了进一步明确学优生和学困生各自分别在 4 种学习方式上的成绩表现，从学业成绩的角度，对学业成绩与学习方式的交互作用进行简单效应分析表明，学优生在 4 种学习方式上的差异显著，$F(3, 109) = 5.22$，$p < 0.01$；多重比较结果（见表 5 - 6）显示，学优生的外显学习成绩显著高于内隐学习成绩，$p < 0.05$；内隐—外显学习和交替学习都显著高于内隐学习成绩，均为 $p < 0.01$；内隐—外显学习、交替学习与外显学习差异均不显著，均为 $p > 0.05$；内隐—外显学习与交替学习差异不显著，$p > 0.05$。

表 5 - 6　学优生在 4 种学习方式成绩差异的多重比较

学习方式		平均差（I－J）	SE	P
I	J			
1	2	-1.74	1.03	0.10
	3	-2.50	1.03	0.02
	4	-2.81	1.04	0.01
2	1	1.74	1.03	0.10
	3	-0.76	1.01	0.46
	4	-1.07	1.02	0.30
3	1	2.50	1.03	0.02
	2	0.76	1.01	0.46
	4	-0.31	1.02	0.76
4	1	2.81	1.04	0.01
	2	1.07	1.02	0.30
	3	0.31	1.02	0.76

　　注："学习方式"中，1 表示"匹配"，2 表示"编辑"，3 表示"匹配—编辑"，4 表示"交替"。

　　就学困生而言，4 种学习方式之间成绩差异不显著，$F(3, 112) = 0.82$，$p > 0.05$。

讨论

内隐学习及协同学习与学业成绩的关系问题

　　首先，从学优生与学困生之间的学习比较来看，本研究利用双条件人工语法对学优生与学困生在 4 种学习方式下的成绩差异进行比较显示：学优生与学困生在内隐学习成绩上无显著差异。这一结果支持了 Reber 等人提出的内隐学习比外显学习具有更小的个体差异的结论。应该说，在目前多用有意义的材料对学生学业成绩进行考试评价的条件下，单纯的内隐学习对不同学生的学习效率的影响差异不大。这和吴国来用序列学习范式得出的结论一致。但外显学习下的学优生的成绩好于学困生的成绩，表明在难度相对较易的人工语法规则的学习中，学优生对有意识的规则学习相对敏感，表现出了优势。但在内隐与外显结合的两种协同学习方式下，学优生都显著高于学困生，表明在内隐与外显的协同学习方面，学优生也是更胜一筹，可能是在对于人工语法规则的有意识学习相对较为敏感的同时，其能够在内隐学习过程中有效地实现与外显学习的接通，产生显著的相互的促进和协同。从这一角度来分析，学生的学习成绩除了受有意识的外显学习影响外，内隐与外显的协同学习的优劣同样也是一个重要的因素。

其次，从对学优生在 4 种学习条件下成绩的分析显示，学优生在内隐与外显交替学习下成绩最好，其次是内隐—外显结合学习，它们都高于显著内隐学习成绩。表明学优生相同学习量的各种学习条件下，协同学习更具有优势效应。可以说，当他们在内隐学习过程中加入了外显学习后，同样的学习强度下成绩要显著好于单独的内隐学习成绩。同时，学优生的这两种结合的学习条件下的学习成绩也高于外显学习，虽然没有达到显著性水平，但也在某种程度上说明内隐与外显结合的学习中产生的优势效应并非完全是外显学习带来的效应，至少还应该包含着一种学习对另一种学习的促进。从这点来说，协同学习的实质是两者结合而产生的相互促进的力量。

最后，就学困生而言，本实验条件下，其在 4 种学习方式下的成绩差异不显著。至少可以说明以下的问题：在双条件人工语法的学习中，学困生的内隐学习与外显学习成绩差异不显著，即其无意识的加工过程取得的效果和有意识的学习效果差异不大，表明其学习的意识性相对较差，或者是其在学习中的注意集中性相对较弱。在这种状况下，我们就可以理解为何在内隐学习的进程中加入了外显学习之后，并没有能够产生显著的协同学习。可以推断，其学困的原因不仅仅是外显学习成绩差，协同学习相对较差也是一个重要的因素。因此，可以说，内隐学习同样也会影响学习成绩，只不过其影响方式是通过与有意识的外显学习的相互作用而实现的。

郭秀艳和杨治良的研究表明，内在关系明显的人工语法材料（如双条件人工语法材料）更适宜外显学习，学习者在学习这种语法材料时，内隐与外显的协同效应中外显学习的贡献比较突出。因此本研究的结果也表明，学优生与学困生在双条件人工材料学习中的差异，主要表现为意识参与程度方面的差异，两者在内隐学习中的成绩差异不显著而在外显学习、协同学习中的成绩差异显著恰恰反映出了外显学习的这种贡献。但单独分析学优生本身，其协同学习的优势效应让我们感到协同学习中外显学习固然重要，但根据知识的特征，创设内隐学习与外显学习的相互促进的情境对学习也非常有效。这就启示我们在学生学习规则知识的过程中，在强化其目的性与意识性的重要性的同时，如果能够创造条件，让学生首先无意识中接触了这种知识，然后再有意识地进行学习效果会更佳。

内隐学习及协同学习与学习效率问题

本研究涉及学生的学习效率的问题，沈德立和白学军的研究提出高效率学习是学生在学习过程中，根据知识的内在联系、按照科学的规律进行学习，以最小的投入取得最大的成效。他们把内隐记忆和内隐学习作为高效率学习的重要心理因素之一。可以说，本研究的结果支持了他们的这一理论，虽然学优生与学困生在双条件人工语法的内隐学习中不存在显著差异，但并不表明内隐学习对学习效率没有影响。内隐学习是通过和外显意识的接通、产生协同学习效应而影响学习效率的。这一结果为更进一步理解内隐学习与高效率学习的关系提供了新的思路。这种协同学习形式究竟在具体的教与学的过程中如何具体地实现了有效的接通与协同，需要更加深入地研究探讨。

在本研究的条件下得出如下结论：内隐学习方式下学优生与学困生的学习成绩无显著差异。外显学习及协同学习方式下学优生的学习成绩显著高于学困生。学优生在 4 种学习方式上成绩差异显著，表明在人工语法材料学习中，其有意识学习及其与无意识的协同学习效果较好；而学困生在 4 种学习方式下的学习成绩差异无显著差异，表明学困生的有意识学习及协同学习效果相对较差。

第二节　内隐学习的个体差异性研究

研究一　不同次级任务对序列学习的影响及年级差异

周铁民和林雪（2017）以大学生为被试，在单任务、"数声"和"数形"次级任务三种序列学习条件下考察反应时变化进程及内隐学习量的差异性。结果发现，次级任务影响被试内隐序列学习进程，且"数形"任务较"数声"任务对被试产生了更大的干扰作用；但与单任务相比，双任务下的内隐学习量未发生显著消退。考察大学、高中、初中、小学生在以上问题的年级差异中发现，除"数形组"小学生内隐学习消退以外，其他年级组在三任务条件下均习得内隐规则。内隐学习量的任务效应与年级效应显著。

研究背景

内隐学习是指无意识获得刺激环境复杂知识的过程（Reber，1967）。序列学习范式（Nissen et al.，1987）是内隐学习研究中应用较广的范式之一。它要求被试在事先不了解序列特殊规则的情况下，对序列的某一属性做出反应，经过大量练习后，通过相对随机条件下的反应时和正确率变化来检验是否内隐习得了序列的潜在规则。序列学习范式自出现以来围绕内隐序列学习是否会占用注意资源的争论不断。Nissen 和 Bullemer 于 1987 年首次提出序列学习可内隐进行但仍需分配注意资源的观点。自此之后，双任务序列学习作为一种操作刺激任务以探究注意与序列学习关系的研究范式被学者广泛运用（Schumacher et al.，2009；Frensch et al.，1999；Jiménez et al.，1999）。所谓双任务序列学习就是在序列学习中加入次级任务。目前以反应时为指标的典型次级任务是音调计数任务。即在每个序列刺激呈现后会出现一个元音，要求被试持续地对具有某个特征的元音进行计数（如高频音或低频音）并在每个组段后报告计数数量。

由于内隐学习的前提是要保障学习过程在无意识状态下发生，因此，意识状态的判别就显得尤为重要。Nissen 和 Bullemer（1987）最早采用言语报告的方法来判别意识状态。Dienes 等人（1995）进一步提出了主观测量标准的两个衡量指标：一是被试成绩高于随机水平却认为自己是在猜测；二是被试正确率与信心之间不具有相关性。虽然判别标准得到了一定的完善和补充，但其主观测量的性质依然受到质疑。为此，Willingham，Nissen 和 Bulleme（1989）采用被试对序列学习材料中的序列位置进行连续预测（生成任务）的方式来检测意识水平的客观方法得到认可。Rüiisseler 等人（2003）则采用控制定向法将被试在实验前分为告知规则存在的有意学习组和不告知规则存在的无意识学习组来控制意识状态。

在意识状态判别得到完善和客观化的同时，无意识状态下的内隐学习是否需要注意资源的问题受到关注。Jime′nez 与 Me′ndez（1999，2001）通过符号计数任务研究得出了被试受双任务条件干扰不显著的结论，认为次级任务更多的是干扰到了外显学习而不是内隐学习。但更多的研究则证明内隐学习的过程和结果的提取是需要注意资源的。Nissen 与 Bullemer（1987）的研究结果就表明，在序列学习任务基础上加入占用注意资源的次级任务后，内隐学习发生消退，提供了内隐学习需要注意资源的肯定性证据。Curran 和 Keele（1993）通过将单任务与双任务进行分离的实验设计得出，被试在单任务测验中的成绩是双任务测验中的两倍。进一步说明双任务由于次级任务的出现而使成绩降低的事实。Stadler（1995）采用音调计数、阶段性字母回忆以及刺激间不同间隔等三种方式对序列学习进行干扰，发现音调计数与刺激间隔时间的改变都能显著地使内隐学习发生消退。Frensch 等人（1999）重复验证了这一结论并提出抑制表达理论。后续的相关研究依然没有得出较为一致的结论（Cutanda et al.，2015；Ferdinand et al.，2017）。

本研究试图从两个角度对以往研究结果加以验证。首先，通过两种占用不同注意资源次级任务的设计，试图检验以往相关研究干扰内隐学习可能是次级任务干扰程度不足的问题。我们假设，次级任务干扰程度的差异会体现在影响内隐学习过程和成绩方面。为此，实验一以大学生为被试，重点考察两种次级任务对学习进程和结果的不同干扰效果。其次，考虑不同年级被试在注意资源占有量和分配能力上的差异性，试图通过不同年级在以上问题的差异性表现，间接验证次级任务对内隐学习的影响问题。为此，实验二对大学生、初中生、高中生、小学生不同年级的被试在不同次级任务影响上的差异性表现进行考察。总之，通过两个角度的研究，试图更有效地把握内隐学习受次级任务干扰的情况。

不同次级任务对内隐序列学习的影响

研究目的和假设

此研究的目的在于探索不同次级任务对序列学习的影响。假设形状计数任务、声音计数任务对大学生序列学习会产生不一致的干扰作用。

研究方法

被试

从沈阳某大学随机选择大一至大三 51 名学生自愿参加（22 男，平均年龄：19.78±0.99 岁），视力或矫正视力正常，身体健康状况良好，右利手，未参加过此类内隐学习实验。被试随机分配至三种实验条件下，每组 17 人。三组分别为序列反应时任务组，简称单任务组；声音计数序列反应时任务组，简称数声组；形状计数序列反应时任务组，简称数形组。

材料

任务材料由 E-prime2.0 编写，计算机显示器 17 寸，分辨率 1024×768，被试坐在距离电脑屏幕大约 40cm 的位置。E-prime 软件自动记录被试反应时与正误率。

单任务组被试实验时显示屏中央水平方向呈现四个空心正方形，每个正方形边长 2cm，间距 4cm，距显示屏边缘水平距离 4.5cm、垂直距离 9cm，背景颜色为白色（RGB 255，255，255）。正方形从左至右位置记为 1、2、3、4，分别对应键盘上的"Z""X""N""M"键，正方形中出现图形〇为目标刺激，刺激呈现规律为 314213234124，序列从头至尾循环 4 次为一个组段。

图 5-3　SRT 任务刺激显示界面

数声组被试需要接受 SRT 任务与声音计数为次级任务的 SRT 任务，简称数声 SRT 任务。序列规则为 241431242312；数声 SRT 任务为每个目标刺激后出现枪声或 1000Hz 纯音，其中需对枪声计数，每组段枪声出现 16~20 次，实验提供头戴式耳机。

数形组被试也需接受 SRT 任务与形状计数为次级任务的 SRT 任务，简称数形 SRT 任务。序列规则与数声组一致，将单任务组 SRT 任务中的目标刺激○改为△，且△在每组段出现时机、次数与数形组中的枪声完全对应。

实验程序

实验在封闭教室中进行，一对一单独施测。实验由学习阶段、测试阶段和意识检测阶段构成。实验前被试被告知这是一个反应时实验，首要任务是对屏幕中出现的目标刺激予以又快又准的按键反应，第二任务是对枪声或△进行计数（单任务组无第二任务）。

学习与测试阶段：

（1）单任务组被试首先进行 20 次练习后进入正式实验，正式实验由 11 组段组成，除第 10 组段为随机组段外其余组段为规则组段；为避免实验中被试的非内隐性，每一组段以规则内的随机位置为起点，实验共 528 个刺激；每个目标之间的间隔为 50ms，每组段之间被试可根据自身身体疲劳程度进行休息，休息时间不得超过 1min。

（2）数声组与单任务组程序相似。被试首先进行 20 次练习，其中后 10 次插入两种声音刺激，为数声 SRT 任务练习；1~8 组段学习阶段伴随声音计数任务，声音插入到被试对一序列刺激做出反应到下一刺激出现的前 50ms 处，声音刺激持续 200ms；每组段后被试要尽可能准确地报告枪声次数并由主试记录下来。测试阶段 9~11 组段不加入数声任务，其中第 10 段为随机组段。

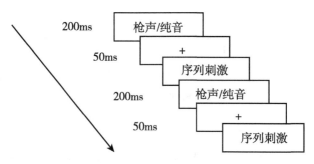

图 5 - 4　数声 SRT 任务单个 Trail 呈现流程

（3）数形组被试首先进行 20 次与正式实验相同的练习；与数声组相同，

学习阶段 1 ~ 8 组段存在形状计数第二任务，被试每组段完成后报告目标刺激
出现数量。测试阶段程序与数声组一致。

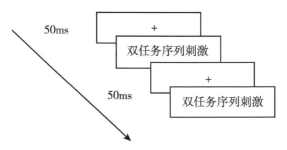

图 5 – 5 数形 SRT 任务单个 Trail 呈现流程

意识检测阶段包括主观测试和客观预判测试两部分。

主观测试包括两个问题：（1）对符号出现的位置，你有没有什么特殊的
感受？①有；②没有。（2）你是否注意到符号出现的位置有什么规律？①根
本没注意；②没有什么规律；③似乎有些规律，但是说不出来；④很明显有
规律。若被试在第二题选择④，则要求其写出自己发现的规律。

预判任务与主观测验相结合，对所有被试进行筛查以保证排除外显被试。
主观测试后告知被试实验中刺激位置具有规律，在类似正式实验的情景下呈
现单个序列刺激，要求被试依据自身直觉感受或认为的规律判别下一个刺激
最有可能出现的正确位置，判断后反馈给被试正确答案，然后进行下一个位
置的判断。如此重复，每名被试要连续对一整个序列规则的刺激进行预估，
共 12 次。为使被试预判具有一定基础，最初的 4 个刺激只需观察而不必判
断。若被试在预判任务中连续正确预估超过 3 次即判定该被试为外显被试
（标准参照 Willinghma，1989 研究）。

数据处理

筛选内隐被试及有效数据：对实验数据进行预处理，对被试主观测试进
行分析，被试均为内隐被试。排除预判任务中连续判断正确超过三个的被试，
单任务组 4 人、数声组 3 人、数形组 3 人，排除反应错误率与无效反应率之
和超过 20% 的被试后剩余有效被试单任务组 12 人、数声组 14 人、数形组 13
人。在此基础上筛除超过每组段 M ± 2.5SD 的极值以平衡个体差异。

实验结果

三组内隐被试在预判任务中正确估计数与随机水平进行比较，单任务组 [$t_{(11)}$ = 4.168，p = 0.002 < 0.005] 正确预判数显著高于随机水平，而数声组 [$t_{(13)}$ = 0.806，p = 0.435] 与数形组 [$t_{(12)}$ = 1.443，p = 0.175] 与随机水平无差异。这表明无论是数声还是数形次级任务都一定程度上干扰了被试对序列规则的意识水平，而单任务组的内隐被试对序列规则的外显意识水平较高。

对三组被试11组段平均反应时进行统计，结果如表5–7所示。

表5–7 三组被试各组段平均反应时

单位：ms

组别		组段										
		1	2	3	4	5	6	7	8	9	10	11
单任务组	M	439	410	411	421	419	424	433	447	440	458	431
	SD	47	32	35	51	48	50	63	59	55	53	50
数声组	M	524	497	503	493	509	509	510	491	434	447	432
	SD	113	105	77	70	76	72	67	67	56	57	60
数形组	M	600	607	623	617	613	609	601	611	476	488	477
	SD	68	67	77	75	78	74	73	86	55	59	60

学习阶段：考察三组被试1~8组段的学习进程，以平均反应时为因变量进行3（任务条件）×8（1~8组段）的重复测量方差分析。结果发现，组段间反应时变化未呈现显著变化趋势 [$F_{(7, 252)}$ = 0.731，p = 0.574，η^2 = 0.020]。任务条件主效应显著 [$F_{(2, 36)}$ = 26.861，p < 0.001，η^2 = 0.599]，组段与任务条件交互作用不显著 [$F_{(14, 252)}$ = 1.561，p = 0.140，η^2 = 0.080]。对任务条件进行 LSD 事后检验，单任务组（M = 425.36，SD = 18.28）平均反应时显著高于数声组（M = 504.67，SD = 16.93）（p < 0.01），亦显著高于数形组（M = 610.08，SD = 17.56）（p < 0.001），数声组与数形组平均反应时差异显著（p < 0.001）。结果表明声音计数与形状计数次级任务对大学生被试的序列学习进程中的反应速度皆产生了干扰，占用了一定的注意资源，且数形 SRT 任务的干扰作用大于数声 SRT 任务。

测试阶段：被试内隐学习量（$\triangle RT$）以随机规则组段平均反应时与相邻两规则组段反应时的均值之差表示，即$\triangle RT$ = 第10组段平均反应时 −（第9组段平均反应时 + 第10组段平均反应时）/2。以反应时为因变量进行3（任务条件）×2（第10组段平均反应时，第9、第11组段反应时平均数）重复测量方差分析，发现学习量主效应显著 [F（1，36）= 239.717，$p < 0.001$，$\eta^2 = 0.869$]，任务条件主效应不显著 [F（2，36）= 2.161，$p = 0.130$，$\eta^2 = 0.107$]，而任务条件与学习量交互效应显著 [F（2，36）= 9.126，$p < 0.005$，$\eta^2 = 0.336$]；因此，进行简单效应分析，将三组学习量与0水平之间做差异性检验，单任务组 [t（11）= 10.453，$p < 0.001$]、数声组 [t（13）= 8.016，$p < 0.001$]、数形组 [t（12）= 7.986，$p < 0.001$] 与0水平之间均差异显著，说明三实验条件下被试均实现了内隐序列学习。

分析讨论

实验结果表明，次级任务虽然能够抑制被试在序列学习中外显知识的习得并影响被试反应速度，但单、双任务下的内隐学习量并不存在显著差异。形状计数任务能比声音计数任务对大学生序列学习产生更大的干扰作用。实验将学习阶段与测试阶段分离，统一在单任务条件下进行测量，控制了次级任务对已习得内隐规则表达的抑制；同时随机声音干扰与随机形状干扰的出现次数与频率相同，因此两种次级任务对序列结构完整性保存一致；虽无法对两干扰条件下被试外显学习成分进行比较，但由于随机干扰使序列学习的复杂性增加，加之主客观测验对内隐被试的筛查，使得两组被试的外显学习成分被控制在较低水平。综合以上分析，说明两种次级任务的主要差异在于占用注意资源量的不同。而两组大学生被试的内隐学习成绩无显著差异这一结果与Jime′nez 与Me′ndez（Jime′nez 和Me′ndez，1999，2001）的研究及我国葛操等人（2007）的研究结果一致，即内隐学习不受注意负荷影响。但从实验材料与被试角度分析，差异的不显著性也可能是由其他原因造成的：首先，Frensch 与 Miner（1994）在研究双任务序列学习时认为声调计数任务会占用有限的短时记忆，次级任务不仅削弱了相邻序列结构的联结，同时使规则信息在短时记忆中的激活时间缩小，这一推论被称为"短时记忆容量说"。

数声组材料中枪声或纯音出现在目标刺激后并持续 200ms，在时间上相对于形状干扰应占用了更多短时记忆容量，该因素可能平衡了"数形任务"占用更大注意负荷对内隐学习带来的干扰。其次，大学生处于认知发展的顶峰，注意资源较丰沛。因此两种双任务序列学习的注意负荷差异或未达到影响大学生被试内隐学习上的差异阈限；而根据注意的年龄发展规律，同样的学习在较低年级组未必得到相同结果。为此，有必要对其他年龄的表现加以考察。

实验二　不同次级任务对序列学习影响的年级差异

研究目的和假设

此研究的目的在于通过不同次级任务对序列学习影响的年级差异性表现，探索次级任务在不同注意资源分配上的年级差异性。假设任务条件对跨年级被试序列学习的干扰程度不同，即存在任务条件效应和年级效应。

实验方法

被试

小学五年级被试 50 人（23 男，平均年龄 10.72 ± 0.45 岁）、初中一年级 50 人（25 男，平均年龄 13.60 ± 0.50 岁），高中一年级 49 人（24 男，平均年龄 16.63 ± 0.49 岁），视力或矫正视力正常，右利手，未参加过类似内隐学习实验，各年级组被试随机分配至单任务组、数声组与数形组中。

材料

与实验一相同。

实验程序

除小学生每部分实验指导语由主试讲解外，其余与实验一相同。

实验结果

预判任务的描述性统计

按照与实验一相同标准对所有被试主观测试进行分析，剔除外显被试、错误率过高被试与极值。高中、初中、小学组剩余被试在预判任务中的正确预判数与随机水平比较均不存在显著差异。被试分析情况如表 5 - 8 所示。

表 5 - 8　各任务条件下内隐被试情况

年级组	任务组	内隐被试人数	正确预判数/个	与随机水平差异（t）	Sig.
	单任务组	14（3＋0）	3.43 ± 1.28	1.249	0.234
高中组	数声组	13（2＋2）	3.46 ± 1.39	1.196	0.255
	数形组	14（0＋1）	3.21 ± 1.19	0.675	0.512
	单任务组	13（3＋3）	3.38 ± 1.39	1.000	0.337
初中组	数声组	14（2＋0）	2.71 ± 1.14	0.939	0.365
	数形组	13（0＋2）	2.62 ± 1.33	1.046	0.316
	单任务组	15（1＋1）	3.53 ± 1.19	1.740	0.104
小学组	数声组	13（2＋1）	3.15 ± 1.28	0.433	0.673
	数形组	14（3＋0）	3.07 ± 0.10	0.268	0.793

注："内隐被试人数"列中括号内数字代表连续正确预判数超过 3 个的被试数 + 反应错误率与无效反应率之和超过 20% 的被试数。括号外为最后确定的内隐被试人数。其他各列数值由内隐被试得出。

三个年级组被试反应时的描述统计

对高中、初中、小学年级组被试在三种任务条件下第 11 组段平均反应时进行统计，结果如表 5 - 9 所示。

表 5 - 9　三任务条件下高中、初中、小学被试各组段平均反应时

单位：ms

年级组		单任务组			数声组			数形组		
		高中	初中	小学	高中	初中	小学	高中	初中	小学
组段 1	M	456	481	583	535	548	742	531	602	744
	SD	30	86	72	116	104	157	111	127	153
组段 2	M	426	482	559	514	560	731	533	610	733
	SD	40	104	78	133	105	144	110	124	142
组段 3	M	440	483	578	540	604	790	525	651	764
	SD	44	103	84	131	129	166	101	139	136
组段 4	M	449	512	580	530	577	743	524	652	766
	SD	48	119	87	127	96	152	105	147	110
组段 5	M	451	507	579	538	609	731	541	657	821
	SD	43	115	102	134	113	124	126	152	127

续表

年级组		单任务组			数声组			数形组		
		高中	初中	小学	高中	初中	小学	高中	初中	小学
组段6	M	456	522	599	526	628	726	537	627	749
	SD	47	139	98	108	124	155	116	146	113
组段7	M	481	539	577	519	604	720	533	626	793
	SD	90	152	90.	100	98	143	106	132	111
组段8	M	458	533	607	498	608	693	532	599	759
	SD	101	132	96	103	92	158	126	106	129
组段9	M	439	520	585	429	455	548	475	467	584
	SD	52	128	78	71	50	99	80	65	86
组段10	M	458	543	584	448	466	561	487	482	593
	SD	49	117	64	67	50	85	74	69	106
组段11	M	435	524	556	436	450	557	475	480	598
	SD	49	113	70	62	54	74	68	75	103

四个年级组被试学习阶段反应时分析

考察三种任务条件下的四个年级组被试 1~8 组段学习进程，以平均反应时为因变量进行 3（任务条件）×4（年级）×8（1~8 组段）重复测方差分析。结果显示组段主效应显著 [$F_{(7, 1050)} = 4.420$，$p < 0.005$，$\eta^2 = 0.029$]，组段与年级交互效应不显著 [$F_{(21, 1050)} = 1.518$，$p = 0.116$，$\eta^2 = 0.029$]，但组段与任务条件交互作用显著 [$F_{(14, 1050)} = 3.232$，$p < 0.005$，$\eta^2 = 0.041$]。观察各年级组被试学习阶段的平均反应时变化趋势，单任务与两种次级任务下的序列学习皆存在较明显的疲劳效应，除高中与小学数声组外其他组均未出现统一的反应时波动下降趋势，因被试的疲劳进程不是本次研究重点，因此不再进行组段主效应的事后检验及组段与任务条件交互作用的简单效应分析。

此外，年级主效应显著 [$F_{(3, 150)} = 34.738$，$p < 0.001$，$\eta^2 = 0.410$]，事后检验得到除高中组与大学组之间无显著差异，其他各组之间均存在显著差异，小学至高中被试学习阶段反应时呈现显著递减趋势，侧面反映了内隐序列学习的年级差异，具体见表 5-10。

表 5 – 10 各年级组学习阶段平均反应时多重比较（LSD）

年级组	小学组	初中组	高中组	大学组
M	691	576	503	515
SD	12	19	7	5
小学组				
初中组	114. 76***			
高中组	188. 44***	73. 68**		
大学组	175. 51***	60. 75*	– 12. 93	

注：表中数值为对应两均值的差值；$*p < 0.05$ $**p < 0.01$ $***p < 0.001$（下同）。

任务条件主效应显著 [$F_{(2, 150)} = 30.869$，$p < 0.001$，$\eta^2 = 0.292$]；事后检验表明数形组（$M = 634.56$，$SD = 12.81$）平均反应时显著高于数声组（$M = 587.55$，$SD = 11.82$）（$p < 0.05$），而数声组平均反应时显著高于单任务组（$M = 495.77$，$SD = 14.18$）（$p < 0.001$）。而年级与任务条件交互效应亦不显著 [$F_{(6, 150)} = 1.436$，$p = 0.204$，$\eta^2 = 0.054$]，说明单任务、"数声"任务与"数形"任务随任务复杂程度提升对各年级被试反应速度影响均逐渐增加。

四个年级组被试测试阶段反应时分析

与实验一相同，测试阶段的内隐学习量以被试序列反应时任务中的规则组段：第 9 组段和第 11 组段的反应时平均数，与随机组段第 10 组段的平均反应时之差表示，即 $\triangle RT =$ 第 10 组段平均反应时 – （第 9 组段平均反应时 + 第 10 组段平均反应时）/2；进行 3（任务条件）×4（年级）×2（随机、规则）重复测量方差分析。结果显示，内隐学习主效应显著 [$F_{(1, 150)} = 137.427$，$p < 0.001$，$\eta^2 = 0.478$]，内隐学习与年级交互作用显著 [$F_{(3, 150)} = 3.057$，$p < 0.05$，$\eta^2 = 0.058$]，内隐学习与任务类型交互效应显著 [$F_{(2, 150)} = 7.575$，$p < 0.01$，$\eta^2 = 0.092$]。因此，简单效应分析进一步检验四个年级组被试在三种条件下的内隐学习量与 0 水平之间的差异，除小学组在数形任务条件下未发生内隐学习，其他 11 组均发生内隐学习。具体结果见表 5 – 11。

表5-11 12组内隐学习量与0水平差异比较

年级组	任务组	内隐学习量/ms	df	与0水平差异（t）	Sig.
	单任务组	23 ± 8	11	10.452	0.000 ***
大学组	数声组	14 ± 7	13	8.105	0.000 ***
	数形组	12 ± 5	12	7.986	0.000 ***
	单任务组	21 ± 5	13	16.840	0.000 ***
高中组	数声组	16 ± 5	12	12.660	0.000 ***
	数形组	12 ± 4	13	12.429	0.000 ***
	单任务组	21 ± 14	12	5.164	0.000 ***
初中组	数声组	13 ± 7	13	7.510	0.000 ***
	数形组	8 ± 6	12	4.631	0.001 **
	单任务组	13 ± 21	14	2.440	0.029 *
小学组	数声组	9 ± 7	12	4.364	0.001 **
	数形组	2 ± 39	13	0.154	0.880

此外，被试年级主效应显著［F（3，150）= 24.751，$p < 0.001$，$\eta^2 = 0.331$］；LSD事后检验表明小学组（$M = 7.82$，$SD = 25.76$）与初中组（$M = 13.88$，$SD = 10.76$）、高中组（$M = 16.06$，$SD = 5.59$）、大学组（$M = 15.98$，$SD = 7.79$）内隐学习量差异均显著（三组比较均 $p < 0.001$），初中组与高中组（$p < 0.05$）、大学组（$p < 0.05$）内隐学习量差异显著，而高中组与大学组内隐学习量差异不显著，四个组被试的内隐学习量随年级降低呈递减趋势。

任务类型主效应显著［F（2，150）= 3.306，$p < 0.05$，$\eta^2 = 0.042$］。LSD事后检验得到单任务组（$M = 18.90$，$SD = 13.64$）内隐学习成绩显著高于数声组（$M = 13.02$，$SD = 6.63$）（$p < 0.05$），数声组成绩亦显著高于数形组（$M = 8.18$，$SD = 20.00$）（$p < 0.05$）。年级与任务类型主效应交互作用不显著［F（6，150）= 1.192，$p = 0.314$，$\eta^2 = 0.046$］。

分析

实验结果表明，各年级被试在三种任务条件下均实现内隐学习。数据表明，即使经过多次学习，小学儿童在"数形任务"条件下的内隐学习仍完全消退，而其他组别被试均习得内隐序列规则。说明与其他两种条件相比，较低年级被试在次级任务占用注意资源更多的情况下内隐学习发生困难，这也与 Rausei（2007）等人的研究结果一致。三种任务条件下，跨年级被试内隐学习的干扰程度差异显著且数形任务比数声任务对内隐学习具有更大干扰效果。这一结论与实验一及大多数以往研究结果不同。不同年级被试内隐学习成绩具有显著差异。其中，大学与高中被试内隐学习差异量不甚显著。这一结果与 Howard（1989）、Feeney（2002）的研究结果一致，大学生与高中青少年因拥有较丰富的注意资源，故能够在内隐习得规则时兼顾"数声"及情境更加复杂的"数形"两种次级任务。

讨论

虽然内隐学习与外显学习在学习过程、学习特点、加工机制与神经生理学基础等方面皆表现出较大的区别，但在现实中两者之间很难分离。Fischler 与 Turner（1993）在研究中发现，内隐学习与外显学习在反应模式上具有一定重叠；樊琪（2001）发现两种学习曲线都经历了渐进、高原、突变的发展过程。内隐—外显权衡观认为，大多数学习任务都在内隐与外显学习机制的混杂作用下完成且位于意识—无意识连续体中的一点；即使从进化论角度而言，学习作为一种机体适应性的机能也应在一定程度上保持从无意识到意识的发展一致性，因此在内隐学习研究中同样应重视个体对中枢能量的支配与利用，这为内隐学习个体差异的合理性提供了依据，年级效应作为个体差异的重要部分也应受到关注。

内隐学习的年级效应及其与注意资源的关系

Kahenman（1973）认为，有限的各感觉通道能量构成了中枢能量。实验中两种次级任务的主要区别在于"数声任务"为视觉—听觉的同时性干扰，而"数形任务"为视觉—视觉继时性干扰。"数形任务"中被试对形状干扰项的记忆及对序列规则的学习均依赖于视觉通道能量，而"数声任务"中记忆与序列学习分别占用两种通道能量，因此形状计数对内隐学习的影响应大于声音计数。这一理论能够较好地解释本研究实验二跨年级组被试间三种任务条件下的内隐学习具有显著差异的结果；同时参照四个年级组被试在学习阶段的平均反应时情况，数声组的反应速度均低于数形组；这两个结果表明双任务序列学习范式中的次级任务占用了注意资源，且形状计数任务占用的注意资源多于声音计数任务。

虽然，实验一中三组大学生内隐学习成绩并无显著差异，但从实验二的跨年级组被试中可以看出数形组、数声组与单任务组的内隐学习成绩呈递减趋势，且内隐学习成绩随年级降低同样递减，其中小学在"数形"双任务序列学习中内隐学习完全消退。两实验结果看似相悖，前者似乎证明内隐学习不受注意负荷影响，这一结论与 Jime'nez 与 Me'ndez（1999，2001）、Shanks 与 Rowland（2006）、张卫（2002）、葛操等人（2007）、付秋芳与傅小兰（2010）及众多反对注意资源假设的研究结果相一致；而后者结果又说明注意作为一种具有年级效应的加工机制参与了内隐序列学习的进程。综合两种结果可以推测，内隐学习对于注意资源的能量需求或存在远低于外显学习的多个阈限水平，小学生相对于初高中青少年及成年人拥有的认知资源更少，在单任务序列学习中其注意资源足够，故内隐学习发生；而当较为复杂的数形次级任务占用了部分注意资源，分配到序列学习任务中的注意资源便降至内隐学习的最低水平之下，故没有检测到内隐学习的发生；数声次级任务或干扰了部分内隐学习，但未达使其完全消退水平。其他较高年级组本身拥有的资源总量较多，序列学习所需注意水平被实现，故内隐学习不受影响。这一机制可能是本研究中年级差异会对内隐学习产生影响的主要原因。

双任务序列学习中次级任务的干扰作用

关于双任务序列学习中的次级任务是否能使内隐学习发生消退以及这种消退是否是由次级任务本身造成的，相关学者提出了诸多理论与假说，本研究对其中的某些假说进行了验证。

首先，本实验结果对 Frensch（1998）等人提出的抑制表达假设提供了反面证据。该假说通过对比单、双任务条件下进行序列学习的两组被试在单任务下的学习迁移效果得出内隐学习是一个自动加工过程，第二任务并不会阻碍被试对内隐序列规则的学习，却会抑制其将学到的知识表达出来。本研究为避免次级任务对内隐知识表达的抑制将序列学习与测试阶段分离，"数声"

与"数形"次级任务均只出现在学习阶段，但实验二中任务条件主效应仍然显著，说明内隐学习成绩受到次级任务干扰并非因为表达受到抑制。这一结果与 Curran 和 Keele（1993）的结论一致。

其次，Stadler（1995）提出固定的组织结构是序列学习关键的组织假设理论。认为，随机"数声"任务使每次作业之间的联结出现变化从而导致序列学习受到破坏。本研究中声音计数任务与形状计数任务经过人工随机处理后出现的时机与次数完全相同，对序列结构的破坏程度应属同质；而实验结果表明形状计数对内隐学习的干扰较大，提供了与组织假设相反的证据。

最后，Cleeremans 和 Jime'nez（1998）提出的干扰外显学习成分假设认为，双任务序列学习的成绩是由内隐学习与外显学习共同构成的，而第二任务只会对意识知识产生影响导致内隐成绩降低。本研究并未对这一假设进行正面验证但也提供了一些讨论空间，依内隐—外显权衡观而言，大多数学习都应掺杂着内隐与外显两种学习机制，序列学习中被试既获得无意识知识也获得了部分意识知识已得到领域内认可。而对其中外显与内隐所占成分的分离范式仍然缺乏。研究虽未对单、双任务序列学习中的外显学习成分进行测量，但次级任务的加入使得序列结构复杂化从而降低了被试外显学习的可能性；如前讨论，"数声"与"数形"的主要差异在于注意负荷，但差异量水平较低应未达到使外显学习产生差异的水平，而实验二中数声组与数形组的内隐学习成绩差异显著，这也可以侧面证明外显学习成分并非是次级任务中学习效果减退的原因。

结论

在以大学生为被试的研究中发现，次级任务影响被试内隐序列学习，且"数形"任务较"数声"任务产生更大的干扰作用；与单任务相比，双任务下的内隐学习量未发生显著消退。

在不同年级被试的研究中，除"数形组"小学生内隐学习消退以外，其他年级组均习得内隐规则且内隐学习量的任务效应与年级效应显著。

研究二 不同内隐学习任务在不同认知风格个体上的成绩差异

李艳芬、赵宁宁、周铁民（2017）通过两个实验，考察了不同认知风格大学生在人工语法任务、序列反应时任务中的成绩差异性表现。结果表明，场独立与场依存者在两类任务中内隐学习量的差异性表现一致，均无显著差异。进一步比较两种认知风格大学生在人工语法范式下内隐、外显及内隐外显协同学习类型中的差异表现时发现，场独立者的协同学习成绩优于单独的内隐学习和外显学习，且优于场依存者的协同学习。

研究背景

内隐学习（implicit learning）是一种无意识地获得刺激环境中复杂知识的过程。在这个过程中，被试可以获得关于刺激环境的复杂信息，但在很大程度上却意识不到获得的过程或最终获得的知识（Reber，1967）。在对早期研究结果总结的基础上，Reber（1993）从进化论的角度提出了内隐学习的个体低变异性假设。他认为，内隐学习应当比外显学习具有更小的个体差异，并且在儿童早期这种能力就已经成熟，即便是神经心理损伤的患者也与常人的内隐学习能力无差异。此后，研究者对内隐学习的年龄差异、遗忘症患者与正常人内隐学习效果之间的差异等进行了大量研究，在部分结果支持Reber假设的同时，也有一些研究者的实验结果与之相悖（Kaufman，2006；Woolhouse和Bayne，2000）。总之，内隐学习的个体差异性研究越来越受到关注。近年，这类研究有一种从人口学变量（性别、年龄等）扩展到人格变量（如认知风格）的趋势。

Allport（1937）首次在理论上把"风格"与认知联系在一起，认为认知风格是个人在问题解决等过程中使用的一些惯性方式。Tennant（1988）进一步指出，认知风格是在组织和加工信息时，人们经常采用的独特方式，它具有更高的概括性。总的来看，认知风格是在认知加工过程中人们经常使用的、习惯化了的方式。认知风格具有稳定性，一旦形成，很少受外部环境的影响而改变，它是形成个体差异和不同人格的主要影响因素。自认知风格概念提出以来，研究者试图从多个维度对其进行归类，其中Witkin（1977）对认知风格的分类即场独立与场依存受到广泛接受。两种认知风格的不同在于对环境——"场"的依赖倾向不同，场独立者在信息加工过程中主要依靠内部，较少受周围"场"的影响；场依存者对信息进行加工时，往往依赖"场"，易受环境影响。不同认知风格个体在诸多传统心理学领域的差异性研究时至今日热度不减。如不同认知风格在记忆方面的差异性研究（Philip et al.，2017；Sven et al.，2015；葛爱荣等，2016），认知风格的脑机制研究（马军朋等，2016）。在学习和教学领域的研究（胡卫平等，2017；曹东云等，2013；王瑛，2013）就更为广泛。这些研究普遍揭示了不同认知风格个体在相关方面的差异性表现。

　　然而，作为与传统意识状态下的认知有着不同性质的内隐认知，不同认知风格是否具有不同的影响效果还有待验证。吴国来（2006）等人基于"冲动—慎思"认知风格理论，通过内隐学习的序列反应时任务的研究得出内隐序列学习不受认知风格因素影响的结论。韩秀（2010）使用序列反应时任务测试内隐学习绩效，结果发现场依存型个体的内隐学习绩效显著高于场独立型个体。张丹钢（2010）采用限定状态人工语法任务探讨了场独立型和场依存型被试内隐学习成绩的差异性问题。其结果表明，不同认知风格被试间内隐学习成绩不存在差异。卜伟（2014）在考察认知风格对内隐语法学习影响的研究中发现，经过一个学期的内隐语法学习，场独立型学习者、场中间型学习者和场依存型学习者之间的内隐语法学习成绩差异显著，场独立者得分最高，场中间型次之，场依存型得分最低。矛盾的结果有待进一步分析和解决。

　　首先，通过分析吴国来（2006）与韩秀（2010）的相关研究发现，两个研究在采用相同类型内隐学习任务的同时却在认知风格的区分中采用了基于不同理论的区分方法。虽然都是关注的认知风格，但所依据的理论和量化工具不尽一致。显然，认知风格作为较为复杂的心理特征，这样对以基于不同理论所界定的认知风格和量化指标的不同实验结果加以简单的直接比较是不恰当的。结果的不同会因操作定义的差异而出现在所难免的混淆。其次，分析张丹钢（2010）与卜伟（2014）的相关研究发现，两个研究也存在与以上相类似的问题。虽然两个研究在认知风格操作中采用了基于相同理论的测量工具，但两者的内隐学习任务又迥然不同。有研究表明（Gebauer et al.，2007），不同类型的内隐学习任务可能由于类型上的差异表现出不同的内隐学习效果。综合以上分析，采用统一的认知风格理论和量化工具，对其在不同类型内隐学习的结果加以比较，对理解此问题应是一个合理的选择。本研究以此为出发点，设计了两个实验。一是人工语法范式条件下不同认知风格个体内隐学习的比较；二是序列学习任务条件下不同认知风格个体内隐学习的比较。两个实验采用相同的认知风格测量工具并通过被试内实验设计，以期对以往研究结果做进一步检验。

实验一　人工语法范式下不同认知风格大学生内隐学习的差异

人工语法范式是内隐学习最早、最经典的研究范式。基于此范式发展而来的双条件人工语法范式由于能够实现对内隐学习、外显学习、内隐与外显协同学习的区分且具有较好的生态效度而被广泛关注。本实验的目的是在基于场独立、场依存认知理论的测量工具对被试加以区分的基础上，对不同认知风格个体在人工语法任务上的内隐学习效果加以比较，继而说明个体在内隐学习效果上是否存在差异。

研究方法

被试

从沈阳某大学选取大一学生 240 人，年龄 18～20 岁。其中文理科生、男女各半，视力或矫正视力正常，参加实验之前未做过类似实验。根据镶嵌图形测验［北师大修订的《镶嵌图形测验》（ETF）］区分场独立者（$T > 50$）与场依存者（$T < 50$）。在 $T > 50$ 的被试中，分别从高分到低分选取文科男、文科女、理科男、理科女各 20 人作为场独立型被试；在 $T < 50$ 的被试中，分别从低分到高分选取文科男、文科女、理科男、理科女各 20 人作为场依存型被试。采用分层（文理科、性别）随机的方法将被试等额分配到四种学习方式下，每个实验处理 20 人。

各组被试的具体情况见表 5 - 12。对四组场独立型被试的测验得分进行方差分析表明，各组间差异不显著［$F_{(3, 75)} = 0.58$，$p > 0.05$］。对四组场依存型被试的测验得分上进行方差分析表明，各组间差异不显著［$F_{(3, 73)} = 0.40$，$p > 0.05$］。

表 5 - 12　场独立与场依存者在镶嵌图形测验中的成绩

学习方式	场独立			场依存		
	n	M	SD	n	M	SD
匹配	20	60. 26	6. 53	18	41. 65	4. 14
编辑	20	61. 68	6. 58	19	42. 46	4. 73
交替	19	61. 47	6. 65	20	41. 33	4. 05
匹配—编辑	20	59. 28	6. 43	20	42. 54	3. 84

实验材料

本实验选用 60 个双条件人工语法字符串作为刺激材料。40 个用来学习，20 个用来测试。所有字符串由 F、H、L、M、T、X 6 个字符和 1 个间隔符号构成。语法的双条件规则是 6 个字符被分为 3 对，成对的字符要在间隔符号两侧的相同位置出现：即 M 与 F 相随，T 与 X 相随，H 与 L 相随。如字符串 MTFH. FXML 和 HTML. LXFH 就是合规则的字符串，而 MTFH. FXMF 和 XTML. LXFH 则为不符合规则的字符串。实验材料在计算机上以 PPT 形式呈现。字符串出现在显示器屏幕正中，字体为黑色 Arial，字号为 40。时间为 30min。

实验程序

实验采用 2（认知风格：独立、依存）×4（学习方式：匹配、编辑、交替、匹配—编辑）被试间设计。因变量为双条件人工语法字符串答对个数。实验采取单独施测的方法。

实验过程分学习阶段、测验阶段和外显知识测验阶段三个阶段。

学习阶段：采用既能使内隐与外显学习相分离，也可以将内隐与外显进行结合的匹配—编辑强分离实验范式。此范式通过特定指导语可将学习方式分为匹配组（内隐学习组）、编辑组（外显学习组）、匹配—编辑组（内隐—外显学习组）、匹配与编辑交替组（内隐外显交替组）。在正式学习之前主试先给予必要的指导，经过 5 次练习熟悉学习过程后进入正式的学习阶段。四种学习条件下均呈现 40 个字符串。（1）匹配组学习指导语是："我们要做的是一个记忆实验，你将在屏幕上看到一些字符串，每个字符串在屏幕上的呈现时间只有 2s，要迅速记住这个字符串。2s 后字符串自动消失，随后屏幕上出现五个选项，其中有一个与刚才记忆的字符串相同，请选出与你记忆中一致的字符串的序号。选出之后会有一个正确的反馈，接着会呈现下一个。"（2）编辑组学习指导语是："我们会在屏幕上呈现一些字符串，它们是根据某种语法规则生成的。但由于字符串中有 1~2 个字符的错误，使它与生成的规则不相符。首先屏幕上会出现一个错误字符串，你们要把错误的字符找出并记下，然后点击错误的字符，计算机就会出现整个正确的字符串，同时标出错误的字符。2s 后字符串会自动消失，然后进行下一次学习。你们的任务就是观察正确字符串，修正错误字符串，尽可能去发现这种语法规则。"（3）匹配—编辑组的要求是被试首先进行一半的匹配学习，接着进行另一半的编辑学习。（4）匹配与编辑交替组的要求是被试匹配与编辑学习依次交替进行，当出现字符串时都会标出是哪种学习。

测验阶段：学习阶段结束后，被试进入测验阶段。要求被试对 20 道题目（此阶段出现的都是新字符串）进行四选一的迫选测验，其中一个为与学习阶段有相同规则的字符串，另外三个为不符合规则的字符串。

外显知识测验阶段：该测验是在内隐学习完成后进行的言语报告，以探测被试内隐学习过程中意识参与情况。测验阶段结束后，让被试回答在测验中做出判断时的依据是什么？以此区分内隐和外显的被试。具体题目是："你在做实验的过程中，对测试阶段字符串的判断是：①觉得没有什么规律，主要是靠猜的。②有某种规律，但我说不出是什么规律，只是凭感觉运用这种规律。③有规律，这一规律大概是_____。"如果是单纯的内隐学习者选择了③且答对了规则的内容，则此被试的成绩在内隐组被剔除，不在结果统计之列。

数据处理

剔除掉不合格被试（包括全部选一个答案、没有做完测试的和内隐组被试在外显知识测验中选择了③且答对了规则的内容）数据后，使用 SPSS20 对数据进行相关处理。

实验结果

认知风格×学习方式的描述统计

不同认知风格个体在四种学习方式下的学习结果见表 5 - 13。对每种实验处理进行学习结果与随机水平的 T 检验。结果均差异显著，表明各实验处理均发生了内隐学习。

表 5 – 13　场独立与场依存者在不同学习方式下的学习成绩

学习方式	场独立			场依存		
	n	M	SD	n	M	SD
匹配	20	4. 05	1. 46	18	5. 27	2. 05
编辑	20	6. 20	3. 52	19	4. 00	1. 05
交替	19	7. 84	4. 56	20	6. 15	2. 18
匹配—编辑	20	7. 20	1. 51	20	5. 50	1. 67

场独立与场依存者成绩的差异分析

认知风格和学习方式进行多因素方差分析的具体结果见表 5 – 14。

表 5 – 14　认知风格与学习方式的方差分析

变异源	SS	df	MS	F
认知风格	46. 36	1	46. 36	7. 39**
学习方式	135. 85	3	45. 28	7. 21**
认知风格×学习方式	70. 14	3	23. 38	3. 72*
残差	929. 04	148	6. 28	

注：* $p < 0.05$，** $p < 0.01$。

以上结果表明，认知风格的主效应显著，$F_{(1, 148)} = 7.39$，$p < 0.01$，$MSE = 46.36$，$\eta^2 = 0.05$。场独立者的成绩显著高于场依存者；学习方式的主效应显著，$F_{(3, 148)} = 7.21$，$p < 0.01$，$MSE = 45.28$，$\eta^2 = 0.13$；认知风格与学习方式的交互作用显著，$F_{(3, 148)} = 3.72$，$p < 0.05$，$MSE = 23.38$，$\eta^2 = 0.07$。进一步从认知风格的简单效应分析结果表明，内隐学习方式下，场独立与场依存者的学习成绩差异不显著，$F_{(1, 36)} = 2.28$，$p > 0.05$；外显学习方式下，二者成绩差异显著，$F_{(1, 37)} = 7.51$，$p < 0.01$；内隐外显交替学习方式下，二者成绩差异显著，$F_{(1, 37)} = 4.44$，$p < 0.05$；内隐—外显学习方式下，二者成绩差异显著，$F_{(1, 38)} = 4.60$，$p < 0.05$。

场独立者在不同学习方式上差异的事后分析

对认知风格与学习方式的交互作用进行简单效应分析的结果表明：场独立者在 4 种学习方式下的差异显著，F（3，75）＝8.65，$p < 0.01$；具体的事后检验显示，场独立者的外显学习成绩显著高于内隐学习成绩，$p < 0.05$；内隐—外显学习和交替学习都显著高于内隐学习成绩，$p < 0.01$；内隐—外显学习、交替学习与外显学习差异都不显著，$p > 0.05$；内隐—外显学习与交替学习的差异也不显著，$p > 0.05$。就场依存者而言，4 种学习方式下差异不显著，F（3，73）＝2.50，$p > 0.05$。具体见表 5 － 15。

表 5 － 15　场独立者在四种学习方式成绩差异的多重比较

学习方式		平均差（I－J）	SE	P
I	J			
I	II	－ 2.15	0.79	0.04
	III	－ 3.79	0.80	0.00
	IV	－ 3.15	0.79	0.00
II	I	2.15	0.79	0.04
	III	－ 1.64	0.80	0.23
	IV	－ 1.00	0.79	0.76
III	I	3.79	0.80	0.00
	II	1.64	0.80	0.23
	IV	0.64	0.80	0.96
IV	I	3.15	0.79	0.00
	II	1.00	0.79	0.76
	III	－ 0.64	0.80	0.96

注："学习方式"中，I 表示"匹配"，II 表示"编辑"，III 表示"交替"，IV 表示"匹配—编辑"。

讨论

首先，实验结果表明，除内隐学习方式下场独立和场依存者学习成绩差异不显著外，在外显学习、内隐—外显结合学习以及交替学习方式下的学习成绩差异均显著。在内隐学习条件下两种认知风格被试学习成绩差异不显著的结果支持了 Reber 等人（1993）提出的观点，即内隐学习与外显学习相比，具有更小的个体差异。这也与吴国来（2006）用序列学习范式得出的结论一致。但在外显学习、内隐与外显协同学习条件下，场独立者的成绩好于场依存者，表明前者对有意识的规则学习比后者更敏感，具有一定的优势。场独立者与场依存者在双条件人工语法材料学习中体现出来的差异，主要体现在有意识的外显学习及协同学习中的差异，这表明在此类学习中，外显学习的贡献较大。场独立者的学习意识较强，在学习过程中能根据自身标准来要求自己，较少受周围环境的影响，往往能取得较好的学习效果，而场依存者通常受外部环境的影响，学习的意识性较差或者是学习时注意力不能高度集中，不能取得良好的学习效果。

其次，实验结果表明，场独立者在不同学习方式下成绩差异显著，场依存者在不同学习方式下成绩差异不显著。进一步比较发现，场独立者在内隐与外显依次交替的学习条件下成绩最好，先内隐后外显学习条件下次之，但是它们都显著高于内隐学习条件下的成绩。这表明场独立者在不同学习方式下，经过同样的学习强度之后，协同学习表现出了优势效应，体现了内隐学习与外显学习是相互促进的这一点。同时，场独立者在两种学习方式结合的情况下成绩也高于外显学习，尽管没有达到显著水平，但是也可以说明它们结合产生的优势效应并不都是外显学习产生的作用，也包括两种学习的相互促进。由此看来，协同学习本质上是内隐与外显两种学习结合而形成的相互促进的力量。相反，场依存者在四种学习方式下的成绩差异不显著。可能与场依存者本身的特点有关，场依存者在信息加工过程中对外部环境——"场"有很大的依赖性，他们在对刺激材料进行判断时，会尽可能地从中获取信息，但由于人工语法材料的复杂性和抽象性，限制了他们提取环境线索的能力，而他们又会不自觉地和周围环境进行联系，这样就会导致他们不能集中心智对已有的材料进行判断。

实验二 序列学习范式下不同认知风格大学生内隐学习差异

序列学习范式是继人工语法范式之后又一种研究内隐学习的方法。有研究表明（Gebauer 和 Mackintosh，2007），在人工语法任务、串行模式任务（类似于序列反应时）和过程控制任务的内隐学习之间没有显著相关。这就意味着不同范式所关注的内隐学习任务可能具有质的不同。实验一采用人工语法范式得出不同认知风格大学生的内隐学习差异不显著的结论在序列反应时范式下是否会有所不同？本实验的目的在于对此加以检验。

实验方法

被试

被试选取方法同研究一，根据镶嵌图形测试选出场独立与场依存者各20人。

仪器与刺激材料

实验在计算机上进行，采用 E-prime1.0 编写实验程序，它能自动记录实验所需数据，包括反应时和正误率。

使用《镶嵌图形测验》和序列反应时任务为实验刺激材料。《镶嵌图形测验》的使用同研究一。序列反应时任务中刺激材料是"Z""X""N""M"4 个字符（宋体、字号 60），屏幕上会同时出现标有不同字符的 4 个正方形（边长 2cm，间隔 4cm）从左至右依次记为 1、2、3、4，刺激材料按341243142132 的顺序出现。刺激显示界面如图 5-6 所示。

图 5-6 刺激显示界面

实验程序

被试单独施测。实验分为两个阶段，刺激反应阶段和意识性测验阶段（包括口语报告和预测任务）。

刺激反应阶段：分为练习阶段和学习阶段。练习阶段告知被试："这是一个选择反应时任务，每个字符对应一个按键，屏幕中出现哪个字符就按哪个相应按键。"为了让被试了解实验过程，先进行 48 次练习。正式学习阶段包括 6 个组段，其中第 5 组段是随机序列（刺激随机呈现），其他组段都是规则序列（刺激按事先预定的 341243142132 顺序呈现，12 个刺激为一个规则序列），每个组段包含 8 个规则序列，被试要进行 96 次按键反应，6 个组段共计576次按键反应。在组段之间都设有休息环节，休息时间由被试自己决定。被试完成此阶段大约需要15min。

实验中刺激按照图5-7的流程进行。先呈现一个红色的小注视点（250ms），然后继续呈现序列刺激（字符），让被试进行按键反应，按键之后该刺激消失，接着进行下一轮新的刺激。

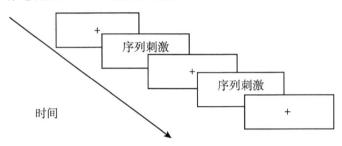

图5-7 组段中刺激呈现流程

意识性测验：首先进行口语报告以考察被试的意识性。在完成第一阶段的刺激反应之后，给被试依次呈现下列问题："你做完这个实验后，有什么感觉？""你在刺激反应过程中，觉得有特殊之处吗？""你有没有注意到字符出现的位置有什么变化规律？"然后，进行预测任务。如果被试在口语报告中回答发现了规则，就需要完成这一任务。告知被试在学习阶段出现的刺激是按某一特定规则呈现的，然后给被试依次呈现4个符合该规则的序列，让被试预测下一个字符将出现的位置。在按键反应后会给被试反馈，共进行12次预判。按照Willingham（1989）的标准，如果被试连续正确预测不超过3个，则判定其为内隐被试，反之为非内隐被试，非内隐被试的数据不需要处理。

数据处理

剔除非内隐被试数据并排除错误率超过10%的被试，对场独立者19人，场依存者18人的数据作SPSS20处理。

实验结果

不同认知风格者在各组段的反应时分析

对两组被试6个组段的平均反应时进行统计，结果见表5-17。

表 5 - 17　两组被试刺激反应阶段的平均反应时

单位：ms

组别		组段					
		1	2	3	4	5	6
场独立	M	426.00	403.32	401.95	399.89	412.02	407.07
	SD	755.69	636.80	749.58	595.73	639.96	641.83
场依存	M	434.75	436.56	433.97	419.41	456.45	454.62
	SD	856.18	805.67	744.79	619.84	852.00	807.76

把平均反应时作为因变量，考察两组被试的内隐学习情况。对两组被试第 5 组段和第 4 组段的平均反应时分别做配对样本 T 检验，得到场独立组（$t = 2.50$，$p < 0.05$）、场依存组（$t = 3.76$，$p < 0.05$）的差异都显著。表明两组被试都内隐学习到了刺激序列的规则。

不同认知风格者内隐学习量的差异分析

以随机组段和与之相邻的一个规则组段平均反应时之差（$\triangle RT$）为指标来检验场独立与场依存被试间的成绩差异性。独立样本 T 检验结果表明，两组内隐学习量差异不显著（$t = 0.95$，$p > 0.05$），说明被试的内隐学习量不受认知风格的影响。

场独立与场依存者成绩的差异分析

以反应时为指标，进行 2（场独立、场依存）×6（组段）的重复测量方差分析。结果如表 5 - 18 和表 5 - 19 所示。

表 5 - 18　组内效应和交互效应的比较

变异来源	SS	df	MS	F	sig.
组段	16504.705	3.316	4977.576	4.253	0.000
组段×组别	10218.045	3.316	3081.612	2.633	0.114
误差	135821.306	35.000	3880.609		

在球形检验［$W = 0.312$，$Sig. = 0.00$（$p < 0.05$）］差异显著，不符合球形假设的条件下，采用多元方差分析结果表明，两组平均反应时的重复测量结果之间差异显著（$F = 4.253$，$p < 0.05$）（见表 5 - 18），说明经过学习，被试在这 6 个组段上的学习效果有所不同。即随着学习次数的增加，被试对

所学知识更加熟悉，主要体现在不同组段中反应时之间的差异，以及反应时整体呈下降状态两方面。"组段"与"组别"的交互作用差异不显著（$F = 2.63$，$p > 0.05$），说明场独立与场依存被试在 6 个组段上的平均反应时变化趋势没有差异。

表 5 - 19　组间因素效应比较

变异来源	SS	df	MS	F	sig
组别	53008.663	1	53008.663	1.890	0.178
误差	981766.564	35	28050.473		

"组别"的主效应差异不显著性（$F = 1.89$，$p > 0.05$）（见表 5 - 19），说明两组被试的反应时差异不显著。

讨论

本实验结果显示，在两组被试都学会了序列规则的情况下，内隐学习量上的差异并不显著，表明认知风格并没有影响内隐学习。这一结果与研究一的结果相一致。但从反应速度上看，场独立者快于场依存者。这可能与两者的认知加工特点有一定的关联。由于前者具有心理分化水平和认知重组技能较高、反应时有自己的一套规则、较少受周围场的影响的特点，这使他们能把注意力高度集中在与任务相关的信息上，因此反应速度较快；而后者对信息进行加工时，往往依赖"场"，易受环境影响，所以反应速度较慢。虽然场依存者反应速度较慢，但这并不影响内隐序列学习的发生。郭秀艳（2003）提出的内隐学习的长时功效性，即内隐学习是自动发生的，但仍需要一定的时间去练习积累。可能场依存者在学习阶段反应不如场独立者那么迅速，并不代表场依存者的内隐序列学习能力差，可能是由于需要更多的时间积累，让其有充分时间进行内隐学习，以保证在随后的任务操作能够有良好表现。

总讨论

不同内隐学习范式下，两种认知风格大学生的内隐学习分析

两种认知风格的被试在不同的内隐学习类型（范式）上均可产生内隐学

习，且他们的内隐学习差异均不显著。说明内隐学习不受认知风格的影响。这和 Reber（1993）提出的内隐学习具有个体低变异性的假设相符合。也与相关内隐学习知识表征的抽象观一致。研究者大多认为内隐学习的特征是抽象的，即在人工语法学习中被试的成绩高于随机水平，在序列反应时任务中反应时减少，这些都是将内隐知识视为抽象的表征，因为没有具体到所获得的可能的知识形态或结构，它们独立于材料表面特征。无论是以字符串为表面特征的人工语法规则，还是以序列位置为表面特征的序列规则，其抽象性的内在表征机制是实现内在规则的心理基础。考虑两种内隐学习类型性质的差异，我们对被试在人工语法范式和序列学习范式下的内隐学习成绩进行了相关分析，结果显示，两者之间相关不显著（$r = 0.30$，$p > 0.05$）。不仅说明了学习任务性质的差异，也说明以上结论具有跨范式的一致性。

内隐与外显的协同学习的认知风格效应分析

在内隐学习研究的初期，研究者着力于对内隐学习与外显学习加以分离。一方面希望用某些任务去对应外显学习，另一方面又想通过其他任务来纯粹地反映内隐学习的过程。重在探讨内隐与外显学习分离的研究忽视了两者结合的协同学习，使内隐学习失去了在现实生活中的本来意义。因为任何一种现实学习活动都可能是既包含内隐学习又包括外显学习的协同过程。基于这样的现实，实验一采用 Mathews（1989）等人提出的匹配和编辑范式对被试的各类学习方式进行了研究。在考察两种认知风格被试内隐学习差异的同时，也进一步比较了两者协同学习的情况。实验结果显示，在内隐学习方式下两种认知风格被试内隐学习无差异的同时，认知风格却显著影响协同学习。

结论

在人工语法、序列位置两种不同的内隐学习条件下，场独立与场依存两种不同认知风格大学生的内隐学习成绩差异不显著。场独立者在不同学习方式下的成绩差异显著，体现为协同学习好于内隐学习及外显学习，也好于场依存者的协同学习。场依存者在不同学习方式下的学习成绩差异不显著。内隐学习具有跨范式的一致性。

研究三　大学生内隐学习个体差异的实验研究

周铁民等（2017）随机选取沈阳师范大学学生50名，运用人工语法范式和序列反应时范式，对他们的内隐学习进行实验研究。结果显示，在内隐学习范式下被试的学习成绩是有差异的，并且两种范式下的学习成绩没有显著相关。表明内隐学习是存在个体差异的，而且内隐学习没有跨范式的一致性。

研究背景

内隐学习作为无意识研究领域的一部分，自提出之日起就引起了人们的普遍关注。内隐学习的研究之所以受到如此青睐，就在于它不需要意识努力也可以自动地发生，虽然所获得的知识不能用言语表达，但是也能有效地应用于类似的情境之中。

Reber（1967）在《人工语法的内隐学习》中首次提出内隐学习（implicit learning）这个概念，他认为内隐学习是一种无意识地获得刺激环境中的复杂知识的过程，在这个过程中，被试可以获得关于刺激环境的任何复杂信息，但在很大程度上意识不到获得的过程或最终获得的知识。相反，外显学习是指传统意义上的学习，是有机体有目的、有意识地获取知识和经验的过程。显然，以无意识性为特征的内隐学习是与有目的、有意识的外显学习不同的一种获取知识和经验的过程。内隐学习与外显学习共同构成了人类的两种学习系统。因为环境中的信息非常丰富，个体不能全部注意到它们。因此，为了尽可能多地获得信息，个体可以内隐地学习，即通过经验而不是细致的外显学习。我们在日常生活中使用的大部分信息不是由外显学习得到的，而是随着时间推移通过经验获得的，例如，一个专业的网球运动员在和对手的比赛中学会了对细微线索做出反应。网球运动员可能不能准确地说出他反应的线索是什么，但他在球场上的行为无疑深深地受到了影响。这就是内隐学习的现象，所获得的知识在意识水平之下，虽然不能明确说出自己学到的规则，但他的行为和表现却受到了这种规则的影响。

Reber（1993）从进化论的视角进行理论整合，提出了内隐学习的个体低变异性假设，即内隐学习应当比外显学习具有更小的个体差异，而且内隐学习能力在儿童早期就已经成熟，即使神经心理损伤的患者与常人也没有差异。

他认为，意识在人类历史进化上较晚出现。内隐学习的进化，是因为它们有益于生物体；也就是说，能内隐学到东西的物种在它们生活的环境下比有内隐缺陷的同类表现得更好。此外，来自神经科学的证据表明，内隐学习一般是基于较低层次的脑结构，如基底神经节。因为内隐学习是一种进化的古老的功能，许多研究者认为，个体在内隐学习能力上是相同的，引用的证据来自其他古老的进化过程，如条件反射和对激素的反应。然而，随着研究的逐步深入，在不断得到与之相反的实证结果后，人们开始对此观点提出质疑。一些心理学家，如 Kaufman（2006）和 Woolhouseand Bayne（2000）假设，内隐学习中存在个体差异。这些研究者指出，许多进化上古老的过程和特性表现出了个体差异，包括身高和一般运动能力。此外，来自认知风格的文献也暗示在内隐学习中存在个体差异。因此，本研究从内隐学习是否具有差异性这一争论点出发，进一步对此问题进行探讨。

内隐学习的研究范式主要包括：人工语法范式、序列学习范式、复杂系统控制范式、统计学习范式。其中，最常用的是人工语法范式和序列学习范式中的序列学习范式。对于这些研究范式，有一个争论的焦点即不同的内隐学习范式之间相似或相异的程度。对多种内隐学习范式进行比较的文献比较少，并且在有限的范围内，许多研究者（如 Cleeremans et al.，1998）只专注于一种特定的内隐学习范式。然而，最近的研究表明，对不同的内隐学习范式，研究思路可能会和之前的不一样。Gebauer 和 Mackintosh（2007）发现在人工语法任务、串行模式任务（类似于序列反应时）和过程控制任务之间没有显著相关。Seger（1994）假设，因为不同的内隐学习范式依赖不同的反应方式，这些任务在潜在的心理表征和注意要求上可能会有所不同。但也有研究者在对几种研究范式进行比较时，发现范式之间存在相关，这就说明这几种范式测量到了内隐学习共同的结构。因此，本研究采用研究人工语法和序列反应时两种范式，观察两种范式间是否存在相关，探讨内隐学习是否具有跨范式的一致性。

本研究从内隐学习是否存在个体差异这一争论点出发，试图采用人工语法和序列学习两种范式证明个体间内隐学习是存在差异的，并且这种差异是稳定的，具有跨范式的一致性。

实验方法

实验设计

本实验采用被试内设计,自变量包括学习阶段和测试阶段,因变量是被试答对个数及反应时。

被试

从沈阳师范大学大一学生中随机选取 50 名学生为被试,平均年龄 20 岁,男女各半,被试视力或矫正视力正常,参加实验之前未做过类似实验。

实验材料

本实验使用的材料分两类:一类是双条件人工语法,另一类是序列反应时。两类材料分为两个实验,每名被试依次进行两种材料的学习。为了平衡顺序效应,50 名被试中一半先学习材料一,另一半先学习材料二。

被试在封闭环境下进行单独实验,被试坐在距离计算机屏幕约 35cm 的椅子上。计算机显示器为 17 寸,分辨率为 1024×768。

人工语法实验材料通过计算机呈现,使用自编的幻灯片呈现实验材料(语法串和非语法串),时间大约为 20min,字母串出现在显示器屏幕正中,黑色,字体为 Arial,字号为 40。学习和测试的结果由被试在所发的答题纸填写。

双条件人工语法实验中,采用人工语法字母串为实验材料,共选取 60 个双条件人工语法字母串,其中 40 个用于学习,20 个用于测试。每个字母串由"F、H、L、M、T、X"6 个字母组成,这种字母串的语法规则是每个字母串都包含 8 个字母和一个间隔符号,间隔符号两侧各有 4 个字母,字母串间隔符两侧的字母排列位置有确定的规则:即 M 与 F 相随,T 与 X 相随,H 与 L 相随。如字母串 MTFH. FXML 和 HTML. LXFH 就是合规则的字母串,而 MTFH. FXMF 和 XTML. LXFH 则为不符合规则的字母串。

序列反应时实验中,实验程序采用 E-prime1.0 编写,自动记录被试的反应时。刺激材料以宋体、60 点大小的"Z""X""N"和"M"4 个字母为操作项目,要求被试对显示屏中随机呈现的字母进行按键反应。显示屏中呈现的四个正方形(每个正方形边长为 2cm,间距为 4cm,距显示屏两侧

4.5cm，上下侧均9cm）所在的位置，分别记做位置1、2、3、4，刺激呈现规律为341243142132，呈现刺激时屏幕的背景颜色为白色（RGB 255，255，255）。

实验程序

一半被试先进行人工语法实验，另一半被试先进行序列反应时实验。人工语法实验程序包括两个阶段：一是学习阶段，首先告诉被试这是一个短时记忆任务，让被试先记忆一个正确的语法串，呈现时间为2s，然后该字母串消失，再从随后呈现的5个相似语法串中选出1个和刚才记忆的相同的语法串，把答案写在答题纸上，共有40次学习。实验开始之前，会有10次练习。

二是测试阶段，测试中包含20道单项选择题，每道题由一个语法串和与之相似的3个非语法串组成4个备选答案，语法串出现在随机位置，测试用的字母串与学习阶段的字母串具有相同的语法规则，是学习阶段没有出现过的新字母串。时间控制在10分钟内完成。测试中第21题是为了区分内隐和外显的被试，如果是单纯的内隐学习者选择了③且答对了规则的内容，则此被试的成绩在内隐组被剔除。该题目是：

你在做实验过程中，对测试阶段字母串的判断是：

①觉得没有什么规律，主要靠猜测的。

②有某种规则，但我说不出规则是什么，但凭感觉我能够运用规则。

③有规则，这一规则大概是＿＿＿＿＿＿＿＿＿＿。

序列反应时的实验过程由刺激反应阶段和意识性检验阶段（口语报告和预测任务）构成。

刺激反应阶段：分为练习阶段和学习阶段。练习阶段要求被试对显示屏中出现的字母进行相应的按键反应，即出现哪个字母就按下键盘上的相同字母键。练习48次，使得被试掌握实验的反应方式。学习阶段分为6个组段，每个组段包含8个字母序列，刺激按事先预定的规律呈现，其中第5段为随机序列。每一段被试完成按键反应96次，6个组段共计576次按键反应。每完成一段请被试休息，休息时长由被试考虑其自身的疲劳程度而决定。被试完成此阶段大约需要15min。

每个组段中刺激呈现流程如图5-8所示：首先是呈现固定时长250ms的

注视点（红色小"＋"），接着呈现字母刺激，要求被试对此做出反应，刺激随被试的反应消失，这样构成被试的一次反应，然后再呈现"＋"字注视点，进入新一轮对刺激的反应。

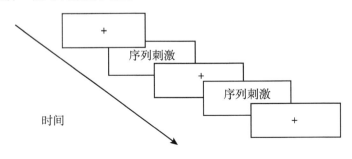

图5-8 组段中刺激呈现流程

在刺激反应阶段结束后，对被试进行意识性测验。

口语报告：考察被试是否为内隐被试。在反应时阶段结束后，要求被试回答以下问题："完成这项任务后，你有什么感受？""在对字母进行按键反应时，你觉得有什么特殊的地方吗？""你是否注意到伴随字母出现的位置存在什么样的变化规律？"

预测任务：针对口语报告中回答发现规律的被试而设立的测试阶段。主试告诉被试上一个阶段所呈现的刺激是有特定规律的（不解释具体的规律），向被试们呈现24段较短的符合规律的序列刺激，呈现结束后，要求被试预测该序列中下一个字母出现的位置可能是什么。根据 Willingham（1989）的判断标准，在预测任务中，被试正确预测位置或颜色不连续超过四次，可判定为内隐被试，超过四次则被判定为非内隐被试，其数据不需要处理。

实验结果

人工语法实验下总体内隐学习及个体差异

最后的统计剔除掉不合格的被试，在人工语法实验中有一名被试21题选择了③且答对了规则的内容，说明他已经产生了外显学习，得到有效被试49名。

首先，将被试的内隐成绩与随机概率水平进行单样本 T 检验，结果显示存在显著差异，说明从整体来看产生了内隐学习效果。如果被试的答对个数大于随机水平5，则说明被试产生了内隐学习。通过计算，44.9%的被试产生了内隐学习。

其次，对49名被试的总体学习情况进行正态分布检验，结果显示，总体呈正态分布。按照总人数的前后27%将被试分为两组，观察两组是否存在显著差异。对两组成绩进行独立样本T检验，结果显示，两组之间存在显著差异（$t = -23.83$，$df = 28$，$p < 0.05$）。说明内隐学习能力是有个体差异的。

序列反应时实验下总体内隐学习及个体差异

对被试的口语报告进行分析，被试均为内隐被试。在预测任务中，排除非内隐被试3名，得到有效被试47名。如果规则序列反应时平均数低于随机序列反应时平均数，说明产生了学习效应。

首先，对47名被试的总体学习进行分析，统计学习阶段被试的平均反应时，被试6个组段结果如图5-9所示。

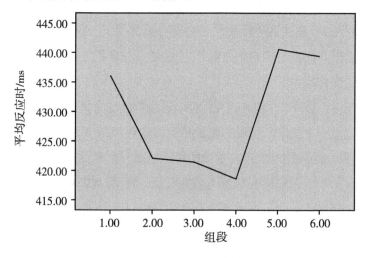

图5-9 平均反应时趋势

学习阶段，采用平均反应时为因变量，对被试是否获得内隐学习进行分析。被试在序列中的随机组段（第5段）的平均反应时和与之相邻的规则组段（第4组段）的平均反应时进行配对T检验，结果是差异显著（$t = -3.96$，$p < 0.05$），说明从整体来看被试掌握了序列中隐含的规律。从图5-9也可以看出，被试在随机组段（第5组段）的平均反应时，照比规律组段（第4组段）明显上升，但到了规律组段（第6组段）时，反应时又下降下来，而

且随机组段（第 5 组段）的平均反应时均高于规律组段（第 4 组段和第 6 组段）。通过计算，82.9% 的被试随机序列平均反应时高于规则序列平均反应时。

其次，用内隐学习量（第 5 组段与第 4 组段的反应时差）来表示被试的内隐学习成绩，根据被试内隐学习量由少到多进行排序，得出如图 5 - 10 的结果，根据被试的内隐学习量可看出被试的内隐学习能力是有差异的，通过相同的学习，被试学习到内容的量是截然不同的。按照总人数的前后 27% 将被试分为两组，观察两组是否存在显著差异。对两组成绩进行独立样本 T 检验，结果显示，两组之间存在显著差异（$t = -9.65$，$df = 22$，$p < 0.05$）。说明内隐学习能力是有个体差异的。

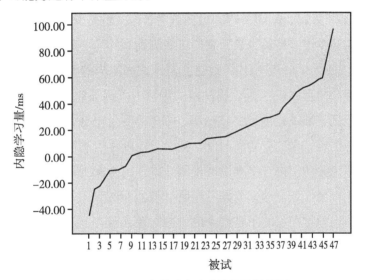

图 5 - 10 47 名被试内隐成绩结果折线图

两种内隐学习范式下的相关性研究

通过比较两种范式下被试的学习情况，发现可以同时产生两种内隐学习的人数较少，而大多数主要集中于可以产生两种之一的内隐学习。通过两种范式下内隐学习成绩之间的相关性检验，结果显示，它们之间相关不显著（$r = 0.25$，$p = 0.09$）

讨论

本研究从内隐学习是否存在个体差异这一争论点出发，试图证明内隐学习是可测的，并且是有个体差异的，结果证明了这一假设。通过内隐学习两种范式的测量，从整体来看在两种范式下被试都存在内隐学习，说明内隐学习是可测的。在此基础上进一步进行差异分析，结果发现经过同样的学习之后，被试内隐学习的程度是不同的，内隐学习量是有差异的，这就说明内隐学习是存在个体差异的。

鉴于以往研究多采用单一的范式进行实验，并且对不同内隐学习测量之间的相似性存在争议，本研究采用了两种范式进行实验，试图回答内隐学习是否具有跨范式一致性的问题。实验结果支持了以往研究，发现不同的内隐学习范式之间存在低相关。我们发现人工语法范式和序列学习范式之间没有高度相关（$r=0.25$，$p=0.09$）。虽然这两个范式都是测量内隐学习的方法，但是在本实验中没有相关，表明它们可能测量到的是不同的内容或依赖于不同的机制。正如 Seger 提出的，对这些范式之间差异的一个可能的解释是它们依赖于不同的形式。在人工语法范式中，人工语法包含文字或语言加工，高度依赖记忆，被试必须记忆字母串，相对需要付出努力。与此相反，序列反应时任务需要较少的努力和时间。被试只需要尽可能快的按键反应，并且顺序的概率论性质使得它很难发现规则。或许因为人工语法依赖记忆从而使它更接近于外显任务。这些差异可能是范式之间缺乏相关的基础。

另外，内隐学习可能不是一个单一的构造，事实上是由一组相关的但可以分离的过程组成的，它们在相同的情境下有不同的反应。对内隐学习的进一步研究应该检查这些任务之间的相似性和不同，从而去解释这些不同的结果。

结论

第一，内隐学习在总体上是可测的，并且内隐学习存在个体差异。

第二，内隐学习范式之间没有显著相关，即内隐学习没有跨范式的一致性。

第六章

内隐学习在教育教学中的应用

内隐学习的存在和研究不仅受到研究者的关注，更多的实践工作者在自己的工作领域也不断地尝试对这一现象进行解释，并在应用中为自己的工作提供有别于意识性行为且有效的技术。其中在广告、教育领域的表现尤为突出。一些应用性技术虽然还没有得到理论和实验研究的支持，但有效的结果让人们兴趣盎然。为使内隐学习的研究和实践更好地有机结合，推动应用性研究十分必要。

第一节　内隐学习理念下隐性课程设计的思考

隐性课程的显性设计意指在学校环境中，把特定教育内容有意识地附着于具有特定功能的载体之上，进而对受教育者产生潜在影响的一种课程设计。它以体现课程的意识性特征为前提，并因载体属性和教育环节的多重性而成为可能。多元主体针对特定内容在不同载体上的操作使得隐性课程显性设计有了丰富的路径选择。

"隐性课程"概念出现（杰克逊，1968）之后，课程便有了"显性"和"隐性"之分。传统意义上的课程被冠以"显性课程"的同时，"隐性课程"的含义并未得到明确的界定。长期以来，对隐性课程能否纳入课程体系中来，能否加以设计，操作的途径在哪里等问题一直处于理论争论和不断实践之中。基于以往的研究与实践，笔者认为，不仅有必要对隐性课程加以有意识的设计，使其回归课程的意识性本质，而且，相关学科的研究成果也为具体操作提供了可借鉴的理论和技术。

一、隐性课程显性设计应以隐性课程回归课程体系为前提

课程被人评价为是一个用得最普遍但却定义最差的教育术语。从学生获取知识角度理解的有之，从文化的意识性选择角度理解的有之，从教育目标实现媒介角度理解的有之。尽管这林林总总的课程表述之间存在着很大差异，但课程的一些基本要素和特征（如计划性、目的性）还是得到了广泛认同。可见，传统的课程十分强调计划性和有意识性。隐性课程是否能够纳入课程体系中来，应以其是否具有这样的本质特征为前提。

1. 最初的"隐性课程"并非传统意义上的课程

一般认为，明确教育现象、正式提出"隐性课程"术语的是美国教育学家杰克逊。在1968年出版的《课堂生活》一书中，杰克逊用"隐性课程"这一术语来说明学校教育中存在对学生产生无意识影响且有重要价值的教育现象。在关注这些影响因素起到了传统课程所不能起到的作用的同时，杰克逊认为这种影响效果的达成却似乎与教学或教育实施主体的意识、目的、计划无关。正是基于这样的认知，杰克逊一方面选择了"隐性"这个词汇来体现这种影响和作用的无意识性、无目的性、无计划性；另一方面用"课程"指代这种潜在影响与传统意义上课程（显性课程）教育功能的相似性。于是，"隐性课程"术语便应运而生。显而易见，杰克逊所谓的"隐性课程"中的课程只是一种指代，不能简单地、望文生义地将其看作是一种实实在在意义上的课程。如果非要使用术语加以表述的话，或许"隐性教育因素"更为确切。

2. 隐性课程的发展逻辑要求其回归传统课程的本质属性

最初的"隐性课程"或称为"隐性教育因素"，与传统意义上的"课程"之间存在太多的不同。但不容否定的是，这些客观存在的"隐性教育因素"的确对受教育者发挥着显而易见的影响和作用。在对传统课程功能单一，难以有效地全面达成教育目标的质疑和批判中，教育工作者把相当的热情倾注在"隐性课程"的问题上也符合课程现实和发展的逻辑。

"隐性"是近年十分盛行的一个术语。虽然理解和表述还存在一定的差异，但它主要是对主体无意识状态的描述。就教育领域而言，"隐性"意味着教育主体的无意识的教和学习主体的无意识的学。而课程作为教学内容的载体，本身并不具有意识性。传统课程设计的突出特点是强调对课程载体一种属性的意识性操作，而忽略了对载体其他属性的操作。但随着相关学科，尤其是内隐认知领域研究的深入，课程载体复杂的、多属性的意识性操作已发展为比较成熟的技术，正是这样的技术可以保障课程领域中的"隐性"内容实现意识性操作。基于课程载体具有多重属性和意识性选择具有即时有限性（特定的时间只能有意识地加工有限的内容）的认知，我们可以把那些教学主体意识性选择之外的载体属性作为课程范畴中的"隐性"内容加以操作，即把隐性课程所包含的教育因素附着或内隐于课程载体之中。基于这样的分析，我们把"隐性课程"作为课程概念体系中的一员是有理论依据和操作的可能的。

3. 隐性课程显性设计是课程意识性的具体体现

虽然隐性课程具备了课程下位概念的基本前提。但鉴于隐性课程的特殊性，从理论和实践上仍有许多问题需要加以澄清和辨析。首先，隐性课程的显性设计是要对显性课程意识性选择载体属性外的其他载体属性进行第二次的意识性选择。课程作为教与学的中介物是以特定形式的载体而被施教者和学习者所感知的。而任何客观物质载体又都具有属性的多元性。传统的课程设计以突出载体单一属性，忽视其他属性为其显著特征。这样的设计虽然能够突出体现教育与教学的目的性、简约性、明确性，但是载体多属性的教育资源却被忽视和浪费。而这些没有得到关注的属性不仅完全有可能成为意识性设计的对象，成为课程内容的一部分，而且随着全面教育、高效教育呼声的提高而成为必须要加以考虑的内容。如果说显性课程是对课程的第一层显性设计，那么，隐性课程就可称为对课程的第二层显性设计。其次，隐性课程的显性设计与教、学主体的意识性没有直接的关系。课程设计者、课程实施者、课程接受者是教学过程中的三个意识性主体，虽然三者之间的意识和无意识之间构成了较为复杂的关系，但三者在教育过程中的意识性却体现为不同的内容。课程设计者的意识性主要体现的是社会的教育目的性，是代表社会对课程接受者应该学到什么的设计；课程实施者的意识性主要体现的是社会与个体相结合的教育目的性，是在理解课程设计者意图和课程接受者可以接受什么的基础上进行的设计；课程接受者的意识性主要体现的是个体的目的性，是自己想学到什么的问题。虽然三者课程内容意识性选择的一致是我们追求的理想状态，但三者不可能实现完全的一致却是不争的事实。最后，隐性课程的显性设计体现课程设计的意识性还意味着没有经过设计的隐性教育因素不能纳入课程体系中来。虽然隐性因素无处不在，对人的影响也是客观存在的，但隐性课程所包括的内容只是那些经过意识性设计的内容而已，不是也不可能是隐性教育因素的全部。

二、隐性课程显性设计具有操作的现实可能性

基于课程载体属性多元化的认知，在对载体某些属性进行设计形成显性课程之后，如果不能对其他属性加以有意识地选择和设计，那隐性课程也就没有存在的可能和意义了。因此，能否和怎样对课程载体进行多层次设计成为隐性课程设计的关键。

1. 课程载体的多层次设计是可能的

课程载体的多属性特征是隐性课程设计成为可能的必要条件。从隐性课程设计属于课程设计的第二层次角度看，隐性课程中的"隐性"意味着次要、附带、从属。在课程设计过程中，教学内容的载体通过凸显部分属性体现一定教学目标的同时，如果能够对另一部分属性也加以考虑，进而设计为可影响接受者的隐性课程内容就是我们所谓隐性课程显性设计要面对的问题。举个例子，我们知道，汉字具有"形、声、义、体"等多种属性。在以字义为主的教学中，教师会以学生理解字义为主要目标，这便构成了显性课程的内容。而其他属性，如书写、发音等就会居于次要地位。想象一下，现在有这么两个教师，一个老师汉字书写笔顺正确，发音标准，而另一个老师则是笔顺有误，方言读字。那么，在都能够教会学生正确使用汉字，也就是显性课程目标完成的情况下，学生的汉字书写和发音会有不同吗？答案是肯定的。显然，若对发音和书写加以有意控制或称之为设计，学生在学习字义的同时，可能会无意识地习得正确的书写和发音。隐性课程显性设计的

意义在简单的汉字教学中已可见一斑。这样针对非主要教育与教学内容进行的有意控制或设计就是我们称之为隐性课程显性设计的具体含义。可见，"隐性课程是可以预期的，可以事先设计的"，而且"只有那些由教育建设者营造和由教育主体创设的、弥散着教育性经验的环境与环境序列……才能构成隐性课程"。

2. 隐性课程显性设计有初设计和再设计之分

与显性课程的设计相类似，隐性课程的显性设计因设计主体的不同可以分为隐性课程的初设计和再设计。由课程设计者在课程设计之初对课程内容所进行的设计称为原设计。通常，课程设计者在凸显课程主要目标的同时，会提出一些从属目标。这些从属目标往往是考虑课程内容除了具有实现教学主目标之外，还具有其他功能，这些功能虽然不能与主目标同时加以有意识的实施，但课程设计的意识性还是十分明确的。因此，这样的设计可以归为隐性课程初设计的一部分。除此之外，隐性课程初设计的另一种思路应重点放在课程载体的属性特征设计上。当某一载体属性得以凸显，完成显性课程设计之后，课程设计者的任务并没有，也不应该就此终结。而应该在载体的其他属性上做更多的功课。在不影响显性课程载体属性的情况下，对载体的其他属性加以有意识的选择和设计以构成隐性课程初设计的另一部分内容。再有，课程载体之间的时空关系亦应该成为隐性课程初设计的内容。这三个方面的工作便构成了隐性课程初设计的核心。隐性课程的再设计则是指课程实施者在解读课程初设计的基础上，对课程载体进行再加工的过程。这不仅包括对显性课程的再加工，也包括对隐性课程的再加工。在对显性课程的再加工过程中，课程实施者完全实现显性课程的教育和教学是十分困难的。这不仅是基于课程内容理解上的个体差异性，更是基于学习者之间存在的巨大差异性。由课程初设计表达的目标要想化作学习者的知识和经验、技能和行为，必然要经过课程实施者的再设计。对隐性课程的再加工，不仅取决于课程实施者对隐性课程初设计的"悟性"，同时，作为影响学习者的一个重要因素，具有意识性的课程实施者本身也可以对自身的可控因素加以设计以达成"个人目的"。经过这样两个不同环节的处理，课程实施者便可以完成对隐性课程再设计的操作。进入21世纪，中国的教育改革任重而道远。而"教育改革的核心课题是课程创新"，在这样的背景下提出隐性课程的显性设计理念，无疑对课程创新，全面实现教育与教学目标大有补益。

3. 隐性课程显性设计应以隐性学习为导向

课程设计以明确学习者应达到的教育与教学目标为根本。传统的显性课程设计以设计者、施教者、学习者的意识性为主线，即由设计者提出明确的要求，施教者有意识地传授给学习者，使学习者有目的地接受特定的课程内容。然而，现实常常不能尽如人意，设计者、施教者、学习者在设计、教育、学习过程中会不自觉地体现出个人的思想和行为。也正是对这种现象的反思和探索，隐性课程才得以受到关注。显然，总有一些"不知来自何方"的知识和经验在学习者身上体现出来。这些知识的习得过程被称为"隐性学习"。心理学的相关研究，不仅充分证明了隐性学习的存在，而且对隐性学习的发生机制、隐性学习的特征和影响因素亦有所揭示。就课程内容而言，课程载体的不同属性在隐性学习中的地位不尽相同。在课程载体的某些属性被凸显出来构成显性课程内容的同时，课程载体的其他属性有可能成为隐性学习的内容，而这些属性也会表现为隐性学习效率上的差异。隐性课程的显性设计就是要在明晰属性意义和学习效率上加以分析和选择，继而促成隐性教育目标及其隐性学习的发生。从隐性学习能否发生，学习者无意识学习到何种内容的角度讲，隐性课程设计应建立在相关课程载体属性的内隐学习研究基础之上。

三、隐性课程显性设计的实现途径具有多元性

虽然隐性课程显性设计的理论基础仍显薄弱，但这并不能阻碍隐性课程显性设计的实践活动。隐性课程设计实践所取得的成果不仅在不断检验着理论的合理性，也体现出隐性课程显性设计的可能性和多元性。

1. 隐性课程显性设计的主体多元性

如果我们把课程的外延限定在学校环境内，那么，学校环境中一切要素的生成者、管理者、使用者都有可能成为隐性课程的设计者。只要通过适当的载体，体现出设计者的意识性、计划性，并因此对学习者产生影响的人都可以成为隐性课程的设计主体。首先，在学校环境要素生成者中，除了以上

我们反复提到的课程设计者这样传统意义上的主体之外，其他环境要素（如校园建筑）生成者在生成某个或某些要素的过程中，如主动对这些要素核心属性或功能（特定建筑物的特定功能，如教学楼）以外的其他属性（建筑风格）加以设计，试图对学习者产生一定的教育作用，我们就可以认定其为隐性课程设计的主体。其次，在学校环境诸多要素的管理中，管理者完全有可能通过管理办法、制度等形式体现管理者的教育理念，如在学校图书馆的使用方面，特定的管理制度往往体现出特定的管理理念。而这类制度的教育功能又往往会作为隐性内容对学生产生影响。从这个角度看，学校诸要素的管理者也可以成为隐性课程的设计者。最后，在学校环境诸多要素的使用过程中，使用者往往以自己的理解对特定教育要素进行选择，因此而成为各种课程（显性课程和隐性课程）的再设计者。这在教材使用方面的表现尤为突出。中小学教材的使用会因教师的不同理解而得到不同的再加工，集体备课亦不能完全消除个体再设计的现实差异。大学此方面的表现更为突出，不仅有灵活的教材选择权，更有体现再设计者自编教材方式的选择。总之，与显性课程相比，隐性课程设计者的多元性十分明显。

2. 隐性课程设计的载体多元性

基于以上对隐性课程概念的认知和隐性课程设计实践的总结，人们赋予了隐性课程载体更广泛的外延空间。从某种意义上讲，这是隐性课程研究对课程领域的重要贡献之一。有人认为，隐性课程设计可在物质、行为、制度、精神这四个载体层面上进行。由此看来，几乎校园里的所有要素，只要用心，都可以成为隐性课程的设计载体。在此我们从另一角度对隐性课程载体多元性加以说明，即隐性课程载体的多元性可体现在与显性课程载体的比较之中。这更有利于对课程体系理解的加深。首先，隐性课程是在对传统显性课程以教材为核心形成的载体系统进行补充的基础上提出的。学校环境中的教育载体是多种多样的，显性课程所赖以实现的载体只是其中的一部分，其他环境要素的教育功能正随着研究的逐渐深入受到关注，隐性课程的载体空间在这种关注中不断得到拓展。其次，传统显性课程的载体也可以成为隐性课程的载体。这是以往隐性课程载体研究所忽略的领域，也是隐性课程显性设计的难点所在。认为隐性课程和显性课程是相互对立、不能共生共存的观点随着心理学关于隐性学习的相关研究的深入而逐渐失去认同。一种载体通过不同属性的分层设计可以构成显性和隐性两类课程，进而实现多元性的教育与教学目标，这是隐性课程载体多元性的又一表现形式。

3. 隐性课程设计的内容多元性

基于对隐性课程设计主体和载体多元性的理解，使得我们有理由对隐性课程在教育教学中应发挥的作用有着更多的期待。培养对社会有用的人才，使受教育者的身心得到全面发展是教育的目标所在。不可否认，传统意义上的显性课程在知识传承中发挥了积极作用。但随着教育目标日益全面和多元化，显性课程越来越显现出它的不足。隐性课程在此背景下受到广泛关注便是其在教育目标实现方面特殊作用的集中体现。首先，显性课程内容并非个体知识经验获取的唯一渠道，甚至不能说是主要渠道。隐性课程内容也能对此有所贡献。缄默知识概念的提出使我们对获取知识经验的途径和内容有了新的理解。而隐性课程的显性设计是对缄默知识的来源加以把控的有效途径。其次，在情感教育、习惯养成等方面，隐性课程具有独特而显著的作用。无论隐性课程提出之初还是大量的隐性教学实践，都说明适当的"隐性"影响能起到更好的作用。

4. 隐性课程设计的层级多元性

隐性课程的显性设计还处于起步阶段。为此，选择"点、线、面、体"的渐进策略十分必要。"点"意味着隐性课程的知识点，它是积累隐性课程体系的起点，是一句话、一节课、一个知识点的设计。"线"意味着系统，是对知识、物质、制度、理念、行为等方面分别进行系统设计的结果，是通过点和点之间的逻辑关系来体现课程的联系性。它可以是一门课的设计，也可以是一系列办法中隐性内容的设计。"面"意味着某一领域的整合，是对具有共同教育功能的课程要素的整合，是一个专业、一个领域中隐性内容的设计。"体"意味着整个个体经验体系，是为对教育对象进行整体塑造而对环境诸多要素的设计。上述隐性课程设计的层次性区分，虽然在一定程度上体现了隐性课程设计的难度和发展进程，但这样的区分是相对的，在具体的实践过程中，如何把握隐性课程设计的阶段性和整体性更需具体问题具体分析。

第二节　隐性课程设计的实证研究

一、问题的提出及研究意义

在学校教育活动中，有些教学常常出现事半功倍的效果，而另一些却恰恰相反；究其原因，可以说与隐性课程的影响关系密切。隐性课程的影响主要来源于教育者的作用。作为当代教师，一定要重视这一问题。在教育教学中，教学的环境、选择与运用教法、组织教学、师生交流、教育评价等都隐藏着教育的影响因素。因此，教师要采取一些措施，将这些因素纳入教育教学，或者将学生意识不到的一些学习经验加以适当控制，即通过隐性课程，潜移默化地影响学生，提高教学效果。隐性课程近年来越来越受到教育工作者的重视，本文以"隐性课程"为研究主题的原因有以下几点。

首先，教育的发展需要隐性课程。教育的根本目的是培养人的活动。不仅仅指知识经验的培养，也包括道德、情感、态度和价值观等方面的塑造。而道德、情感的塑造最好的方法不是说教，而是潜移默化地熏陶，班杜拉的观察学习表明，榜样的力量要比说教更能够让人受用。隐性课程恰恰给学生提供了这样一种潜移默化的学习方式。

当前我国正在大力开展素质教育，这对学校教学有了更高的要求，隐性课程的出现恰恰为新的教育教学开辟了新的方法和思路。隐性课程应当成为教育者提高教学效果的一个重要的资源。课程理论家阿普尔就认为，学校是一个小的社会集体，因此学校教师在重视学校各种各样的校园环境时，还要注重教师与学生之间的交流交往对学生的影响。因此，研究教学中的隐性课程是非常必要的。

其次，内隐学习理论说明，人可以通过无意识的方式学到一些知识经验，这些经验他们自己可能都说不清楚。内隐学习的实验范式可以间接地测量到内隐学习是否产生。比较内隐学习和隐性课程能够发现，把内隐学习放在教育教学中的情境也就是隐性课程。如果利用内隐学习中的某种实验范式，将其应用到实际的教育教学中，让学生在课堂上通过这样的方式，学到某些隐性课程的知识，那么学生课堂的收获将比预想的要多，而且这种学习并没有增加学生的负担，又使其在某些方面获得知识经验，隐性课程的价值不言而喻。

最后，近些年，对于隐性课程研究已经非常广泛，但大多数文章都是从理论的角度来阐述隐性课程存在于教育教学中，但并没有用具体的实证方式去证明隐性课程的存在。本章以"隐性课程"为主题，力求通过教学中实证研究的方式证明隐性课程的存在，把隐性课程与外显课程结合起来。

二、简单暴露效应的验证及其在隐形课程设计中的应用

马兴伟、周铁民（2016）采用简单暴露效应范式，验证小学二年级学生存在简单暴露效应；通过改变其数学课的教学材料，证明小学生在学习外显课程的同时能够学到其隐含的内隐材料。

从理论意义上看，研究隐性课程有助于开辟课程研究的新天地，拓展课程研究的领域。隐性课程具有潜在性、长期性、无意识性等特点，它主要通过暗示、间接的方式对学生产生影响，这就使隐性课程研究重视教学过程，使教学过程发挥正向功能，使学习过程成为学生自己认知、辨别、思考、感悟的过程，从而促进学生自我锻炼、自我激励、自我完善。而且，对隐性课程进行定量的研究，有利于推广隐性课程的实施，扩大其研究范围，为隐性课程的开展提供理论依据。此外，本研究可以增加隐性课程研究的丰富性。隐性课程存在的范围是相当广泛的，存在于教师教育观、教师的人格魅力、教师信念、师生关系、教师传递信息的方式等教学活动中，学校的建筑物、设备、景观、空间布置等物质环境中，校风、班风等校园精神中，学校管理方式、学生活动的安排方式和规章制度本身的健全与合理性等学校制度中，以及组织者运用的理念、策略，活动过程中学生本人的感悟等活动课程中。这就使课程研究的内容从显性课程重视的有计划的学习经验，扩展到全面的学校学习和生活经验，丰富了课程研究的内容。

从现实意义上看，隐性课程的研究突破了原有的课程观念，其课程的知识不仅仅是学术性知识，还包括与学生发展密切相关的非学术性知识。而且

隐性课程的研究有利于开发教学资源，通过开发教学活动内的隐性课程，让各个学科相互渗透，实现学科的真正融合。同时，也希望通过本研究，让广大教育工作者重视对隐性课程的开发与利用，让隐性课程真正走入教育教学中，使隐性课程与外显课程结合起来，提高教育教学的效率。

实验一　简单暴露效应的验证性研究

在以往的研究中学者们从不同的角度出发，对简单暴露效应进行了验证和探讨，提出了简单暴露效应的不同模型。本研究采纳 Zajonc 对简单暴露效应的定义，认为简单暴露效应是指刺激的重复暴露现象会提高个体对其的态度。随着重复次数的增加，对刺激的喜爱程度也会随之增加。为验证小学二年级的学生是否也存在简单暴露效应，从而提出假设。

研究方法

被试

本研究中所选用的被试是铁岭市开原市某乡镇普通小学的二年级学生，被试年龄在七八岁左右，选取了二年级学生共 40 人，男女比例为 1∶1，进行简单暴露效应的验证实验。

实验材料

根据 Zajonc（1968）的经典简单暴露效应实验程序，运用 Eprime 编制简单暴露实验程序。在实验前，让被试先对实验中的所用材料（不规则多边形）进行喜爱程度的 7 级评价，作为实验前测。实验时，首先让被试在电脑屏幕上阅读指导语，告诉被试这是一个有关记忆的实验，要求被试尽可能记住实验中的图片。然后给被试依次呈现实验材料，实验材料为 12 个不规则的多边形，每个多边形大小相近，形状各异，多边形图片的边长为 7cm。每个多边形图片呈现时间为 1000ms。其中图片呈现频次分为：0、1、2、5、10、25 次，所有图片共呈现次数为 86 次。实验图片呈现完毕后，屏幕出现结束语，实验结束（程序见图 6 – 1）。实验后让被试对实验中材料（不规则多边形）的喜爱程度进行评价。实验前后评价表内容相同，共由 12 道题组成，采用 7 点计分：1 为非常不喜欢，依次加深，7 为非常喜欢。

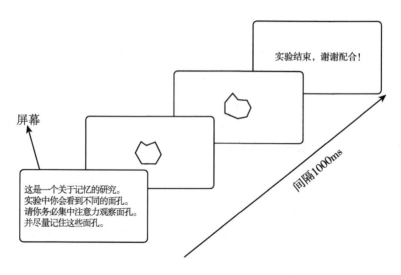

图 6-1　简单暴露实验程序

实验设计

本实验为单组前后测实验设计。自变量是被试在实验中看到的不规则多边形呈现的次数。因变量是被试对不规则多边形的喜爱程度。控制班级的学生男女比例相同、学生年龄相近等。

实验程序

首先验证小学二年级学生存在简单暴露效应。选择该校小学二年级学生40人，男女各半。在进行实验前，先进行前测，让被试对所选用的实验材料，即12个不规则多边形，进行喜爱程度的7级评价。然后利用 Eprime 编写的简单暴露效应程序，首先呈现实验指导语，告诉被试这是一个有关记忆的实验，要求被试尽可能记住实验中的图片。然后让被试看屏幕上依次呈现的不规则多边形，各个不规则多边形的呈现次数不同，共12个不规则多边形，多边形大小为7cm×7cm，呈现次数分别为0、1、2、5、10、25次，所有多边形呈现次数共计86次。每个图形呈现时间为1000ms。当所有图片呈现完毕后，进行实验后测，让被试对12个多边形再次进行喜爱程度的7级评价。

实验结果

整理数据，运用 SPSS16.0 软件，进行配对 T 检验，检验实验一中前测与后测之间是否有显著差异。

从图 6 - 2 中可以看出，与简单暴露前测的喜爱程度相比，简单暴露后测的喜爱程度出现了改变，其后测结果与 Zajonc 简单暴露实验结果相似，说明小学二年级学生存在简单暴露效应。前后测对比发现，在实验中出现频次多的不规则多边形，被试在后测中对其喜爱程度增加的多，出现频次少的不规则多边形，被试在后侧中对其喜爱程度增加的少。

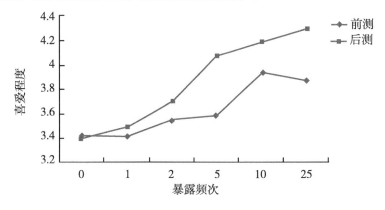

图 6 - 2　简单暴露前后测喜爱程度

从表 6 - 1、6 - 2 中可以看出前测对不规则多边形图片的喜爱程度的平均值为 3.61，后测对不规则多边形图片喜爱程度的平均值为 3.84，对简单暴露前后测喜爱程度进行配对 T 检验结果显示 $t = -2.420$（$df = 479$），$p < 0.05$，差异显著。说明小学二年级学生存在简单暴露效应，即增加刺激的呈现次数，被试对刺激的喜爱程度会有所增加。

表 6 - 1　简单暴露前后测喜爱程度统计

	平均值	样本量	标准差	标准误差
前测喜爱程度	3.61	480	1.431	0.065
后测喜爱程度	3.84	480	1.548	0.071

表 6 - 2　简单暴露前后测喜爱程度配对 T 检验

	t	df	显著性
前测喜爱程度—后测喜爱程度	-2.420	479	0.016

分析与讨论

本研究所采用的简单暴露效应实验程序是由 Zajonc 首创的简单暴露效应经典实验范式。实验材料选择的是没有社会意义的中性刺激材料，即不规则多边形。实验中也沿用了简单暴露效应经典实验范式中各个刺激所呈现的次数。与 Zajonc 经典实验范式有所不同的是，本实验中的被试是小学二年级学生，年龄为七八岁，而且本实验中刺激的呈现时间是 1000ms，与经典简单暴露实验相比，呈现时间变长，使被试由原来的无意识状态转变成有意识状态。之所以延长了简单暴露时间，使被试从无意识状态转变成有意识状态，是因为在实际的教学环境中，很多隐性的刺激呈现的时间并不短，都是通过对学生长期的熏陶，一点一滴慢慢对学生产生影响。本研究本着从实际教学出发的思想，为了使实验能够更加贴近教学，所以延长了刺激的呈现时间，使被试对刺激的意识状态从无意识状态转化为有意识状态。

分析简单暴露效应的实验结果可以发现，即使改变了呈现时间，被试还是出现了简单暴露效应。且本实验出现的简单暴露曲线与 Zajonc 简单暴露效应曲线相比较二者图形走向一致，说明在有意识的情况下，小学二年级学生存在简单暴露效应。这一结果为之后的教学中隐性课程设置提供了依据。同时，在定险峰和周乾（2010）的《过度简单暴露效应的实验研究》中，通过实验研究发现，在有意识的条件下（呈现时间为 1000ms 时），随着呈现次数的增加，被试仍然出现了简单暴露效应。本实验研究结果与定险峰和周乾的研究结果相近，由此也证明了有意识条件下简单暴露效应的存在。

为了证明被试在实验前后对刺激材料的喜爱程度有所改变，在保持 Zajonc 经典简单暴露效应实验范式的基础上，本实验在给被试呈现刺激材料之前，对被试进行了前测，希望以此更直观地看出被试在实验前后对刺激材料的喜爱程度差异。经过对前后喜爱程度测试的配对 T 检验结果进行分析发现，在实验前后被试对刺激材料的喜爱程度之间存在显著差异，说明刺激材料呈现的不同频次，使被试对刺激材料的喜爱程度有所改变，随着刺激材料呈现次数的增加，被试对其喜爱程度也有所增加，从而更有力地证明了简单暴露效应的存在，也避免了实验中被试对刺激材料原来就存在偏爱的情况的影响。同时也为将简单暴露效应原理应用在教学中，形成隐性课程奠定了基础。前人关于简单暴露效应研究的被试多集中于已经成年的人群中，比如大学生、社会工作人群等，被试群体很少涉及儿童和青少年，本实验选择小学二年级学生作为被试，经过实验证明小学二年级学生存在简单暴露效应。

实验二　证明可以根据简单暴露效应原理设置实施小学二年级隐性课程

通过内隐学习的理论，我们可以得知教学过程中的任何材料都是教学的组成部分，隐性课程就是根据内隐学习和无意识知觉提出的。教学的背景设置、教学环境、校园环境等都对教学有着重要的影响。本文在不改变教学目标等其他条件的前提下，通过改变小学二年级数学课教学中所用材料，希望学生在学习本课教学内容的同时，对教学所用材料的态度也有所改变，从而证明学生在无意识状态下对教学材料也进行了学习，证明隐性课程的可实施性。

研究方法

被试

本研究中所选用的被试都是铁岭市开原市某乡镇普通小学的二年级学生，被试年龄为七八岁，首先通过测试，选取了该校二年级两个平行班级学生，两个班级学生男女比例相近、教师相同、教学进度相同、班级成绩相近，每班 40 人，共 80 人。

实验材料

根据简单暴露效应的原理，在不改变其他因素的情况下，通过与数学任课教师讨论协商，改变教学所用的材料，把其中材料都变成水果，制成实验班级教学用 PPT，教师用制成的 PPT 连续两天、每天一节课，进行数学教学。统计两节课 PPT 中水果出现次数，共计出现 21 次。对照班级教学用 PPT 不进行改变。两个班级选择的数学教材是北京师范大学出版社出版的小学二年级数学上册。扫的课程是"数与乘法"。两个班级 PPT 中图片大小相当，内容相同。两个班级教学过程中 PPT 呈现时间约 15min。在教学前后进行前测与后测的喜爱程度评价，实验班和对照班的评价表相同，共由7道题组成，采用7点计分：1为非常不喜欢，依次加深，7为非常喜欢。

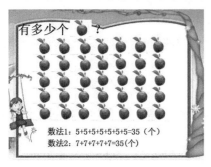

图6-3 实验班级教学课件　　　　图6-4 对照班级教学课件

实验设计

本实验为非等组前后测实验设计，实验为"双盲实验"。自变量是教师所用的教学材料即水果，因变量是学生对教学材料的喜爱程度。实验中实验班级和对照班级的数学教师相同，教学进度相同，班级人数、男女比例相近，两个班级学生总体成绩相近，两个班级所用PPT中除了图片有所不同，其他内容不变，且两个班级PPT中出现的图片大小相当。

实验程序

在正式实验之前，先进行前测，选出两个差异不显著的班级作为实验班级和对照班级。让实验班级学生用改过后的课件，对照组班级学生用正常课件，上两节数学课。两节数学课与正常数学课时间相同，是分两天完成的，一天一节课。保持两个班级数学教师相同，学习成绩相似，男女比例相近，对两个班级采用"双盲实验"，既不告诉上课教师这节课的实验目的，也不告诉学生上课的真实目的，让教学环境与正常上课环境相当，以此排除无关变量的影响。经过两节数学课后，立即进行后测，让两个班级学生对课件中出现的水果材料再次进行喜爱程度7级评价。

实验结果

本实验所用统计方法与实验一相同。

对本实验结果采用分步骤的方式进行分析。

首先，对实验班级前测与对照班级前测的结果比较。实验班级前测与对照班级前测中，被试对水果图片的喜爱程度平均值的差异。从表 6－3、表 6－4 可以看出，实验班级与对照班级上课前对水果图片的喜爱程度差别不大，对照班级上课前对水果图片的喜爱程度 Mean＝4.9286，实验班级上课前对水果图片的喜爱程度 Mean＝4.8964。对实验班级和对照班级前测的水果图片喜爱程度进行独立样本 T 检验结果显示，$t＝0.231$（df＝558），$p＞0.05$，差异不显著。说明对照班级上课前与实验班级上课前对水果图片的喜爱程度没有差异。

表 6－3　实验班级前测和对照班级前测喜爱程度统计

	班级	样本量	平均值	标准差	标准误差
前测	对照	280	4.928	1.607	0.096
	实验	280	4.896	1.682	0.100

表 6－4　实验班级和对照班级前测喜爱程度独立样本 T 检验

	t	df	显著性
对照—实验班级前测	0.231	558	0.817

其次，对实验班级前后测结果的比较。实验班级前后测中，被试对教材中所用水果图片的喜爱程度平均值的变化。从表 6－5、表 6－6 中可以看出实验班对课件中水果图片的喜爱程度，在上课前后由 Mean＝4.90 增加到 Mean＝5.22，配对 T 检验中 $t＝－2.223$（df＝279），$p＜0.05$，差异显著。说明增加教学课件中某些材料的出现频次，能够增加被试对其的喜爱程度。

表 6－5　实验班级前后测喜爱程度统计

	平均值	样本量	标准差	标准误差
前测喜爱程度	4.90	280	1.683	0.101
后测喜爱程度	5.22	280	1.751	0.105

表 6－6　实验班级前后测喜爱程度配对 T 检验

	t	df	显著性
前测喜爱程度—后测喜爱程度	－2.223	279	0.027

然后，进行对照班级前后测结果的比较。对照班级上课前后对水果图片

的喜爱程度平均值的变化，从表 6-7、表 6-8 中可以看出，对照班级上课前后对水果图片的喜爱程度变化不大，上课前的喜爱程度 Mean = 4.92，上课后的喜爱程度 Mean = 4.93。对前后测喜爱程度进行配对 T 检验结果显示，$t = -0.055$（df = 279），$p > 0.05$，差异不显著。说明对照班级上课前后对水果图片的喜爱程度没有变化。

表 6-7　对照班级前后测喜爱程度统计

	平均值	样本量	标准差	标准误差
前测喜爱程度	4.92	280	1.644	0.098
后测喜爱程度	4.93	280	1.607	0.096

表 6-8　对照班级前后测喜爱程度配对 T 检验

	t	df	显著性
前测喜爱程度—后测喜爱程度	-0.055	279	0.956

最后，对实验班级后测与对照班级后测结果的比较。对照班级上课后与实验班级上课后对水果图片喜爱程度的平均值差异，从表 6-9、表 6-10 中可以看出，对照班级上课后对水果图片的喜爱程度与实验班级上课后对水果图片的喜爱程度之间有差异，对照班级上课后的喜爱程度 Mean = 4.9286，实验班级上课后的喜爱程度 Mean = 5.2179。对两个班级后测喜爱程度进行独立样本 T 检验结果显示，$t = -2.037$（df = 553.929），$p < 0.05$，差异显著。说明与对照班级相比，实验班级上课后对水果图片的喜爱程度显著增加。

表 6-9　对照班级和实验班级后测喜爱程度统计

	班级	样本量	平均值	标准差	标准误差
后测	对照	280	4.92	1.607	0.096
	实验	280	5.21	1.751	0.104

表 6-10　对照班级与实验班级后测喜爱程度独立样本 T 检验

	t	df	显著性
对照班级—实验班级后测	-2.037	553.929	0.042

分析与讨论

首先，对实验班级数学隐性课程实施过程进行分析讨论。一直以来对于隐性课程在教学中的作用有很多说法，无论是对隐性课程的界定还是对其影响因素的探讨，从不同的角度有不同的结论。但有一点是毋庸置疑的，那就是隐性课程对学生的各个方面都有着巨大的影响力，甚至于在某些方面，它的作用要比显性课程更加巨大。但真正用实验的方式去测量隐性课程的效果却并不容易，这与隐性课程自身的特点和影响方式有着重要的关系。我们只能够通过一些间接的方式，将隐性课程的效果转化为可测量的数据。根据简单暴露效应的原理，将其运用在实际教学中，以此来观测隐性课程的实施效果是一种新的尝试。

刘朝阳（2003）采用文献研究法和调查分析法对英语教材中存在的隐性课程进行了探究。分析了英语教材中的隐性课程对学生的积极和消极的影响，以及怎样建设好英语教材中的隐性课程。文中从教材编制的角度强调了隐性课程对学生的影响。经过多年的发展，现今对隐性课程的认识越来越深入，已经开始注重在教学过程中对隐性课程的建设与开发，这都为隐性课程的实施提供了现实的可能性。杨桦（1993）在文章中曾提出，我们可以进行尝试，通过课程设计让隐性课程从无意识的潜移默化变成有目的的刻意安排。本文从实验的角度，通过实验设计，证明了隐性课程在教学过程中的作用，说明了隐性课程也有其可控的一面，并且具有可实施性。使教师能够通过设计隐性课程让学生在获得本课教学知识的同时，在道德品质、思想政治等方面获得提升，使隐性课程成为教学过程中不可或缺的一部分，与显性课程一起发挥作用。

徐倩玲、刘艳珍（2014）在其文章中提到"许多传统的显性课程内容完全可以隐性化，纳入到生活当中去熏陶儿童，而许多的隐性课程被意识到并开发出来，它就变成显性课程登上课堂"。只有将显隐课程结合到一起才能更好地实现教育目的。文章中提到的，当幼儿注意到很多蜜蜂围绕在花盆周围时，引起大家纷纷去围观这一情境，就涉及显隐课程相结合的问题。如果说教师当时只是想要美化教室环境，却让幼儿观察到蜜蜂采蜜的过程，从而让幼儿学到蜜蜂采蜜这一知识，那么这就是隐性课程了，其作用效果也就自然而然地体现出来。再把这种无意识的设置变成有意识的设计，那么就实现了对隐性课程的显性实施。

其次，对实验班级数学隐性课程的实施效果进行分析讨论。杜希民、张建中（2003）在文章中提到，隐性课程一般包括学校校园环境、师生关系、隐含的教材内容、教师能力和专业素养等各个方面。学生通过隐性课程不仅仅可以获得知识经验，还可以获得社会政治文化、道理品质和价值观念等方面的经验。Yaghoob Nami 等人在其研究中指出，学生与教师之间的关系以及学生的学术成就与学校的校园环境、学校的校风校貌、学校的学术地位有很大关系。本研究主要从隐含的教材内容这个角度来研究隐性课程的实施。通过改变隐含在教学课件中的材料，验证学生在上课前后是否学到了隐含的教材内容。分析实验结果可以看出，教学前后测试结果之间差异显著，说明在教学后，学生改变了对隐含教材内容的态度，继而说明在教学过程中，学生对隐含的教材内容有所学习，教学过程中存在隐性课程。本研究中通过改变教材中的教学材料，从而改变学生对水果的态度，增加对水果的喜爱程度。实验过程一共利用了连续两节小学二年级数学课，统计出课件中水果一共出现了21次。由于在简单暴露效应实验中证明随着呈现次数的增加，被试对水果的喜爱程度会有所增加，且以往研究简单暴露效应的实验表明，刺激呈现次数在30次以内，简单暴露效应最明显，所以本实验中对水果出现次数的设置为21次。

在对照班级对刺激材料喜爱程度的前后测试中也可以看出，没有改变隐含教材内容的班级，对刺激材料的喜爱程度前后变化不大。在控制了班级成绩、上课教师、班级人数和男女比例等影响隐性课程效果的因素的情况下，改变教学过程中隐含的教学内容，使得两个班级的学生在对水果的喜爱程度上出现了不同的态度，说明隐含的教材内容在教学过程中对学生有影响，可以通过改变隐含的教材内容在教学中实施隐性课程。

实验三　隐性课程的时效性研究

隐性课程与显性课程相比较，隐性课程对学生的影响范围更加广泛，它不仅让学生通过潜移默化的方式学到知识经验，更多的是影响学生的个性、道德品质、情感态度、行为方式等方面。而意志品质、行为态度等一经形成，就容易固定下来，不会轻易变化，因此隐性课程的实施应该具有长效性。另外，作为内隐学习的一部分，内隐学习的结果是不易发生改变的，因此从内隐学习的角度看，隐性课程的实施效果也是不易改变的。

研究方法

被试

本实验中所选用的被试与实验二所用被试相同。

实验材料

本实验的材料为实验二前后测中所用的喜爱程度评价表。

实验设计

本实验为单因素实验设计，自变量为时间变量，因变量是被试对刺激材料的喜爱程度。

实验程序

经过51天后（期间不做处理，保持实验前的原样），对实验班级的学生再次进行后测，让实验班级学生对课件中出现的水果材料进行喜爱程度的7级评价。作为隐性课程长效性的检验。

实验结果

本实验所用统计方法与实验一相同。

表6–11直观地展示了实验班级上课后被试立即进行喜爱程度评价的结果与在51天后被试进行喜爱程度评价的结果，可以看出被试上课后立即测试的结果明显高于51天后进行的喜爱程度评价结果。从表6–11、表6–12中可以看出，实验班级后测的喜爱程度 $M = 5.22$ 与延续（51天后）测试的喜爱程度 $M = 4.91$ 之间有所改变，经过配对 T 检验，$t = 2.110$（$df = 279$），$p < 0.05$，差异显著。说明经过51天之后，被试对水果的喜爱程度有所下降。

表6–11　实验班级后测与延续（51天后）测试的喜爱程度统计

	平均值	样本量	标准差	标准误差
后测喜爱程度	5.22	280	1.751	0.105
延续测试喜爱程度	4.91	280	1.680	0.100

表 6 – 12　实验班级后测与延续（51 天后）测试的喜爱程度配对 T 检验

	t	df	显著性
后测喜爱程度—延续测试喜爱程度	2.110	279	0.036

分析与讨论

时隔一个半月后，对实验组的学生再次进行了测试，用来考察该隐性课程实施的延续性效应。结果发现实验组在教学后立即进行的后测与延续（51 天后）测试中，被试对刺激材料的喜爱程度有所变化，被试对刺激材料的喜爱程度与实验组后测相比有所降低，两者之间差异显著，说明课程的延续性效果并不明显。分析产生这种现象的原因有以下几点：首先，就是实验组实施教学次数的问题。由于实验组在教学过程中共进行了两天、每天一节数学课的连续教学，在上课次数上相对较少，所以学生对隐含教学材料的学习程度有限，虽然在教学后立即进行的后测中表现出了喜爱程度的增加，但对隐含教学材料的加工程度不够深入，对水果的喜爱程度并没有固定下来，导致在延续性测试中，没有保持在后测中对材料喜爱程度的水平。毕竟隐性课程的实施是长期的、潜在的，隐性课程的实施效果与实施的持续时间关系密切。如果增加实验班级教学次数，可能延续性测试中的结果会有所改变，延续性效果就会明显。其次，水果作为刺激材料本身有其不确定性。因为学生对水果的喜爱程度在长期的生活中已经有了固定的态度，这个态度是在成长过程中慢慢形成的，要想进行改变不是容易的事情。除了在教学过程中，被试在教学外的其他环境中会经常遇到这类刺激材料，这就给刺激材料增加了很多不可控的因素，所以结果中出现了态度的转变也是可以解释和理解的。同时考虑到这一点——确实存在被试对刺激材料有一个先前固定的态度，所以在实验之前，进行了前测，用前测与后测之间的对比，来说明隐性课程的实施是否有效果，结果也证明了隐性课程的实施效果。延续性测试的结果与实验前测之间结果差异不显著，也侧面证明了被试对刺激材料本身存在固定的态度。因此在实际教学中设计实施隐性课程时，要注重隐性课程实施的长期性。

总讨论与分析

在前人研究中，很多学者都对隐性课程进行了探讨，总结了隐性课程实施的特点和方式，但真正去验证隐性课程实施效果的相对较少。对隐性课程定性的研究有很多，如傅建明（2000）、孔凡芳（2005）、李祥和张开荆（2007）等都强调了隐性课程的重要性，并对隐性课程进行了界定。但是由于教学环境的复杂性和多变性，很难用定量的方式对隐性课程进行研究，本文以简单暴露效应为原理，以实验研究的方式，在教学中控制隐性材料的实施，借助这个角度对隐性课程进行研究。

1. 三个实验研究之间的相关性

本研究一共采用三次实验对隐性课程的实施进行系统化的研究。三个实验的关系是相互递进、密不可分的。为了保证本研究中隐性课程的可实施性，本研究首先期望通过对二年级学生进行简单暴露效应的实验，来证明小学二年级学生存在简单暴露效应的现象，并通过证明简单暴露效应的存在，将其作为实验二、实验三的实施依据，运用简单暴露效应的原理，来设计隐性课程，并将其运用到小学二年级数学课上。简单暴露效应实验作为基础实验，为本研究中实验二、实验三的展开提供了理论基础，为实验二、实验三的顺利实施提供了保证。

在此之后，以实验一为基础，运用简单暴露效应的原理，设计了实验二中的隐性课程课件。根据简单暴露效应的原理，即刺激暴露的频次会影响被试对刺激的喜爱程度，随着刺激暴露次数的增加，被试对其的喜爱程度也会随之增加这一原理，在其他条件不改变的前提下，只改变课件中的隐含教学材料，使其都是一类刺激（水果），将其课件运用到教学过程中，通过与实验班级进行对比，来验证该隐性课程的实施是否影响了学生对水果的喜爱程度。由此可见，实验二就是以实验一作为理论基础的。而实验三则是实验二的延续，用来检验实验二中隐性课程实施效果的长效性。

通过实验一、实验二和实验三的研究，组成整体的以简单暴露效应为基础的隐性课程研究，实验一作为基础实验，实验二作为主要实验，实验三作为延续实验，三者缺一不可，相互联系，让整个实验研究更加丰满和完整。

2. 隐性课程在教学中的优势

通过对隐性课程的分析和实施，可以看出隐性课程对教育教学的重要作用。作为教育教学的重要组成部分，隐性课程与显性课程互相呼应，相互补充。在实际的教学过程中，有很多知识经验通过显性课程实施的效果并不明显，而通过隐性课程来进行，则会事半功倍。比如在教学过程中对于师生关系的处理，很多学生都会特别喜欢某一位老师，从而更加喜欢学习这位老师所教的学科。如果将本研究中简单暴露效应的原理运用到师生关系中，教师有意识地多去与学生交流，增加教师在学生面前的出现频率，那么学生对教师的喜爱程度就会增加，对该学科的学习兴趣也会随之增加。

从某个角度来看，显性课程的实施过程往往使学生处在一个相对紧张的学习环境中，学生在接受显性课程过程中，自己并不轻松，身体处于高度紧张、注意力高度集中的状态，而在隐性课程的实施过程，给学生创造的学习环境则相对轻松，学生并不需要高度集中，而是处在一种轻松愉快的环境中。

大多数学者认为显性课程是计划性的，而隐性课程则是非计划性的，但学者周桃平（1997）也曾提出隐性课程也是计划性的。隐性课程中因素众多，因此有其非计划性的一面，但同时也有其计划性的一面，研究角度不同，自然观念有所差异。由于隐性课程的非计划性，使得隐性课程具有两面性。隐性课程的两面性体现在传达知识的性质上。教师在课上可能通过无意识的方式传达给学生一些积极的信息，也可能由于教师本身的无意识，使学生也在无意识之中获得了一些消极的信息。而要想避免这种消极信息对学生的影响，就需要教师重视隐性课程的计划性。现今，多媒体课件在教学过程中的应用频率越来越高，教师在设计教学课件时，应更多地注意其中隐含的教学信息，多用具有积极意义的教学材料，避免使用具有消极意义的教学材料，让学生在学习过程中能够学到隐含教学材料的积极意义，而不受到隐含教学材料的消极影响。同时，在编写教科书时，编写者也该注意教科书中所用材料的意义，避免使用具有消极意义的图片或其他材料。

3. 隐性课程的育人功能

牛欣欣（2014）从校园文化建设的视角对隐性课程的育人功能进行了分析，多角度地分析了校园文化对隐性课程的作用，并提出了通过校园文化建立隐性课程的策略。除了校园文化建设的视角，对于隐性课程的育人功能，我们还可以从教学过程本身和教师自身出发，来发挥隐性课程的育人功能。通过设置具有道德色彩的教学隐含材料，让学生在学习知识的同时，改变做人做事的态度；加强教师自身道德品质，发挥教师以身作则的功能，让学生在无意识之中提高自身道德修养。

本研究验证的是教学课件中的隐含教学材料对于学生的影响。教学过程中其他与本研究相类似的因素也会对学生产生影响。隐性课程的开发与实施不仅有利于培养学生的思想品德，增强学生对已有知识经验的学习效果，还可以促进学生个性的形成。张喜梅（2002）在其文章中提到，在学校的现实环境中，从物质环境到精神层面，从班级规则到人际交往，从教师的言谈举止到教室的环境布置等，这些隐含的因素都具有重要的价值观念信息，有着无穷的教育影响，给学生以引导和暗示。秦淑敏在其《教师期望对学生课堂行为的影响研究》一文中指出教师的隐性期望对学生课堂行为的影响，她发现，当教师的肢体或非肢体行为透露出对学生的喜爱时，学生会更加努力地学习。刘兴奇在《教师的情感模式对中学生心理影响的研究》中提出，教师的情感模式对于学生的智力、人际交往、情绪情感和意志等方面都有影响，情感丰富型的教师对学生的心理影响最好，情感贫乏型教师对学生的心理影响最差。张娜在其《教师人格对学生的影响研究——以课堂教学为例》中提出，教师的人格可以通过暗示机制、模仿机制和认同机制三种方式来影响学生。教师与学生交流的主要场所就是课堂教学过程，课堂教学过程中的每一个因素都会对学生的成长产生影响，既要关注教学材料对学生的影响，重视教学材料的选择，又要注意自身性格、情感态度等对学生产生的影响。

隐性课程的实施要注重学科渗透的方式。根据各个学科的相互融合性，如把德育教育与其他学科相融合，在上数学或者语文等课程的时候，加入一些德育因素，让学生既能够通过外显学习的方式学到数学或语文知识，又能够通过内隐学习的方式受到道德教育与熏陶。这就要求教师要在认知上有学科渗透的意识，在教学过程中，注意采用隐性课程的方式，创设具有道德色彩的教学环境，让学生在无意识中受到道德熏陶。

结论

本研究通过对小学二年级学生进行简单暴露效应的实验和教学中隐性课程的实验，得出以下结论：

（1）小学二年级学生存在简单暴露效应现象，随着刺激材料呈现次数的增加，学生对刺激材料的喜爱程度也会增加。

（2）实验班级通过实施根据简单暴露效应原理改变教材中隐含材料设计的隐性课程，结果发现学生上课前后对隐含的教学材料的态度有所变化，对材料的喜爱程度有所增加，证明隐含的教学材料对学生有所影响，隐性课程发挥了作用。由此得出，可以在小学二年级数学课上，通过改变教学过程中的隐含材料，进行隐性课程的设计和实施。

（3）实施隐性课程要注重其长期性，通过隐性课程来改变学生的认知态度、道德品质等，并不是一朝一夕的。隐性课程不是通过一节课或几节课就能够显现出效果的，在设计隐性课程时，要根据课程特点，做出长期计划。

研究的展望

根据研究结果，可以看出在教学过程中可以通过有意识的设计来实施隐性课程，让学生在学习本课教学目标的同时，能够学到隐含的教学材料，使显性课程与隐性课程结合起来，更好地进行教学工作。

总结本研究经验，在今后的隐性课程研究中，应更加注重实际教学过程中隐性课程的开发与设计。在设计过程中，注重隐含教学材料的选择，多选取对学生成长有积极意义的材料作为素材，在课程设计上注重课程实施的长期性，让隐性课程真正与显性课程结合起来。隐性课程的开发是现今的一个大趋势，隐性课程的实施也是十分必要的，教师可以通过有意识地设计隐性课程，让学生在学习过程中不仅能够学习到书本知识，还能够提高自身认知态度、道德品质等。

此外，著名学者范兰丝在总结隐性课程的形成和发展中提到，现在被大家认为是隐性课程的东西，在过去时未必都是隐性的。那么我们在研究隐性课程的开发设计，重视把隐性课程用"显性化"的方式表达出来的同时，是否也该考虑在某些教学过程中，可以把显性课程利用隐性课程的方式来进行教学，毕竟在某些方面，隐性课程的教学效果要比显性课程的教学效果更好。

根据本研究结果，在当前的基础教育背景下，笔者提出以下建议：

（1）隐性课程的研究与开发是基础教育不可或缺的一部分，因此教师应该转变思想，重视起隐性课程，培养隐性课程开发的意识，把隐性课程融入日常的教育教学中，不仅要开发设计教学过程中的隐性课程，教师自身也要重视班级环境、自身能力等方面对学生的影响，多多采用有积极意义的教学材料进行教学。

（2）隐性课程的开发与设计不是一朝一夕能够完成的，这个过程需要大量的实践和探索，每一堂课都有其隐含的教学材料，对隐性课程的实施一定要重视其长期性和潜在性，只有不断坚持探索，才能够让隐性课程发挥其潜在作用。

参考文献

白学军，咸桂彩．2003. 不同认知风格小学生的外显和内隐记忆发展研究 ［J］.
　　心理与行为研究，（1）：57 – 61.

陈虹，原献学．2010. 基于酝酿现象的无意识思维心理加工机制 ［J］. 浙江教
　　育学院学报，4：85 – 91.

陈琦，刘儒德．1997. 当代教育心理学 ［M］. 北京：北京师范大学出版社，
　　1997：278 – 289.

邓杉．2008. 无意识思维在酝酿效应中的作用 ［D］. 西南大学学位论文.

傅安球，李艳平，聂晶，等．2002. 关于动力系统中自我强化和学生期待对学
　　习效率影响的实验研究 ［J］. 心理科学，25（4）：425 – 428.

傅安球，聂晶，李艳平，等．2002. 中学生厌学心理及其干预与学习效率的相
　　关研究 ［J］. 心理科学，25（1）：22 – 23.

高定国，杨治良，秦启庚．1996. 内隐记忆中意识与无意识加工的相互感染问
　　题 ［J］. 华东师范大学学报（教育科学版），4：69 – 88.

高湘萍，徐欣颖，李慧渊．2005. 儿童绘图作业内隐学习智力独立性研究 ［J］.
　　心理科学，28（4）：863 – 867.

葛操，沈德立，白学军．2009. 学优生与学困生内隐与外显学习的比较研究
　　［J］. 心理发展与教育，1：79 – 82.

郭春彦，朱滢，丁锦红．2003. 不同加工与记忆编码关系的 ERP 研究 ［J］.
　　心理学报，35（2）：150 – 156.

郭春彦，朱滢，丁锦红．2004. 记忆编码与特异性效应之间关系的 ERP 研究
　　［J］. 心理学报，36（4）：455 – 463.

郭力平.1997.再认记忆测验中抑郁个体的心境一致性记忆研究［J］.心理学报,29（4）：357－363.

郭力平.2000.内外控个体差异与外显、内隐记忆关系的实验研究［J］.心理学报,32（4）：368－373.

郭力平,杨治良.1998.内隐记忆和外显记忆的发展研究［J］.心理科学(4),319－323.

郭秀艳.2004.内隐学习的回顾与展望［J］.全球教育展望,198（2）：30－34.

郭秀艳.2004.内隐学习研究方法述评［J］.心理科学,27（2）：434－437.

郭秀艳.2004.内隐学习和外显学习关系评述［J］.心理科学进展,12（2）：185－192.

郭秀艳.2004.内隐学习［M］.上海：华东师范大学出版社.

郭秀艳,高妍,沈捷.2008.同步内隐/外显序列学习：事件相关的fMRI的初步研究［J］.心理科学,31（4）：887－891.

郭秀艳,黄希庭.2007.学习和记忆的个体差异研究进展［J］.西南大学学报（人文社会科学版）,33（2）：1－8.

郭秀艳,杨治良,周颖.2003.意识—无意识成分贡献的权衡现象——非文字再认条件下［J］.心理学报,35（4）：441－446.

郭秀艳,黄佳,孙怡,等.2003.内隐学习IQ独立性的研究［J］.信阳师范学院学报（哲学社会科学版）,23（6）：40－44.

郭秀艳,杨治良.2002.内隐学习与外显学习的相互关系［J］.心理学报,34（4）：351－356.

郭秀艳,杨治良.2005.基础实验心理学［M］.北京：高等教育出版社.

郝兴昌,陈键芷.2008.国内20年来内隐记忆的回顾与最新进展［J］.心理科学,31（5）：1189－1191.

郝兴昌,佟丽君.2005.智障学生与正常学生内隐记忆与外显记忆的对比研究［J］.心理科学,28（5）：1060－1062.

郝兴昌,朱亚辉,谢锐.2005.视障学生意识与无意识在文字材料记忆中的贡献［J］.心理科学,28（2）：470－472.

侯伟康，奏启康．1996．汉字特征内隐学习的初步实验研究［J］．心理科学
    （6）：1351 – 1354．

侯岩．1993．内隐记忆的研究与认知神经科学［J］．心理科学进展（1）：
    38 – 41．

柯学，白学军，隋南．2002．数字概念的视知觉无意识语义启动效应［J］．心
    理学报，34（4）：357 – 361．

柯学，白学军，隋南．2004．视知觉无意识加工中的形状优势效应［J］．心理
    科学，27（2）：321 – 324．

李建升，王丹，沈模卫．无意识思维：理论、质疑与回应［J］．心理科学，
    39（2）：318 – 323．

李建升．2014．无意识思维整体加工方式的研究［D］．浙江：浙江大学学位
    论文．

李力红，赵秋玲，张德臣．2002．外显、内隐记忆与场依存—场独立认知风格
    关系的实验研究［J］．心理科学，25（5）：614 – 615．

李林，杨治良．2004．内隐记忆研究的新进展：概念、实验和模型［J］．心理
    科学，27（5）：1161 – 1164．

李寿欣，宋艳春．2006．不同认知方式中小学生的前瞻记忆的研究［J］．心理
    发展与教育，22（2）：19 – 22．

李淑文．2005．中学生学习效率现状及相关因素的分析［J］．天津市教科院学
    报，（1）：54 – 56．

李艳芬，赵宁宁，周铁民．2017．不同内隐学习任务在不同认知风格个体上的
    成绩差异［J］．心理与行为研究，15（5）：606 – 612．

连淑芳．1990．在人工语法学习中外显与内隐过程的研究［J］．心理科学通
    讯，（3）：17 – 22．

刘海娟．2003．儿童青少年 FOK 判断的使用研究［D］．天津：天津师范大学
    心理与行为中心论文．

刘善循．2000．高效率学习与心理素质训练［M］．北京：商务印书馆．

刘英杰，魏萍，丁锦红，等．2014．内隐重复效应影响外显工作记忆的年龄差
    异［J］．心理学报，46（3）：321 – 330．

刘永芳．2000．儿童记忆发展研究的历史与现状［J］．心理科学，23（1）：92－95．

马正平，杨治良．1991．多种条件下启动效应的研究［J］．心理科学，（1），10－15．

孟迎芳，郭春彦．2006．从认知神经的角度看内隐记忆和外显记忆的分离［J］．心理科学进展，14（6）：822－828．

孟迎芳，郭春彦．2006．内隐记忆和外显记忆的脑机制分离：面孔再认的 ERP 研究［J］．心理学报，38（1）：15－21．

孟迎芳，郭春彦．2007．内隐记忆和外显记忆的 ERP 分离与联系［J］．科学通报，52（17）：2021－2028．

孟迎芳，郭春彦．2009．内隐与外显记忆的编码与提取非对称性关系［J］．心理学报，41（8）：694－705．

孟迎芳．2012．内隐与外显记忆编码阶段脑机制的重叠与分离［J］．心理学报，44（1）：30－39．

欧居湖，张大均．2003．创造活动酝酿期的心理加工机制初探［J］．心理学探新，23（1）：16－20．

庞捷敏，原献学，李建升．2007．无意识研究新进展：无意识思维理论述评［J］．心理学探新，27（4）：8－12．

钱琴珍．1999．幼儿对具体图片与抽象图片内隐记忆的实验研究［J］．心理科学，（5）：431－434．

沈德立，白学军．2006．高效率学习的心理机制研究［J］．心理科学，29（1）：2－6．

沈德立，李洪玉，庄素芳，等．2000．中小学生的智力、学习态度与其数学学业成就的相关性研究［J］．天津师范大学学报（基础教育版），（2）：1－5．

沈德立，宋耀武，白学军．2001．小学学习成绩优生与差生有意遗忘中抑制能力的发展研究［J］．心理发展与教育，17（4）：1－5．

沈德立，王敬欣．2003．分心抑制与年龄关系的位置负启动效应实验研究［J］．心理与行为研究，（1）：19－22．

宋耀武,白学军. 2002. 小学生有意遗忘中认知抑制能力发展的研究 [J]. 心理科学, 25 (2): 187 – 190.

孙国仁. 2000. 聋人与正常人内隐记忆的比较研究 [J]. 中国特殊教育, 25 (1): 31 – 34.

孙里宁,周颖. 2006. 智障儿童和正常儿童外显记忆与内隐记忆的比较研究 [J]. 心理科学, 29 (2): 473 – 475.

王敬欣,沈德立. 2003. 汉字的特性负启动效应与年龄发展的关系 [J]. 心理发展与教育, 19 (2): 9 – 13.

王力,程灶火,李欢欢. 2004. Alzheimer 病人记忆损害特征的研究 [J]. 心理科学, 27 (4): 896 – 900.

王青,杨玉芳. 2003. 前瞻性记忆的生理基础 [J]. 心理科学进展, 11 (2): 127 – 131.

王娜. 2013. 高中生文理分科中的无意识决策研究 [D]. 沈阳:沈阳师范大学硕士学论文.

吴国来. 2004. 内隐序列学习的发展研究 [D]. 天津:天津师范大学心理与行为研究中心博士学位论文.

吴敏,杨治良. 1994. 试论内隐记忆的性质和理论解释 [J]. 心理学动态, 2 (1): 1 – 6.

邢强,王菁. 2014. 无意识思维对决策的促进作用 [J]. 宁波大学学报 (教育科学版), (4): 7 – 11.

杨治良. 1991. 内隐记忆的初步实验研究 [J]. 心理学报, 23 (2): 113 – 119.

杨治良. 1993. 内隐学习三高特征的实验研究 [J]. 心理科学, 16 (3): 138 – 144.

杨治良,李林. 2003. 意识和无意识权衡现象的四个特征 [J]. 心理科学, 26 (6): 962 – 976.

杨治良,李林. 2004. 内隐记忆研究的回顾与展望 [J]. 心理学探新, 26 (4): 3 – 8.

杨治良,刘素珍. 1996. "攻击性行为" 社会认知的实验研究 [J]. 心理科学, (2): 75 – 78.

杨治良，周颖．2003．文字再认的内隐和外显记忆的发展研究［J］．心理与行
　　为研究，（1）：11-15．

杨治良，高桦，郭力平．1998．社会认知具有更强的内隐性——兼论内隐和外
　　显的"钢筋水泥"关系［J］．心理学报，30（1）：1-6．

杨治良，叶阁蔚，王新发．1994．汉字内隐记忆的实验研究（Ⅰ）——内隐
　　记忆存在的条件［J］．心理学报，（1）：1-7．

杨治良，郭力平．1997．加工分离说的发展述评［J］．心理科学，21（5）：
　　441-445．

杨治良，郭力平．1998．关于记忆研究中再认指标的述评［J］．华东师范大学
　　学报（教育科学版），1：74-80．

杨治良，郭力平，王沛．1999．记忆心理学（第2版）［M］．上海：华东师
　　范大学出版社：227-228．

杨治良，叶阁蔚．1993．内隐学习"三高"特征的实验研究［J］．心理科学，
　　（3）：12-18．

袁文纲．2000．聋人与听力正常人短时记忆比较研究［J］．中国特殊教育，
　　（1）：27-30．

张凤华，张华，曾建敏，等．2011．意识思维和无意识思维对复杂决策的影响
　　［J］．心理科学，（1）：88-92．

张庆林．2002．高效率教学［M］．北京：人民教育出版社．

钟启泉．2003．差生的心理与教育［M］．上海：上海教育出版社：10-13．

周爱宝，杨治良．1995．关于内隐记忆研究的文献计量学分析［J］．心理科
　　学，18（6）：355-358．

周仁来，靳宏，张凡迪．2000．内隐与外显记忆的发展及其差异［J］．心理发
　　展与教育，3：51-62．

周铁民．2009．复合刺激潜意识知觉及其年龄特征的研究［D］．天津．天津
　　师范大学心理与行为研究院学位论文．

周铁民．2015．隐形课程显性设计的前提、可能与途径［J］．教育科学，31
　　（1）：33-37．

周铁民，林雪 . 2017. 不同次级任务对序列学习的影响及年级差异 [J]. 心理与行为研究，15（4）：462 - 469.

周铁民 . 2009. 无意识知觉的实证研究 [J]. 社会科学辑刊，1：44 - 47

周铁民，沈德立，白学军 . 2010. 复合刺激潜意识知觉的属性分离 [J]. 心理与行为研究，8（2）：94 - 98.

周铁民，赵宁宁 . 2017. 内隐学习能力的个体差异及其教育含义 [J]. 沈阳师范大学学报（社会科学版），5：141 - 144.

朱滢 . 1993. 启动效应——无意识的记忆 [M]. 王甦，等 . 当代心理学研究 . 北京：北京大学出版社：37 - 67.

朱滢，王宏斌 . 1991. 加工水平、回想策略与不自觉记忆 [J]. 心理学报，（3）：264 - 270.

ABADIE M WAROQUIER L TERRIER P. 2013. Gist memory in the unconscious-thought effect [J]. Psychological Science, 24（7）：1253 - 1259.

ABADIE M, WAROQUIER L, TERRIER P. 2016. Information presentation format moderates the unconscious-thought effect：The role of recollection [J]. Memory, 24（8）：1123.

ACKER F. 2008. New findings on unconscious versus conscious thought in decision making ：additional empirical data and meta-analysis, Judgment and Decision Making：292 - 303.

ALLEN P A, BASHORE T R. 1995. Age differences in Word and language processing [M]. Amsterdam：North-Holland , Elsevier.

ALLPORT D A. 1977. On knowing the meaning of words we are unable to report：The effects of visual masking [M]. S. Dornic. Attention and performance. New York / London：Academic Press.

ANDERSON J R, BOWER G H. 1973. Human associative memory [M]. Washington, D. C：Winston.

ANDERSON N D, CRAIK F I, NAVEH-BENJAMIN M. 1998. The attentional demands of encoding and retrieval in younger and older adults：1. Evidence from divided attention costs [J]. Psychology & Aging, 13（3）：405 - 423.

ANDRÉS P, GUERRINI C, PHILLIPS LH, et al. 2008. Differential effects of aging on executive and automatic inhibition [J]. Developmental Neuropsychology, 33 (2): 101 – 123.

ANDREW W E, MARSHALL J C. 1978. Semantic errors or statistical flukes? a note on allport's "on knowing the meaning of words we are unable to report" [J]. Quarterly Journal of Experimental Psychology, 30 (3): 569 – 575.

ARTHUR S R. 1992. An evolutionary context for the cognitive unconscious [J]. Philosophical Psychology, 5 (1): 96 – 128.

BALOTA D A, BURGESS G C, CORTESE M J, et al. 2002. The Word-Frequency Mirror effect in young, old, and Early-Stage alzheimer's disease: evidence for TWO processes in episodic recognition performance [J]. Journal of Memory & Language, 46 (1): 199 – 226.

BALOTA D A, MICHAEL J C, DUCHEK J M, et al. 1999. VERIDICAL AND FALSE MEMORIES IN HEALTHY OLDER ADULTS AND IN DEMENTIA OF THE ALZHEIMER'S TYPE [J]. Cognitive Neuropsychology, 16 (3 – 5): 361 – 384.

BARGH J A. 1982. Attention and automaticity in the processing of self-relevant information [J]. Journal of Personality and Social Psychology, 433: 425 – 436.

BARGH J A, CHEN M, BURROWS L. 1996. Automaticity of social behavior: Direct effects of trait construct and stereotype activation on action [J]. Journal of Personality & Social Psychology, 71 (2): 230 – 244.

BARTLETT J C, FULTON A. 1991. Familiarity and recognition of faces in old age [J]. Memory & Cognition, 19 (3): 229 – 238.

BASTIN C, MARTIAL V L. 2003. The contribution of recollection and familiarity to recognition memory: A study of the effects of test format and aging [J]. Neuropsychology, 17 (1): 14 – 24.

BAUER R M. 1984. Autonomic recognition of names and faces in prosopagnosia: a neuropsychological application of the Guilty Knowledge Test [J].

Neuropsychologia, 22 (4): 457 – 469.

BEEMAN M J, BOWDEN E M. 2000. The right hemisphere maintains solution-related activation for yet-to-be-solved problems [J]. Memory & Cognition, 28 (7): 1231 – 1241.

BERRY D C, BROADBENT D E. 1984. On the relationship between task performance and associated verbalizable knowledge [J]. Quarterly Journal of Experimental Psychology a, 36 (2): 209 – 231.

BERRY D C, DIENES Z. 1991. The relationship between implicit memory and implicit learning [J]. British Journal of Psychology, 82 (3): 359 – 373.

BERRY D, DIENES Z P. 1993. Implicit learning: theoretical and empirical issues [J]. Psychological Bulletin, 115 (2): 13 – 18.

BODAMER J. 1947. Die Prosop-Agnosie [J]. Archiv Für Psychiatrie UND Nervenkrankheiten, 179 (1 – 2): 6 – 53.

BOS M W, DIJKSTERHUIS A. 2011. Unconscious thought works Bottom-Up and conscious thought works Top-Down when forming an impression [J]. Social Cognition, 29 (6): 727 – 737.

BOS M W, DIJKSTERHUIS A, BAAREN R V. 2011. The benefits of "sleeping on things": Unconscious thought leads to automatic weighting [J]. Journal of Consumer Psychology, 21 (1): 4 – 8.

BOS M W, DIJKSTERHUIS A, BAAREN R V. 2008. On the goal-dependency of unconscious thought [J]. Journal of Experimental Social Psychology, 44 (4): 1114 – 1120.

BOUSEFIELD W A, COHEN B H, WHITMARSH G A, et al. 1961. The Connecticut free associational norms: 35.

BOWERS J S, SCHACTER D L. 1990. Implicit memory and test awareness [J]. J EXP Psychol Learn MEM COGN, 16 (3): 404 – 416.

BOWERS K S, REGEHR G, BALTHAZARD C, et al. 1990. Intuition in the context of discovery [J]. Cognitive Psychology, 22 (1): 72 – 110.

BRAINE M. D. 1963. On learning the grammatical order of words [J]. Psychological Review, 70 (70): 323 – 348.

BRAND J. 1971. Classification without identification in visual search [J]. Quarterly Journal of Experimental Psychology, 23 (2): 178 – 186.

BREITMEYER B G, GANZ L. 1976. Implications of sustained and transient channels for theories of visual pattern masking, saccadic suppression, and information processing [J]. Psychological Review, 83 (1): 1 – 36.

BRETT K H, HENNESSY R. 1996. The Nature and development of nonverbal implicit memory [J]. Journal of Experimental Child Psychology, 63 (1): 22 – 43.

BREWER M B. 1988. A dual process model of impression formation [M]. R. S. Wyer, T. K. Jr Srull. Advances in Social Cognition. Hillsdale, NJ: Erlbaum.

BROADBENT D E, FITZGERALD P, BROADBENT M P. 1986. Implicit and explicit knowledge in the control of complex systems [J]. British Journal of Psychology, 77 (1): 33 – 50.

BROWN R, FRASER C. 1964. THE ACQUISITION OF SYNTAX [J]. Monographs of the Society for Research in Child DE, 29 (1): 43.

BUCHNER A, WIPPICH W. 2000. On the reliability of implicit and explicit memory measures [J]. Cognitive Psychology, 40 (3): 227 – 259.

BUCHNER A, ERDFELDER E, VATERRODT-PLÜNNECKE B. 1995. Toward unbiased measurement of conscious and unconscious memory processes within the process dissociation framework [J]. Journal of Experimental Psychology General, 124 (2): 137 – 160.

BUCKNER R L, KOUTSTAAL W, SCHACTER D L, et al. 2000. Functional MRI evidence for a role of frontal and inferior temporal cortex in amodal components of priming [J]. Brain, (3): 620 – 640.

CAGGIANO D M, JIANG Y, PARASURAMAN R. 2006. Aging and repetition priming for targets and distracters in a working memory task [J].

Neuropsychology Development & Cognition, 13 (3 –4): 552 –573.

CAROLYN ROVEE-COLLIER RUTGER 1997. Dissociations in infant memory: rethinking the development of implicit and exiplicit memory [J]. Psychological Review, 104 (3): 367 –498.

CARR T H, MCCAULEY C, SPERBER R D, et al. 1982. Words, pictures, and priming: on semantic activation, conscious identification, and the automaticity of information processing [J]. Journal of Experimental Psychology Human Perceptio, 8 (6): 757.

CARROLL M, BYRNE B, KIRSNER K. 1985. Autobiographical memory and perceptual learning: a developmental study using picture recognition, naming latency, and perceptual identification [J]. Memory & Cognition, 13 (3): 273 –279.

CHARTRAND T L, BARGH J A. 1999. The chameleon effect: the perception-behavior Link and social interaction [J]. Journal of Personality & Social Psychology, 76 (6): 893 –910.

CHEESMAN J, MERIKLE P M. 1986. Distinguishing conscious from unconscious perceptual processes [J]. Canadian Journal of Psychology, 40 (4): 343.

CHERRY K E, PIERRE C S. 1998. Age-Related differences in pictorial implicit memory: role of perceptual and conceptual processes [J]. Experimental Aging Research, 24 (1): 53 –62.

CHERRY K E, STADLER M A. 1995. Implicit learning of a nonverbal sequence in younger and older adults [J]. Psychol Aging, 10 (3): 379 –394.

CHOMSKY N. 1957. Syntactic structures [J]. International Journal of American Linguistics, 149 (3): 174 –196.

CHOMSKY N. 1959. A review of B. F. Skinner's Verbal Behavior [J]. Language, 35 (3): 287.

CHOMSKY N, MILLER G A. 1958. Finite state languages [J]. Information & Control, 1 (2): 91 –112.

CLAXTON G. 1997. Hare brain, tortoise mind: How intelligence increases when you think less [M]. New York: Harper Collins.

CLEEREMANS A, MCCLELLAND J L. 1991. Learning the structure of event sequences [J]. Journal of Experimental Psychology General, 120 (3): 235 – 253.

COHEN J D, SCHOOLER J W. 1997. Scientific approaches to consciousness [M]. Mahwah, NJ: Erlbaum.

COLLEEN M P, YONELINAS A P, MISHKIN M. 2009. Evidence for a memory threshold in Second-Choice recognition memory responses [J]. Proceedings of the National Academy of Sciences of the United States of America, 106 (28): 11515 – 11519.

CONNELLY S L, HASHER L. 1993. Aging and the inhibition of spatial location [J]. Journal of Experimental Psychology Human Perception & Performance, 19 (6): 1238 – 1250.

CONROY M A, HOPKINS R O, SQUIRE L R. 2005. On the contribution of perceptual fluency and priming to recognition memory [J]. Cognitive Affective & Behavioral Neuroscience, 5 (1): 14 – 20.

CORTEEN R S, WOOD B. 1972. Autonomic responses to shock-associated words in an unattended Channel [J]. Journal of Experimental Psychology, 94 (3): 308 – 313.

CRAIK F, KERR S A. 1996. Commentary: prospective memory, aging, and lapses of intention [M]. M. Brandimonte, G. O. Einstein, M. A. McDaniel. Prospective memory: Theory and applications. Mahwah, NJ: Lawrence Erlbaum Associates.

CRAIK F M, LOCKHART R S. 1972. Levels of processing: A framework for memory research [J]. Journal of Verbal Learning & Verbal Behavior, 11 (6): 671 – 684.

CRESWELL J D, BURSLEY J K, SATPUTE A B. 2013. Neural reactivation links unconscious thought to decision-making performance [J]. Social Cognitive & Affective Neuroscience, 8 (8): 863 – 869.

CURRAN T. 1997. Effects of aging on implicit sequence learning: Accounting for sequence structure and explicit knowledge [J]. Psychological Research, 60 (1 – 2): 24 – 41.

DAROWSKI E S, HELDER E, ZACKS, R T, et al. 2008. Age-related differences in cognition: the role of distraction control [J]. Neuropsychology, 22 (5): 638 – 644.

DAVELAAR E, COLTHEART M. 1975. Effects of interpolated items on the association effect in lexical decision tasks [J]. Bulletin of the Psychonomic Society, 6 (3): 269 – 272.

DEBNER J A, JACOBY L L. 1994. Unconscious perception: Attention, awareness, and control [J]. Journal of Experimental Psychology: Learning, MEMO, 20 (2): 304 – 317.

DECARLO L T. 2003. An application of signal detection theory with finite mixture distributions to source discrimination [J]. Journal of Experimental Psychology Learning Memory & Cognition, 29 (5): 767 – 778.

DEHON H, BRÉDART S. 2004. False memories: young and older adults think of semantic associates at the same rate, but young adults are more successful at source monitoring [J]. Psychology & Aging, 19 (1): 191 – 197.

DESTREBECQZ A, CLEEREMANS A. 2003. Temporal effects in sequence learning [M]. L. Jimenez. Attention and Implicit Learning. Amsterdam: John Benjamins.

DIENES Z, BERRY D. 1997. Implicit learning: Below the subjective threshold [J]. Psychonomic Bulletin & Review, 4 (1): 3 – 23.

DIJDSTERHUIS A, BOS M W, LEIJ A D, et al. 2009. Predicting soccer matches after unconscious and conscious thought as a function of expertise [J]. Psychological Science, 20 (11): 1381 – 1387.

DIJKSTERHUIS A. 2004. Think different: the merits of unconscious thought in preference development and decision making [J]. Journal of Personality & Social Psychology, 87 (5): 586 – 598.

DIJKSTERHUIS A, BARGH J A. 2001. The perception-behavior expressway: Automatic effects of social perception on social behavior [M]. M. P. Zanna. Advances in experimental social psychology. San Diego: Academic Press.

DIJKSTERHUIS A, MEURS T. 2006. Where creativity resides: The generative power of unconscious thought [J]. Consciousness & Cognition, 15 (1): 135 – 146.

DIJKSTERHUIS A, NORDGREN L F. 2006. A theory of unconscious thought [J]. Perspectives on Psychological Science a Journal of the Association for Psychological Science, 1 (2): 95 – 109.

DIJKSTERHUIS A, OLDEN Z V. 2006. On the benefits of thinking unconsciously: Unconscious thought can increase post-choice satisfaction [J]. Journal of Experimental Social Psychology, 42 (5): 627 – 631.

DIJKSTERHUIS A, VAN K A. 1998. The relation between perception and behavior, or how to win a game of trivial pursuit [J]. Journal of Personality & Social Psychology, 74 (4): 865 – 877.

DIJKSTERHUIS A, MAARTEN M B, Nordgren L F. 2006. On making the right choice: The deliberation-without-attention effect [J]. Science, 311 (5763): 1005 – 1007.

DIMBERG U. 1982. Facial reactions to facial expressions [J]. Psychophysiology, 19 (6): 643 – 647.

DYER F N, SEVERANCE L J. 1973. Stroop interference with successive presentations of separate incongruent words and colors [J]. Journal of Experimental Psychology, 98 (2): 438 – 439.

EAGLE M. 1959. The effects of subliminal stimuli of aggressive content upon conscious cognition [J]. J PERS, 27 (4): 578 – 600.

EINSTEIN G O, MCDANIEL M A. 1990. Normal aging and prospective memory [J]. Journal of Experimental Psychology Learning Memory & Cognition, 16 (4): 717 – 726.

EKMAN P. 1972. Universalsand cultural differences in facial expres-sions of emotion［M］. J. Cole. Nebreska Symoisium on Motivation. Lincoln：University of Nebraska Press.

ELIZABETH A M. 1998. Changes in Event-Based prospective memory across adulthood［J］. Aging Neuropsychology & Cognition, 5（2）：107 – 128.

ELIZABETH A K, RICHARD J C, CORKIN S. 2003. What neural correlates underlie successful encoding and retrieval? A functional magnetic resonance imaging study using a divided attention paradigm［J］. Journal of Neuroscience the Official Journal of the Society for Neuroscience, 23（6）：2407 – 2415.

ELLIS N R, WOODLEY P. 1991. Memory for spatial location in children, adults, and mentally retarded persons［J］. American Journal of Mental Retardation AJMR, 93（5）：521 – 526.

ERIKSEN C W. 1960. Discrimination and learning without awareness：A methodological survey and evaluation［J］. Psychological Review, 67（5）：279.

ERIKSEN C W. 1980. The use of a visual mask May seriously confound your experiment［J］. Perception & Psychophysics, 28（1）：89 – 92.

ERIKSEN B A, ERIKSEN C W. 1974. Effects of noise letters upon the identification of a target letter in a nonsearch task［J］. Perception & Psychophysics, 16（1）：143 – 149.

ESTES W K. 1986. Array models for category learning［J］. Cognitive Psychology, 18（4）：500 – 549.

FAZIO R H, SANBONMATSU D M, POWELL M C, et al. 1986. On the automatic activation of attitudes［J］. Journal of Personality & Social Psychology, 50（2）：229 – 238.

FEENEY J J, JR H J, HOWARD D V. 2002. Implicit learning of higher order sequences in middle age［J］. Psychol Aging, 17（2）：351 – 355.

FERNANDEZDUQUE D, THORNTON I M. 2003. Explicit mechanisms do not account for implicit localization and identification of change: An empirical reply to Mitroff et al. (2002) [J]. Journal of Experimental Psychology Human Perception & Performance, 29 (5): 846 – 859.

FIELD T M, WOODSON R, GREENBERG R, et al. 1982. Discrimination and imitation of facial expression by neonates [J]. Science, 218 (4568): 179 – 181.

FISCHLER I. 1977. Associative facilitation without expectancy in a lexical decision task [J]. Journal of Experimental Psychology Human Perceptio, 3 (1): 18 – 26.

FISER J, ASLIN R N. 2002. Statistical learning of higher-order temporal structure from visual shape sequences [J]. J EXP Psychol Learn MEM COGN, 28 (3): 458 – 467.

FLEISCHMAN D A, GABRIELI J D. 1998. Repetition priming in normal aging and Alzheimer's disease: a review of findings and theories [J]. Psychology & Aging, 13 (1): 88 – 119.

FLEISCHMAN D A, VAIDYA C J, Lange K L, et al. 1997. A dissociation between perceptual explicit and implicit memory processes [J]. Brain & Cognition, 35 (1): 42 – 57.

FLETCHER J, MAYBERY M T, BENNETT S. 2000. Implicit learning differences: A question of developmental level? [J]. J EXP Psychol Learn MEM COGN, 26 (1): 246 – 252.

FOWLER C A, WOLFORD G, SLADE R, et al. 1981. Lexical access with and without awareness [J]. Journal of Experimental Psychology General, 110 (3): 341 – 362.

FOX J. 1978. Continuity, concealment and visual attention [M]. G. Underwood. Strategies of information processing. New York / London: Academic Press.

FRIEDMAN D, RITTER W, SNODGRASS J G. 1996. ERPs during study as a function of subsequent direct and indirect memory testing in young and old adults [J]. Cognitive Brain Research, 4 (1): 1 – 13.

FUHRER M J, ERIKSEN C W. 1960. The unconscious perception of the meaning of verbal stimuli [J]. Journal of Abnormal & Social Psychology, 61 (1): 432 –439.

GABRIELI J E. 1998. COGNITIVE NEUROSCIENCE OF HUMAN MEMORY [J]. Annual Review of Psychology, 49 (49): 87 –115.

GARDINER J M. 1988. Generation and priming effects in word-fragment completion [J]. Journal of Experimental Psychology Learning Memory & Cognition, 14 (3): 495 –501.

GAZZALEY A, CLAPP W, KELLEY J, et al. 2008. Age-Related Top-Down suppression deficit in the early stages of cortical visual memory processing [J]. PROC NATL ACAD SCI U S a, 105 (35): 13122 –13126.

GIBSON J J. 1950. The perception of the visual world [M]. Boston: Houghton-MIfflin.

GIBSON J J, GIBSON E J. 1955. Perceptual learning: differentiation or enrichment? [J]. Psychological Review, 62 (1): 32.

GOLDIAMOND I. 1958. Indicators of perception. I. Subliminal perception, subception, unconscious perception: an analysis in terms of psychophysical indicator methodology [J]. Psychological Bulletin, 55 (6): 373 –411.

GONZALEZ-VALLEJO C, PHILLIPS N. 2010. Predicting soccer matches: A reassessment of the benefit of unconscious thinking [J]. Judgment & Decision Making, 5 (3): 200 –206.

GRAF P, SCHACTER D L. 1985. Implicit and explicit memory for new associations in normal and amnesic subjects [J]. Journal of Experimental Psychology Learning Memory & Cognition, 11 (3): 501.

GREENBAUM J L, GRAF P. 1989. Preschool period development of implicit and explicit remembering [J]. Bulletin of the Psychonomic Society, 27 (5): 417 –420.

GREENWALD A W. 1992. New look 3: Unconscious cognition reclaimed [J]. American Psychologist, 47 (6): 766 –779.

GREENWALD A G, KLINGER M R, LIU T J. 1989. Unconscious processing of dichoptically masked words [J]. Memory & Cognition, 17 (1): 35 – 47.

GRILLSPECTOR K, MALACH R. 2001. fMR-adaptation: a tool for studying the functional properties of human cortical neurons [J]. ACTA Psychologica, 107 (1 – 3): 293 – 321.

GRILLSPECTOR K, HENSON R, MARTIN A. 2006. Repetition and the brain: neural models of stimulus-specific effects [J]. Trends in Cognitive Sciences, 10 (1): 14 – 23.

GROEGER J A. 1884. Evidence of unconscious semantic processing from a forced error situation [J]. British Journal of Psychology, 75: 305 – 324

GRUPPUSO V, LINDSAY D S, KELLEY C M. 1997. The process-dissociation procedure and similarity: Defining and estimating recollection and familiarity in recognition memory [J]. Journal of Experimental Psychology Learning Memory & Cognition, 23 (2): 259 – 278.

GUO C Y, LAWSON A L, JIANG Y. 2007. Distinct neural mechanisms for repetition effects of visual objects [J]. Neuroscience, 149 (4): 747 – 759.

GUO C, LAWSON A L, ZHANG Q, et al. 2008. Brain potentials distinguish new and studied objects during working memory [J]. Human Brain Mapping, 29 (4): 441 – 452.

GUO C Y, ZHU Y, DING J H, et al. 2003. An event-related potential study of memory encodinguring [J]. ACTA Psychologica Sinica, 35 (2): 150 – 156.

GUO C Y, ZHU Y, DING J H, et al. 2004. An event-related potential study on the relationship between encoding and stimulus distinctiveness [J]. ACTA Psychologica Sinica, 36 (4): 455 – 463.

GUPTA P, COHEN N J. 2002. Theoretical and computational analysis of skill learning, repetition priming, and procedural memory [J]. Psychological Review, 109 (2): 401 – 448.

HAM J, BOS K D. 2010. The merits of unconscious processing of directly and indirectly obtained information about social justice [J]. Social Cognition,

28 (2)：180 – 190.

HAM J, BOS K D. 2010. On unconscious morality：the effects of unconscious thinking on moral decision making [J]. Social Cognition, 28 (1)：74 – 83.

HAM J, BOS K D, DOORN E V. 2009. Lady justice thinks unconsciously：unconscious thought can lead to more accurate justice judgments [J]. Social Cognition, 27 (4)：509 – 521.

HANDLEY I M, RUNNION B M. 2011. Evidence that Unconscious Thinking Influences Persuasion Based on Argument Quality [J]. Social Cognition, 29 (6)：668 – 682.

HARRIS L M, MENZIES R G. 1999. Mood and prospective memory [J]. Memory, 7 (1)：117 – 127.

HASFORD J. 2014. Should I think carefully or sleep on it？. investigating the moderating role of attribute learning [J]. Journal of Experimental Social Psychology, 51 (2)：51 – 55.

HASTIE R, PARK B. 1986. The relationship between memory and judgment depends on whether the judgment task is memory-based or on-line [J]. Psychological Review, 93 (3)：258 – 268.

HAUSER M D, NEWPORT E L, ASLIN R N. 2001. Segmentation of the speech stream in a non-human Primate：statistical learning in cotton-top tamarins [J]. Cognition, 78 (3)：B53.

HAYES N A, BROADBENT D E. 1988. Two modes of learning for interactive tasks [J]. Cognition, 28 (3)：249 – 276.

HAYMAN C A, TULVING E. 1989. Contingent dissociation between recognition and fragment completion：the method of triangulation [J]. J EXP Psychol Learn MEM COGN, 15 (2)：228 – 240.

HEINDEL W C, SALMON D P, Shults C W, et al. 1989. Neuropsychological evidence for multiple implicit memory systems：a comparison of Alzheimer's, Huntington's, and Parkinson's disease patients [J]. Journal of Neuroscience the Official Journal of the Society for Neuroscience, 9 (2)：582 – 587.

HENRY C E, FRANKLIN J B. 1983. Memory and personality: external versus internal locus of control and superficial organization in free recall [J]. Journal of Verbal Learning & Verbal Behavior, 22 (1): 61 – 74.

HENRY L I, DAVID A G, GERACI L. 2002. Processing approaches to cognition: The impetus from the levels-of-processing framework [J]. Memory, 10 (5 – 6): 319 – 332.

HENSON R N. 2003. Neuroimaging studies of priming [J]. Progress in Neurobiology, 70 (1): 53 – 81.

HIGGINS E T, BARGH J A, LOMBARDI W J. 1985. Nature of priming effects on categorization [J]. Journal of Experimental Psychology Learning Memory, 11 (1): 59 – 69.

HIGHAM P A, VOKEY J R, PRITCHARD J L. 2000. Beyond dissociation logic: Evidence for controlled and automatic influences in artificial grammar learning [J]. J EXP Psychol GEN, 129 (4): 457 – 470.

HOLENDER D. 1986. Semantic activation without conscious identification in dichotic listening, parafoveal vision, and visual masking: A survey and appraisal [J]. Behavioral & Brain Sciences, 9 (1): 1 – 23.

HOMMEL B. 2009. Conscious and unconscious control of spatial action [J]. Encyclopedia of Consciousness, 127 (4): 171 – 181.

HOWARD D V, JR H J. 2001. When it does hurt to try: adult age differences in the effects of instructions on implicit pattern learning [J]. Psychonomic Bulletin & Review, 8 (4): 798 – 805.

HUBER D E, SHIFFRIN R M, LYLE K B, et al. 2001. Perception and preference in short-term Word priming [J]. Psychological Review, 108 (1): 149 – 182.

HUNT R H, ASLIN R N. 2001. Statistical learning in a serial reaction time task: Access to separable statistical cues by individual learners [J]. Journal of Experimental Psychology General, 130 (4): 658 – 680.

INGLING N W. 1972. Categorization: a mechanism for rapid information processing [J]. Journal of Experimental Psychology, 94 (3): 239 –243.

IWATA J, LEDOUX J E, MEELEY M P, et al. 1986. Intrinsic neurons in the amygdaloid field projected to by the medial geniculate body mediate emotional responses conditioned to acoustic stimuli [J]. Brain Research, 383 (1 –2): 195 –214.

JACOBY L L. 1991. A process dissociation framework: Separating automatic from intentional uses of memory [J]. Journal of Memory & Language, 30 (5): 513 –541.

JACOBY L L, Dallas M R. 1981. On the relationship between autobiographical memory and perceptual learning [J]. Journal of Experimental Psychology General, 110 (3): 306.

JACOBY L L, WHITEHOUSE K. 1989. An illusion of memory: False recognition influenced by unconscious perception [J]. Journal of Experimental Psychology General, 118 (2): 126 –135.

JACOBY L L, TOTH J P, YONELINAS A P. 1993. Separating conscious and unconscious influences of memory: Measuring recollection [J]. Journal of Experimental Psychology, 122 (2): 139 –154.

JENNIFER A M, TERENCE W P, FERGUS I C. 2001. Attention and successful episodic encoding: An event-related potential study [J]. Brain Research Cognitive Brain Research, 11 (1): 77 –95.

JENNINGS J M, JACOBY L L. 1997. An opposition procedure for detecting age-related deficits in recollection: Telling effects of repetition [J]. Psychology & Aging, 12 (2): 352 –361.

JIANG Y, HAXBY J V, MARTIN A, et al. 2000. Complementary neural mechanisms for tracking items in human working memory [J]. Science, 287 (5453): 643 –646.

JIANG Y, LUO Y J, PARASURAMAN R. 2002. Two-dimensional visual motion priming is reduced in older adults [J]. Neuropsychology, 16 (2): 140 –145.

JIANG Y, LUO Y J, PARASURAMAN R. 2009. Neural correlates of Age-related reduction in visual motion priming [J]. Neuropsychol DEV COGN B Aging Neuropsychol COGN, 16 (2): 164 – 182.

JIANG Y, VAGNINI V, CLARK J, et al. 2007. Reduced sensitivity of older adults to affective mismatches [J]. Thescientificworldjournal, 7 (1): 641 – 648.

JING C, HALE S, MYERSON J. 2003. Effects of domain, retention interval, and information load on young and older adults' visuospatial working memory [J]. Aging Neuropsychology & Cognition, 10 (2): 122 – 133.

JOEL L V, PALLER K A. 2008. Brain substrates of implicit and explicit memory: The importance of concurrently acquired neural signals of both memory types [J]. Neuropsychologia, 46 (13): 3021 – 3029.

JOEL L V, PALLER, K A. 2009. An electrophysiological signature of unconscious recognition memory [J]. Nature Neuroscience, 12 (3): 349 – 355.

JOORDENS S, MERIKLE P M. 1992. False recognition and perception without awareness [J]. Memory & Cognition, 20 (2): 151 – 159.

JOORDENS S, MERIKLE P M. 1993. Independence or redundancy? Two models of conscious and unconscious influences [J]. Journal of Experimental Psychology General, 122 (4): 462 – 467.

JOST K, BRYCK R L, VOGEL E K, et al. 2011. Are old adults just like low working memory young adults? Filtering efficiency and age differences in visual working memory [J]. Cerebral Cortex, 21 (5): 1147 – 1154.

JR H J, BALLAS J A. 1980. Syntactic and semantic factors in the classification of nonspeech transient patterns [J]. Perception & Psychophysics, 28 (5): 431 – 439.

JULIAN B R. 1966. Generalized expectancies for internal versus external control of reinforcement [J]. Psychol Monogr, 80 (1): 1 – 28.

KAHNEMAN D. 2003. A perspective on judgment and choice: mapping bounded rationality [J]. American Psychologist, 58 (9): 697 – 720.

KATZ E R, ELLIS N R. 1991. Memory for spatial location in retarded and nonretarded persons [J]. Journal of Intellectual Disability Research, 35 (3): 209 - 220.

KEELE S W. 1972. Attention demands of memory retrieval [J]. Journal of Experimental Psychology, 93 (2): 245 - 248.

KINDER A, SHANKS D R, COCK J, et al. 2003. Recollection, fluency, and the explicit/implicit distinction in artificial grammar learning [J]. Journal of Experimental Psychology General, 132 (4): 551 - 565.

KING C M, QUIGLEY S P. 1985. Reading and deafness [M]. San Diego, CA: College-Hill Press.

KINOSHITA S, TOWGOOD K. 2001. Effects of dividing attention on the memory-block effect [J]. J EXP Psychol Learn MEM COGN, 27 (3): 889 - 895.

KITAYAMA S. 1991. Impairment of perception by positive and negative affect [J]. Cognition & Emotion, 5 (4): 255 - 274.

KLATZKY R L. 1984. Memory and awareness. Information-processing perspective. New York: Freeman.

KLEIN B S, COSMIDES L, TOOBY J, et al. 2002. Decisions and the evolution of memory: multiple systems, multiple functions [J]. Psychological Review, 109 (2): 306 - 329.

KOMATSU S I, NAITO M, FUKE T. 1996. Age-Related and Intelligence-Related differences in implicit memory: effects of Generation on a Word-Fragment completion test [J]. Journal of Experimental Child Psychology, 62 (2): 151 - 172.

KOUTSTAAL W, SCHACTER D L. 1997. Gist-Based false recognition of pictures in older and younger adults [J]. Journal of Memory & Language, 37 (4): 555 - 583.

KRINSKY-MCHALE S J, DEVENNY D A, KITTLER P, et al. 2003. Implicit memory in aging adults with mental retardation with and without Down syndrome [J]. American Journal of Mental Retardation AJMR, 108 (4): 219.

KUNSTWILSON W R, ZAJONC R B. 1980. Affective discrimination of stimuli that cannot be recognized [J]. Science, 207 (4430): 557.

KURUCZ J, FELDMAR G. 1979. Prosopo-affective agnosia as a symptom of cerebral organic disease [J]. Journal of the American Geriatrics Society, 27 (5): 225 – 230.

KURUCZ J, FELDMAR G, WERNER W. 1979. Prosopo-affective agnosia associated with chronic organic brain syndrome [J]. Journal of the American Geriatrics Society, 27 (2): 91 – 95.

LA VOIE D, LIGHT L L. 1994. Adult age differences in repetition priming: A meta-analysis [J]. Psychology & Aging, 9 (4): 539 – 553.

LANDAU J D, OTANI H, LIBKUMAN T M. 1993. Locus of control and implicit memory [J]. Journal of General Psychology, 120 (4): 499 – 507.

LANER S, MORRIS P, OLDFIELD R C. 1957. A random pattern screen [J]. Quarterly Journal of Experimental Psychology, 9 (2): 105 – 108.

LASSITER G D, LINDBERG M J, GONZÁLEZVALLEJO, C, et al. 2009. The deliberation-without-attention effect: evidence for an artifactual interpretation [J]. Psychol SCI, 20 (6): 671 – 675.

LAWSON A L, GUO C, JIANG Y. 2007. Age effects on brain activity during repetition priming of targets and distracters [J]. Neuropsychologia, 45 (6): 1223 – 1231.

LAZARUS R S. 1982. Thoughts on the relation between emotion and cognition [J]. American Psychologist, 37 (9): 1019 – 1024.

LEDOUX J E, IWATA J, CICCHETTI P, et al. 1988. Different projections of the central amygdaloid nucleus mediate autonomic and behavioral correlates of conditioned fear [J]. Journal of Neuroscience, 8 (7): 2517 – 2529.

LEVINE T R, HULLETT C R. 2002. ETA squared, partial ETA squared, and misreporting of effect size in communication research [J]. Human Communication Research, 28 (4): 612 –625.

LEWICKI P. 1986. Processing information about covariations that cannot be articulated [J]. Journal of Experimental Psychology Learning Memory & Cognition, 12 (12): 135 –146.

LEWICKI P, CZYZEWSKA M, HOFFMAN H. 1987. Unconscious acquisition of complex procedural knowledge [J]. Journal of Experimental Psychology Learning Memory, 13 (4): 523 –530.

LEWIS J L. 1970. Semantic processing of unattended messages using dichotic listening [J]. Journal of Experimental Psychology, 85 (2): 225 –228.

LI J S, GAO Q Y, ZHOU J F, et al. 2014. Bias or equality? Unconscious thought equally integrates temporally scattered information [J]. Consciousness & Cognition, 25 (1): 77 –87.

LIGHT L L, SINGH A. 1987. Implicit and explicit memory in young and older adults [J]. J EXP Psychol Learn MEM COGN, 13 (4): 531 –541.

LIU, RONG, GUO, et al. 2006. An event-related potential study of working memory in children [J]. 科学通报（英文版）, 51 (12): 1467 –1475.

LOGAN G D, ZBRODOFF N J, WILLIAMSON J. 1984. Strategies in the color-word Stroop task [J]. Bulletin of the Psychonomic Society, 22 (2): 135 –138.

LYLE K B, BLOISE S M, JOHNSON M K. 2006. Age-related binding deficits and the content of false memories [J]. Psychology & Aging, 21 (1): 86 –95.

MAARSOLEK C J. 2003. What is priming and why? [M]. C. J. Marsolek, J. S. Bowers. Rethinking imiplicit memory. New York: Oxford University Press.

MACKAY D G. 1970. Aspects of the theory of comprehension, memory and attention [J]. Quarterly Journal of Experimental Psychology, 25 (1): 22 –40.

MANDLER G. 1980. Recognizing: the judgment of previous occurrence [J]. Psychological Review, 87 (3): 252 – 271.

MARCEL A J. 1980. Conscious and unconscious perception: Word recognition, visual masking and an approach to consciousness [D]. Burke, Redding : University of Reading.

MARCEL A J. 1983. Conscious and unconscious perception: experiments on visual masking and Word recognition [J]. Cognitive Psychology, 15 (2): 197 – 237.

MARCEL T , FORRIN B. 1974. Naming latency and the repetition of stimulus categories [J]. Journal of Experimental Psychology, 103 (3): 450 – 460.

MARCEL T, KATZ L, SMITH M. 1974. Laterality and reading proficiency [J]. Neuropsychologia, 12 (1): 131 – 139.

MARKOWITSCH H J. 2008. Autobiographical memory: a biocultural relais between subject and environment [J]. European Archives of Psychiatry & Clinical Neuroscience, 258 (5): 98 – 103.

MARR D. 1976. Early processing of visual information [J]. Philosophical Transactions of the Royal Society of, 275 (942): 483 – 519.

MARSHALL J C, NEWCOMBE F. 1973. Patterns of paralexia: a psycholinguistic approach [J]. Journal of Psycholinguistic Research, 2 (3): 175 – 199.

MATHEWS R C. 1997. Is research painting a biased picture of implicit learning? The dangers of methodological purity in scientific debate [J]. Psychonomic Bulletin & Review, 4 (1): 38 – 42.

MATHEWS R C, BUSS R R, STANLEY W B, et al. 1989. Role of implicit and explicit processes in learning from examples: A synergistic effect [J]. Journal of Experimental Psychology Learning Memory & Cognition, 15 (6): 1083 – 1100.

MATHEWS A, MOGG K, MAY J, et al. 1989. Implicit and explicit memory bias in anxiety [J]. Journal of Abnormal Psychology, 98 (3): 236.

MAYBERY M, TAYLOR M, O'BRIEN-MALONE A. 2011. Implicit learning: Sensitive to age but not IQ [J]. Australian Journal of Psychology, 47 (1): 8 – 17.

MAYLOR E A, DARBY R J, SALA S. D. 2000. Retrieval of performed versus to-be-performed tasks: A naturalistic study of the intention-superiority effect in normal aging and dementia [J]. Applied Cognitive Psychology, 14 (7): S83 – S98.

MCCARTHY G, WOOD C C. 1985. Scalp distributions of event-related potentials: an ambiguity associated with analysis of variance models [J]. Electroencephalography & Clinical Neurophysiology/evoked Potentials, 62 (3): 203 – 208.

MCCONNELL J V CUTLER R L, MCNEIL E B. 1958. Subliminal stimulation: An overview [J]. American Psychologist, 13 (5): 229 – 242.

MCDERMORT K B. 2000. Implicit memory [M]. A E Kazdin. The encyclopedia of psychology. New York: American Psychological Association and Oxford University Press.

MCGINNIES E. 1949. Emotionality and perceptual defense [J]. Psychological Review, 56 (56): 244 – 251.

MCMAHON K, SPARROW B, CHATMAN L, et al. 2011. Driven to distraction: Impacts of distractor type and heuristic use in unconscious and conscious decision making [J]. Social Cognition, 29 (6): 683 – 698.

MEALOR A D, DIENES Z. 2012. Conscious and unconscious thought in artificial grammar learning [J]. Conscious COGN, 21 (2): 865 – 874.

MENG Y F. 2006. Dissociations between Implicit and Explicit Memory: An ERP Study of Face Recognition [J]. ACTA Psychologica Sinica, 38 (1): 15 – 21.

MENG Y F, GUO C. 2006. Cognitive neuroscience research on the dissociation between implicit and explicit memory [J]. Advances in Psychological Science, 14 (6): 822 – 828.

MENG Y F, GUO C Y. 2007. The asymmetric effect of interference at encoding or retrieval on implicit and explicit memory [J]. ACTA Psychologica Sinica, 39 (4): 579 –588.

MENNEER T, STROUD M J, CAVE K R, et al. 2012. Search for two categories of target produces fewer fixations to target-color items [J]. Journal of Experimental Psychology Applied, 18 (4): 404 –418.

MERIKLE P M. 1983. Subliminal perception reaffirmed [J]. Canadian Journal of Psychology/revue Canadienne DE, 37 (2): 324 –326.

MERIKLE P M. 1992. Perception without awareness: Critical issues [J]. American Psychologist, 47 (6): 792 –795.

MERIKLE P M, CHEESMAN J. 1987. Current status of research on subliminal perception [J]. Advances in Consumer Research, 14 (1): 298 –302.

MERIKLE P M, DANEMAN M. 1996. Memory for unconsciously perceived events: evidence from anesthetized patients [J]. Consciousness & Cognition, 5 (4): 525 –541.

MERIKLE P M, REINGOLD E M. 1991. Comparing direct (explicit) and indirect (implicit) measures to study unconscious memory [J]. Journal of Experimental Psychology Learning Memory, 17 (2): 224 –233.

MERIKLE P M, JOORDENS S, STOLZ J. 1995. Measuring the relative magnitude of unconscious Influences [J]. Consciousness and Cognition, 4 (4): 422 –439.

MERIKLE P M, JOORDENS S, STOLZ J. 1997. Parallels between perception without attention and perception without awareness [J]. Consciousness and Cognition, 6: 219 –236.

MESSNER C, WÄNKE M, WEIBEL C. 2011. Unconscious personnel selection [J]. Social Cognition, 29 (6): 699 –710.

MEULEMANS T, VAN D M, PERRUCHET P. 1998. Implicit sequence learning in children [J]. Journal of Experimental Child Psychology, 69 (3): 199 –221.

MEYER D E, SCHVANEVELDT R W. 1971. Facilitation in recognizing pairs of words: evidence of a dependence between retrieval operations [J]. Journal of Experimental Psychology, 90 (2): 227 – 234.

MICHAEL S S, KATHLEEN A W. 2000. Adolescents who are deaf or hard of hearing: a communication perspective on educational placement [J]. Topics in Language Disorders, 20 (2): 58 – 72.

MICHAEL D R, RUTH E M, WALLA P, et al. 1998. Dissociation of the neural correlates of implicit and explicit memory [J]. Nature, 392 (6676): 595 – 598.

MILLER G A. 1957. The psychology of communication [M]. New York: Basic Books.

MILLER G A. 1958. Free recall of redundant strings of letters [J]. J EXP Psychol, 56 (56): 485 – 491.

MITCHELL D B. 1989. How many memory systems? Evidence from aging [J]. Journal of Experimental Psychology Learning Memory & Cognition, 15 (1): 31 – 49.

MITCHELL D B. 1995. Semantic processes in im plicit memo ry: Aging with meaning [M]. P. A. Allen, T. R. Bashore. Age differences in word and language processing. Amsterdam: Elsevier Science.

MITCHELL D B, BRUSS P J. 2003. Age differences in implicit memory: conceptual, perceptual, or methodological? [J]. Psychology & Aging, 18 (4): 807 – 822.

MIYAKE A, FRIEDMAN N P, EMERSON M J, et al. 2000. The unity and diversity of executive functions and their contributions to complex "Frontal Lobe" tasks: a latent variable analysis [J]. COGN Psychol, 41 (1): 49 – 100.

MORTON J. 1969. Categories of interference: verbal mediation and conflict in card sorting [J]. British Journal of Psychology, 60 (3): 329 – 346.

MORTON J, CHAMBERS S M. 1973. Selective attention to words and colours [J]. Quarterly Journal of Experimental Psychology, 25 (3): 387 – 397.

MOSCOVITCH M. 1984. Infant memory [M]. [S. l.]: Plenum Press,.

MOSCOVITCH M. 1992. Memory and Working-with-Memory: a component process model based on modules and central systems [J]. Journal of Cognitive Neuroscience, 4 (3): 257 – 267.

MOTLEY M T, BAARS B J. 1976. Semantic bias effects on the outcomes of verbal slips [J]. Cognition, 4 (2): 177 – 187.

MULLIGAN N W. 2002. Attention and perceptual implicit memory: effects of selective versus divided attention and number of visual objects [J]. Psychological Research, 66 (3): 157 – 165.

MULLIGAN N W. 2003. Effects of cross-modal and intramodal division of attention on perceptual implicit memory [J]. Journal of Experimental Psychology Learning Memory & Cognition, 29 (2): 262 – 276.

MYERS C, CONNER M. 1992. Age differences in skill acquisition and transfer in an implicit learning paradigm [J]. Applied Cognitive Psychology, 6 (5): 429 – 442.

MYERSON J, EMERY L, DESIRÉE A W, et al. 2003. Effects of age, domain, and processing demands on memory span: evidence for differential decline [J]. Aging Neuropsychology & Cognition, 10 (1): 20 – 27.

NAITO M. 1990. Repetition priming in children and adults: Age-related dissociation between implicit and explicit memory [J]. Journal of Experimental Child Psychology, 50 (3): 462 – 484.

NEELY J H. 1977. Semantic priming and retrieval from lexical memory: Roles of inhibitionless spreading activation and limited-capacity attention [J]. Journal of Experimental Psychology General, 106 (106): 226 – 254.

NEWELL B R, SHANKS D R. 2014. Unconscious influences on decision making: A critical review [J]. Behavioral & Brain Sciences, 37 (1): 1 – 19.

NIEUWENSTEIN M R, WIERENGA T, MOREY R D, et al. 2015. On making the right choice: A meta-analysis and large-scale replication attempt of the unconscious thought advantage [J]. Judgment & Decision Making, 10 (1): 1 –17.

NISBETT R E, WILSON T D. 1977. Telling more than we can know: Verbal reports on mental processes [J]. Psychological Review, 84 (3): 231 –259.

NISSEN M J, BULLEMER P. 1987. Attentional requirements of learning: Evidence from performance measures [J]. Cognitive Psychology, 19 (1): 1 –32.

NORDGREN L F, DIJKSTERHUIS, A. 2006. The devil is in the deliberation: thinking too much reduces judgmental consistency [J]. Journal of Consumer Roseatch, 36 (1): 39 –46.

NORDGREN L F, BOS M W, DIJKSTERHUIS A. 2011. The best of both worlds: Integrating conscious and unconscious thought best solves complex decisions [J]. Journal of Experimental Social Psychology, 47 (2): 509 – 511.

NORMAN K A, SCHACTER D L. 1997. False recognition in younger and older adults: exploring the characteristics of illusory memories [J]. Memory & Cognition, 25 (6): 838 –848.

OLSON I R, CHUN M M. 2001. Temporal contextual cuing of visual attention [J]. Journal of Experimental Psychology Learning Memory, 27 (5): 1299 – 1313.

ORNE M T. 1962. On the social psychology of the psychological experiment: With particular reference to demand characteristics and their implications [J]. American Psychologist, 17 (11): 776 –783.

OSBORNE R J, WITTROCK M C. 1984. Learning science: A generative process [J]. Science Education, 67 (4): 489 –508.

OSGOOD C E. 1957. Motivational dynamics of language behavior [M]. M. R. Jones. Nebraska symposium on motivation. Lincoln: University of Nebraska.

OTTEN L J, RUGG M D. 2001. Electrophysiological correlates of memory encoding are task-dependent [J]. Brain RES COGN Brain RES, 12 (1): 11 – 18.

PALLER K A. 1990. Recall and stem-completion priming have different electrophysiological correlates and are modified differentially by directed forgetting [J]. J EXP Psychol Learn MEM COGN, 16 (6): 1021 – 1032.

PALLER K A, KUTAS M, MAYES A R. 1987. Neural correlates of encoding in an incidental learning paradigm [J]. Electroencephalography & Clinical Neurophysiology, 67 (4): 360 – 371.

PALLER K A, VOSS J L, BOEHM A G. 2007. Validating neural correlates of familiarity [J]. Trends in Cognitive Sciences, 11 (6): 243 – 250.

PALLIS C A. 1955. Impaired identification of faces and places with agnosia for colours: report of a case due to cerebral embolism [J]. J Neurol Neurosurg Psychiatry, 18 (3): 218 – 224.

PARKIN A J, STREETE S. 1988. Implicit and explicit memory in young children and adults [J]. British Journal of Psychology, 79 (3): 361 – 369.

PAUL I H, FISHER C. 1959. Subliminal visual stimulation: a study of its influence on subsequent images and dreams [J]. Journal of Nervous & Mental Disease, 129 (4): 315 – 340.

PAYNE J W, SAMPER A, BETTMAN J R, et al. 2008. Boundary conditions on unconscious thought in complex decision making [J]. Psychological Science, 19 (11): 1118 – 1123.

PEIFFER L C, TIMOTHY J T. 2000. Predictors of suggestibility and False-Memory production in young adult women [J]. Journal of Personality Assessment, 74 (3): 384 – 399.

PERRETT D I, ROLLS E T, CAAN W. 1982. Visual neurones responsive to faces in the monkey temporal cortex [J]. Experimental Brain Research, 47 (3): 329 – 342.

PFüTZE E M, SOMMER W, SCHWEINBERGER S R. 2002. Age-related slowing in face and Name recognition: Evidence from event-related brain potentials [J]. Psychology & Aging, 17 (1): 140 – 160.

POSNER M I, BOIES, S J. 1971. Components of attention [J]. Psychological Review, 78 (78): 391 – 408.

POSTLE B R, CORKIN S, GROWDON J H. 1996. Intact implicit memory for novel patterns in Alzheimer's disease [J]. Learning & Memory, 3 (4): 305 – 312.

POTHOS E M, KIRK J. 2004. Investigating learning deficits associated with dyslexia [J]. Dyslexia, 10 (1): 61 – 76.

PURCELL D G, STEWART A L, STANOVICH K E. 1983. Another look at semantic priming without awareness [J]. Perception & Psychophysics, 34 (1): 65 – 71.

RANKIN J L, KAUSLER D H. 1979. Adult age differences in false recognitions [J]. Journal of Gerontology, 34 (1): 58 – 65.

RATCLIFF R, MCKOON G. 1988. A retrieval theory of priming in memory [J]. Psychological Review, 95 (3): 385 – 408.

REBER A S. 1967. IMPLICIT LEARNING OF ARTIFICIAL GRAMMARS [J]. Journal of Verbal Learning & Verbal Behavior, 6 (6): 855 – 863.

REBER A S. 1993. Implicit learning and tacit knowledge: an essay on the cognitive unconscious [M]. New York: Oxford University Press; 1993: 76 – 106.

REBER A S, LEWIS S. 1977. Implicit learning: An analysis of the form and structure of a body of tacit knowledge [J]. Cognition, 5 (4): 333 – 361.

REBER A S, KASSIN S M, Lewis S, et al. 1980. On the relationship between implicit and explicit modes in the learning of a complex rule structure [J]. Journal of Experimental Psychology Human Learning & Memory, 6 (5): 492 – 502.

REBER A S, WALKENFELD F F, HERNSTADT R. 1991. Implicit and explicit learning: individual differences and IQ [J]. Journal of Experimental Psychology Learning Memory & Cognition, 17 (5): 888 – 896.

REICHER G M. 1969. Perceptual recognition as a function of meaningfulness of stimulus material [J]. Journal of Experimental Psychology, 81 (2): 275 – 280.

REY A, GOLDSTEIN R M, PERRUCHET P. 2009. Does unconscious thought improve complex decision making? [J]. Psychological Research PRPF, 73 (3): 372.

RIC F, MULLER D. 2012. Unconscious addition: when we unconsciously initiate and follow arithmetic rules [J]. Journal of Experimental Psychology General, 141 (2): 222 – 226.

RITTER S M, VAN BAAREN R B, DIJKSTERHUIS A. 2012. Creativity: the role of unconscious processes in idea Generation and idea selection [J]. Thinking Skills and Creativity, 7 (1): 21 – 27.

ROEDIGER H L. 1990A. Implicit memory: A commentary [J]. Bulletin of the Psychonomic Society, 28 (4): 373 – 380.

ROEDIGER H L. 1990B. Implicit memory: Retention without remembering [J]. American Psychologist, 45 (9): 1043 – 1056.

ROEDIGER H 3, MCDERMOTT K B. 1992. Depression and implicit memory: a commentary [J]. Journal of Abnormal Psychology, 101 (3): 587.

ROEDIGER H L, MCDERMOTT K B. 1995. Creating false memories: Remembering words not presented in lists [J]. Journal of Experimental Psychology Learning Memory & Cognition, 21 (4): 803 – 814.

ROVEE-COLLIER C. 1997. Dissociations in infant memory: rethinking the development of implicit and explicit memory [J]. Psychological Review, 104 (3): 467 – 498.

SALTHOUSE T A, KATHERYN E M, HAMBRICK D Z. 1999. A framework for analyzing and interpreting differential aging patterns: application to three measures of implicit learning [J]. Aging Neuropsychology & Cognition, 6

（1）：1 - 18.

SCHACTER D L. 1987. Implicit memory: history and current status [J]. Journal of Experimental Psychology Learning Memory & Cognition, 13（3）：501 - 518.

SCHACTER D L, COOPER L A, DELANEY S M. 1990. Implicit memory for unfamiliar objects depends on access to structural descriptions [J]. Journal of Experimental Psychology General, 119（1）：5 - 24.

SCHACTER D L, COOPER L A, DELANEY S M, et al. 1991. Implicit memory for possible and impossible objects: constraints on the construction of structural descriptions [J]. Journal of Experimental Psychology Learning Memory, 17（1）：3 - 19.

SCHACTER D L, VERFAELLIE M, DAN P. 1996. The neuropsychology of memory illusions: false recall and recognition in amnesic patients [J]. Journal of Memory & Language, 35（2）：319 - 334.

SCHOOLER L J, SHIFFRIN R M, RAAIJMAKERS J G. 2001. A bayesian model for implicit effects in perceptual identification [J]. Psychological Review, 108（1）：257 - 272.

SCHOTT B H, HENSON R N, RICHARDSONKLAVEHN A, et al. 2005. Redefining implicit and explicit memory: the functional neuroanatomy of priming, remembering, and control of retrieval [J]. Proceedings of the National Academy of Sciences of the United States of America, 102（4）：1257 - 1262.

SCHOTT B H, RICHARDSONKLAVEHN A, HEINZE H J, et al. 2002. Perceptual priming versus explicit memory: dissociable neural correlates at encoding [J]. Journal of Cognitive Neuroscience, 14（4）：578 - 592.

SCHOTT B H, RICHARDSONKLAVEHN A, RICHARD N H, et al. 2006. Neuroanatomical dissociation of encoding processes related to priming and explicit memory [J]. Journal of Neuroscience, 26（3）：792 - 800.

SEAMON J G, BRODY N, KAUFF D M. 1983. Affective discrimination of stimuli that are not recognized: Ⅱ. Effect of delay between study and test [J]. Bulletin of the Psychonomic Society, 21 (3): 187 – 189.

SEVERANCE L J, DYER F N. 1973. Failure of subliminal Word presentations to generate interference to color naming [J]. Journal of Experimental Psychology, 101 (1): 186 – 189.

SHALLICE T. 1972. Dual functions of consciousness [J]. Psychological Review, 79 (5): 383 – 393.

SHEILA, T MURPHY, R B ZAJONC. 1993. Affect, cognition, and awareness: affective priming with optimal suboptimal stimulus exposures [J]. Journal of Personality and Social Psychology, 64 (5): 723 – 739.

SHIFFRIN R M. 1975. The locus and role of attention in memory systems [M]. P. M. A. Rabbitt, S. Dornic. Attention and performance. NewYork: Academic Press.

SIMON H A. 1955. A behavioral model of rational choice [J]. Quarterly Journal of Economics, 69 (1): 99 – 118.

SLOMAN S A. 1996. The empirical case for two systems of reasoning [J]. Psychological Bulletin, 119 (1): 3 – 22.

SNODGRASS J G, VANDERWART M. 1980. A standardized set of 260 pictures: norms for Name agreement, image agreement, familiarity, and visual complexity [J]. Journal of Experimental Psychology Human Learning & Memory, 6 (2): 174 – 215.

SPENCE D P, HOLLAND B. 1962. The restricting effects of awareness: A paradox and explanation [J]. Journal of Abnormal & Social Psychology, 64 (3): 163 – 174.

STADLER M A. 1992. Statistical structure and implicit serial learning [J]. Journal of Experimental Psychology Learning Memory, 18 (2): 318 – 327.

STRICK M, DIJKSTERHUIS A, VAN BAAREN R B. 2010. Unconscious-thought effects take place off-line, not on-line [J]. Psychological Science, 21 (4): 484 –488.

STRICK M, DIJKSTERHUIS A, BOS M W, et al. 2011. A Meta-Analysis on unconscious thought effects [J]. Social Cognition, 29 (6): 738 –762.

STRICKLAND B R. 1988. Strickland b. Internal-external control expectancies: from contingency to creativity [J]. American Psychologist, 44 (1): 1 –12.

STROOP J R. 1935. Studies of interference in serial verbal reactions [J]. Journal of Experimental Psychology General, 121 (1): 15 –23.

TGERSKY A , KAHNEM, D. 1974. Judgment under Uncertainty: Heuristics and Biases [J]. Science, 185 (4157): 1124 –1131.

THORSTEINSON T J, WITHROW S. 2009. Does unconscious thought outperform conscious thought on complex decisions? A further examination [J]. Judgment & Decision Making, 4 (3): 235 –247.

TRANEL D, DAMASIO A R. 1985. Knowledge without awareness: an autonomic index of facial recognition by prosopagnosics [J]. Science, 228 (4706): 1453 –1454.

TREISMAN A M. 1960. Contextual cues in selective listening [J]. Quarterly Journal of Experimental Psychology, 12 (4): 242 –248.

TULVING E. 1983. Elements of episodic memory [M]. Oxford: Clarendon Press.

TULVING E. 1985A. Elements of episodic memory [M]. Oxford: Clarendon Press.

TULVING E. 1985B. How many memory systems are there? [J]. American Psychologist, 40 (4): 385 –398.

TULVING E. 1991. Memory research is not a zero-sum game [J]. American Psychologist, 46 (1): 41 –42.

TULVING E, Schacter D L. 1990. Priming and human memory systems [J]. Science, 247 (4940): 301 –306.

TUN P A, WINGFIELD A, ROSEN M J, et al. 1998. Response latencies for false memories: gist-based processes in normal aging [J]. Psychology & Aging, 13 (2): 230 – 241.

TURK-BROWNE N B, YI D J, MARVIN M C. 2006. Linking implicit and explicit memory: common encoding factors and shared representations [J]. Neuron, 49 (6): 917 – 927.

TURVEY M T. 1973. On peripheral and central processes in vision: Inferences from an information-processing analysis of masking with patterned stimuli [J]. Psychological Review, 80 (1): 1 – 52.

VALLEJO C G, CHENG J, PHILLIPS N, et al. 2013. Early positive information impacts final evaluations: no Deliberation-Without-Attention effect and a test of a dynamic judgment model [J]. Journal of Behavioral Decision Making, 27 (3): 209 – 225.

VELMANS M. 1991. Is human information processing conscious? [J]. Behavioral & Brain Sciences, 14 (4): 651 – 669.

VINTER A, PERRUCHET P. 2002. Implicit motor learning through observational training in adults and children [J]. Memory & Cognition, 30 (2): 256 – 261.

VOGEL E K, MCCOLLOUGH A W, MACHIZAWA M G. 2005. Neural measures reveal individual differences in controlling access to working memory [J]. Nature, 438 (7067): 500 – 503.

VOKEY J R, READ J D. 1985. Subliminal messages: Between the devil and the media [J]. American Psychologist, 40 (11): 1231 – 1239.

VOSS J L, BAYM C L, PALLER K A. 2008. Accurate forced-choice recognition without awareness of memory retrieval [J]. Learning & Memory, 15 (6): 454 – 459.

WAGNER A D, GABRIELI J D, VERFAELLIE M. 1997. Dissociations between familiarity processes in explicit recognition and implicit perceptual memory [J]. Journal of Experimental Psychology Learning Memory &

Cognition, 23 (2): 484 – 495.

WARRINGTON E K, WEISKRANTZ L. 1970B. Amnesic syndrome: consolidation or retrieval? [J]. Nature, 228 (5272): 628 – 630.

WARRINGTON E K, WEISKRANTZ L. 1974. The effect of prior learning on subsequent retention in amnesic patients [J]. Neuropsychologia, 12 (4): 419 – 428.

WEGNER D M, SMART L. 1997. Deep cognitive activation: a new approach to the unconscious [J]. Journal of Consulting & Clinical Psychology, 65 (6): 984.

WEISKRANTZ L, WARRINGTON E K. 1979. Conditioning in amnesic patients [J]. Neuropsychologia, 17 (2): 187 – 194.

WESTERBERG C E, PALLER K A, WEINTRAUB S, et al. 2006. When memory does not fail: Familiarity-based recognition in mild cognitive impairment and Alzheimer's disease [J]. Neuropsychology, 20 (2): 193 – 205.

WHEELER D D. 1970. Processes in Word recognition [J]. Cognitive Psychology, 1 (1): 59 – 85.

WHITTLESEA B A. 2002. False memory and the discrepancy-attribution hypothesis: the prototype-familiarity illusion [J]. Journal of Experimental Psychology General, 131 (1): 96 – 115.

WHITTLESEA B A, WILLIAMS L D. 2000. The source of feelings of familiarity: The discrepancy-attribution hypothesis [J]. J EXP Psychol Learn MEM COGN, 26 (3): 547 – 565.

WILSON T D, SCHOOLER J W. 1991. Thinking too much: Introspection can reduce the quality of preferences and decisions [J]. Journal of Personality & Social Psychology, 60 (2): 181 – 192.

WILSON T D, LISLE D J, SCHOOLER J W, et al. 1993. Introspecting about reasons can reduce post-choice satisfaction [J]. Personality & Social Psychology Bulletin, 19 (3): 331 – 339.

WIMBER M, HEINZE H J, RICHARDSONKLAVEHN A. 2010. Distinct frontoparietal networks set the stage for later perceptual identification priming and episodic recognition memory [J]. Journal of Neuroscience the Official Journal of the Society for Neuroscience, 30 (40): 13272 – 13280.

WITHERSPOON D, MOSCOVITCH M. 1989. Stochastic independence between TWO implicit memory tasks [J]. Journal of Experimental Psychology Learning Memory, 15 (1): 22 – 30.

WOLFORD G, MORRISON F. 1980. Processing of unattended visual information [J]. Memory & Cognition, 8 (6): 521 – 527.

YANG J, GREENWOOD P M, PARASURAMAN R. 2000. Age-related reduction in 3 – D motion priming [J]. Psychology & Aging, 14 (4): 619 – 626.

YING F M, CHUN Y G. 2009. The asymmetric relationship between encoding and retrieval in implicit and explicit memory: the asymmetric relationship between encoding and retrieval in implicit and explicit memory [J]. ACTA Psychologica Sinica, 41 (8): 694 – 705.

ZAJONC R B. 1968. Attitudinal effects of mere exposure [J]. Journal of Personality & Social Psychology, 9 (2): 1 – 27.

ZAJONC R B. 1980. Feeling and thinking: Preferences need no inferences [J]. American Psychologist, 35 (2): 151 – 175.

ZEELENBERG R, WAGENMAKERS E J, RAAIJMAKERS J G. 2002. Priming in implicit memory tasks: prior study causes enhanced discriminability, not only bias [J]. Journal of Experimental Psychology General, 131 (1): 38.

ZHONG C B, DIJKSTERHUIS A, GALINSKY A D. 2008. The merits of unconscious thought in creativity [J]. Psychological Science, 19 (9): 912 – 918.